# INFANTRY ATTACKS

# 步兵攻击

[德] 埃尔温·隆美尔——著

程晓妹——译

时代文艺出版社

SHIDAI WENYI CHUBANSHE

图书在版编目（CIP）数据

步兵攻击 / (德) 埃尔温·隆美尔著；程晓妹译.
-- 长春：时代文艺出版社, 2024.2
　ISBN 978-7-5387-7283-8

　Ⅰ. ①步… Ⅱ. ①埃… ②程… Ⅲ. ①陆军－战术学
Ⅳ. ①E841

　中国国家版本馆CIP数据核字(2023)第215783号

# 步兵攻击
BUBING GONGJI

[德] 埃尔温·隆美尔　著　程晓妹　译

出 品 人：吴　刚
责任编辑：卢宏博
装帧设计：任　奕
排版制作：隋淑凤

出版发行　时代文艺出版社
地　　址：长春市福祉大路5788号　龙腾国际大厦A座15层　（130118）
电　　话：0431-81629751（总编办）　　0431-81629758（发行部）
官方微博：weibo.com/tlapress
开　　本：710mm×1000mm　1/16
字　　数：269千字
印　　张：22.75
印　　刷：三河市万龙印装有限公司
版　　次：2024年2月第1版
印　　次：2024年2月第1次印刷
定　　价：48.00元

# 出 版 前 言

埃尔温·隆美尔是二战时期德国著名军事将领，军事才能出众，被称为"沙漠之狐"。《步兵攻击》是隆美尔的自传体著作，从本书中可以看到他从一名年轻的中尉排长到经验丰富的指挥官的成长历程。

《步兵攻击》于 1937 年出版，记录了隆美尔在一战中的亲身经历，客观翔实，是研究一战史可以参考的第一手资料，尤其他对战场上战术运用的论述，完全是纯技术性的，所以本书一经出版，就得到了二战期间盟军方面的关注，并被迅速翻译成英语，作为战术教科书进行研习，美国名将巴顿将军一直是本书的爱好者。本书后来多次再版，作为西方步兵战术教科书一直沿用至今。

当前，军事发展日新月异，战争形态也有巨大的改变，但经典军事理论中所强调的以人为核心的本质没有变。本书中关于战场指挥、战斗意志、士气等方面的表述，在今天看来仍然有其现实意义。

时代文艺出版社

2023 年 10 月

# 目录

1916年法国战场，战壕中的德国士兵

# 第一章
## 在布莱德和杜尔贡树林的战斗

### 第一节  出  征

1914 年 7 月 31 日，德国的乌尔姆（Ulm）正弥漫着浓厚的战争气息，到处都是紧张而困惑的面孔，令人难以置信的谣言正在迅速蔓延。从每天破晓开始，所有的布告栏都被人们团团围住，报纸的号外版更是一个接着一个。

早些时候，第 49 野战炮兵团所属的第 4 炮兵连匆忙穿过了这座古老而威严的城市，《莱茵卫士》的歌声在狭窄的街道里不断回响着。

自从 3 月以来，我就被派到 F 连担任中尉排长一职。每天上午，我骑马迎着清晨明亮的阳光慢慢走着。完成例行操练之后，又在数以千计的热情群众的簇拥下回到营房。

下午，当马匹被送回马厩之后，我终于能歇口气了。情势变得如此严峻，我渴望重新回到以前的部队——国王威廉一世步兵团（符腾堡第 6 团），也就是第 124 步兵团的第 7 连。那个连里的弟兄可以说都是我过去两年一手训练出来的。

所幸天遂人愿，就在这天深夜，我和勤务兵汉勒一起收拾行李，来到了我们的新驻地——魏因加滕（Weingarten）。

我们的团部设在魏因加滕的一座老旧修道院里，整个营区繁忙异常，各种野战装备正在接受战备检查。1914 年 8 月 1 日，我向第 7 连的连部报到，并向那些将和我一起进入战场的弟兄们问好。所有年轻人的脸上都写满了兴奋、活力和期待。我心想：身为一名军官，还有什么能比指挥这样一群战士上战场和敌军厮杀更美好的事呢？

18 点整，团部对我们实施战备检查。团长哈斯上校一脸严肃地检阅了我们这群穿着灰色军装的部下，然后又对我们进行动员。聆听过团长训示后，刚准备解散，开拔的命令就到了。一切都尘埃落定，热血澎湃的德国年轻人急于战斗的呐喊声，响彻了这座历史悠久的灰色修道院。

8 月 2 日是个预示性的安息日，我们团的战前弥撒在明媚的阳光下举行。黄昏时刻，伴随着嘹亮的军乐，光荣的符腾堡第 6 团在欢呼声中离开驻地，乘火车向拉芬斯堡（Ravensburg）开进。与此同时，浩浩荡荡的军列正向西边集结，向受到威胁的边境前线驶去。然而令人失望的是，我却因为要带领预备队殿后的原因，必须留守驻地，晚几天才能出发。我很担心自己将会错过第一场战斗。

8 月 5 日，饱览祖国的崇山峻岭，在人们的欢呼声中开赴前线的旅途竟是如此难以形容地令人陶醉。部队一路唱着军歌，路过的每个车站都有人用水果、巧克力和面包卷欢迎我们。途经科尔恩韦斯泰姆（Kornwestheim）的时候，我还和家人短暂会了面。

晚上，我们越过了莱茵河。过河的时候，我看见探照灯的光柱穿过天空，搜索着敌人的飞机和飞艇。我们的歌声渐渐平息，士兵们早已不顾形象睡得东倒西歪。我在火车头里守护着蒸汽机，偶尔凝视着周围萧索湿热的夏夜，心中不禁思索着接下来的日子里将会发生什么。

8月6日傍晚，我们抵达了迪登霍芬（Diedenhofen）附近的科尼希马赫恩（Königsmachern）。我们穿过迪登霍芬向路斯瓦勒（Ruxweiler）徒步行军，大家都很高兴能摆脱拥挤的军列，尽管迪登霍芬肮脏的街道、房子以及沉默的居民留给人的印象总是不太友善。这里的一切，与我的家乡施瓦本（Schwabenland）比起来，有着截然不同的风格。

我们继续行军。入夜的时候，大雨倾盆而下，没过多久，我们全身就都湿透了，被雨淋湿的背包变得更加沉重。

多好的开端！虽然偶尔能听到远处传来的枪声，我们全排还是经过6个小时行军后，完好无损地在午夜前后抵达了路斯瓦勒。连长巴莫特中尉早在那里等候我们多时。到达目的地的我们，很快就倒在只剩下麦秆的田地里睡了过去。

## 第二节　在前线

接下来的几天里，艰苦的训练把我们这个战斗力出色的连队紧紧地凝聚为一体。除了排和连的常规战术训练外，上级还特别要求我们加强一系列关于铁锹使用的训练内容。此外，在几个无法训练的雨天里，我指挥的排还被安排在波林根（Bollingen）地区担任警戒任务。在那里，我的几名部下因为新鲜的面包和油腻的食物而导致胃不舒服。

8月18日，我们开始向北部推进。我骑着连长的备用马匹，带领部队高兴地唱着歌越过了德国和卢森堡的边境。那里的人们很友善，为行进中的部队提供了水果和饮料。我们最终到达了布德斯堡（Budersberg），并在那里扎营。

冒着身处法军部署在隆维（Longwy）炮兵阵地射程之内的危险，8月19日清晨，我们向西北移动抵达了达勒姆（Dahlem），搭起了帐篷宿营，歌声在士兵之间传唱，所有的气氛和征兆都预示——第一场战斗即将爆发！而我突然患了急性肠胃炎，这带给了我很大的麻烦！连巧克力、白面包的饮食都无法缓解疼痛。但我并不想告诉别人我身体不舒服，不愿意让人把我当成懦夫看低了。

8月20日，经过闷热的行军后，我们到达了比利时的梅勒蒂日（Meix-le-Tige）。第1营驻扎在周边，第2营维护当地治安，当地民众非常保守与沉默。万里无云的晴空虽有几架敌机出现并受到我们的对空射击，但毫无战果。

### 第三节　对隆维方向的侦察与初次战斗准备

第二天是个休息日。可是一大早，我和几名军官就奉命去向哈斯上校报到。他命令我们每人各自率领一支5人组成的侦察小组，越过巴朗西（Barancy）和戈尔西（Gorcy）向13公里外隆维附近的高斯（Cosnes）纵深区域进行侦察，以探明敌军阵地的部署和兵力。为了节省时间，我们获准搭乘马车前往我军前沿阵地。不幸的是，当我们还在梅勒蒂日的时候，我们的比利时平板马车失去了控制，撞上了一个废料堆。这场事故之后，马车已经报废，我们只能靠徒步沿 11 号公路继续前进。

战场上开不得半点儿玩笑，深切意识到这一点的我们行动起来，远远要比和平时期的演习更加小心。小心翼翼的我们躲在路旁的沟渠里行进，避开了路上的村镇。这条路蜿蜒着穿过麦田，通往据报几天前已经被小股敌人占领的巴朗西。当我们到达巴朗西的时候，却发现那里早已空无一人。于是，我们继续避开公路，穿过麦田，跨过边境，到达了南部边界的米松树林，然后又向戈尔西前进。基恩陆军中尉率领的另一个侦察小组紧随着我们，当我们通过戈尔西时，他们抢占了一个山顶为我们提供掩护。

在戈尔西通往高斯的公路上，我们发现敌军的步兵和骑兵正在向戈尔西方向移动。为了谨慎起见，我们离开公路，隐蔽在路两侧茂密的农田里继续前进，最终到达了位于高斯西面约 460 米的一片林地。我用望远镜观察了地形，并没有发现敌军。当我们穿过一片开阔地靠近高斯的时候，碰到了一位默默干活儿的老妇人，她用德语告诉我们："法军在一个小时之前已经离开高斯开往隆维，高斯现在没有部队驻防。"这位老妇人说的话可信吗？

我们穿过麦田和牧场，端着上好刺刀的步枪，手指紧扣着扳机进入高斯。所有人的眼睛都盯着两侧房屋的门和窗户，提防遭到伏击。然而，居民们却显得很友善，证实老妇人所言不虚。他们为我们拿来食物和饮料，不过我们依旧保持着警惕，在开怀享用之前让他们先品尝了这些东西。为尽快将情况汇报给上级，我征用了6辆自行车，并开具了征用凭据。利用新的交通工具，我们向隆维方向骑行了约1.6公里。隆维周边的敌军阵地已经遭受过大规模的炮击，远处也没有他们的动静。在这种情况下，侦察组的任务已经完成。大家排着严整的战斗队形，保持着相当大的单兵间距，穿过戈尔西向巴朗西行进，随时准备开枪射击。到达巴朗西之后，我一直走在队伍前头，以便尽快回去报告情况。

在梅勒蒂日的大街上，我遇到了哈斯团长，并向他做了侦察报告。完成任务之后又累又饿，只想跑回营房倒头休息几个小时。不过很不巧，部队已经在营房前面整装待发。勤务兵汉勒的手脚一如既往地利落，早已将我的东西打包整理好，并为我的坐骑配好了马鞍。在出发之前，我甚至没有足够的时间弄点儿东西吃。

不久之后，我们团行军到了圣莱热（St. Léger）东南1.2公里里的一个小山丘上。当时的天空很阴沉，有步枪射击的声音，以及炮声偶尔从南方传来。我们由此知道第1营部署在维朗库尔（Villancourt）一线的前哨部队已经在下午和敌人接上火了。

入夜时分，我们团的第2营和第3营在圣莱热以南大约3.2公里的地方宿营。警戒部队被安排在距离他们大约1.2公里远的地方。当我正准备好好睡上一觉的时候，偏巧来了个电话，命令我到距离我们排帐篷50米远的团部指挥所报到。报到之后，哈斯上校询问我是否愿意穿过树林，到维朗库尔的第1营去一趟，具体的任务是沿最短的路线到达第1营，并传达团部的命令，要求他们后撤到312高地。除此之外，我还奉命担任第1营的向导。

于是，我就带着戈兹下士和两名来自第7连的士兵上路了。凭借指南针辨位，我们在黑暗中穿过了312高地南面的牧场。在这个过程中，我们听到了来自我们右侧的我方哨兵询问口令的声音，以及零星的枪声。虽然我们必须不时停下谛听周围的动静，但还是很快爬上了一个林木茂盛而且陡峭的山坡。经过艰苦的攀爬和摸索，我们最终到达了维朗库尔西面的小山头。

站在山头，向东南方向眺望，我们可以看到隆维遭遇炮轰过后所引发的熊熊火光。穿过茂密的灌木丛，由维朗库尔山头下行，我们突然听到哨兵在近旁大声呵斥："站住！口令？"这究竟是德国人还是法国人呢？我们搞不清楚，因为大家知道法国人经常用德语问口令。为了安全起见，所有人都迅速趴在了地上。

至于口令，我们谁也不知道。于是，我只好报上了自己的姓名和军衔，所幸马上被认了出来，这些布置在树林边缘的哨兵恰好是来自第 1 营的。

在离维朗库尔不远，镇子南面 360 米的地方，我们找到了第 1 营的部队。他们正驻扎在米西拉维尔（Mussy-la-Ville）公路边休息，几个连队靠得很近。

我向营长考夫曼少校传达了团部的命令，不过命令不可能被执行，因为第 1 营此时依然配属隆格旅，必须听从他们的调遣。我被带到隆格将军位于维朗库尔西南 800 米处山头的指挥所。隆格将军命令我回复团部，在他们旅其他部队尚未赶到维朗库尔之前，他不可能让第 1 营抽调出去。没有完成任务又疲惫不堪的我们，沮丧地往回向 312 高地走去。

我们回到团部时已经过了午夜。我叫醒了团部副官福特斯上尉，并做了汇报。哈斯上校也听到了我的话，显然不是很高兴，随即命令我前往位于圣莱热的第 43 旅，直接向旅长毛瑟将军报告隆格将军不肯放弃对第 124 团第 1 营的指挥。我当时真想向哈斯上校报告说这个任务超出了我的能力，因为我已经在外头跑了 18

个小时，不管骑马还是步行，我都无法胜任。可我并没有这样做，虽然这个任务很艰巨，可又必须完成。

我摸索着找到连长的预备坐骑，抓紧缰绳向着北方疾驰而去，最终在离圣莱热东南不远的一个山头上，找到了毛瑟将军的营帐。他听了我的报告也很不高兴，命令我先回团部传达命令，然后再去维朗库尔转告隆格将军，第124团第1营必须在破晓前归团里指挥。

我在黑夜里，上山下坡，穿越树林，强撑着走了大约8公里，再次来到维朗库尔完成了我的使命。当我回到312高地时，已是破晓时分。所有部队都已准备就绪，早餐已经用完，野战厨房早已向前开拔。好在我的勤务兵汉勒帮我用他的水壶灌了满满一壶咖啡。天色大亮的时候，我们被浓重的大雾笼罩。就在这时，团部的作战命令也下来了。

## 战场观察

面对敌人时，侦察部队的指挥官应该意识到自己责任重大。每一个错误都意味着伤耗，也许还会让自己的部下付出生命的代价。在行进过程中，必须格外谨慎和小心，善于利用所有可能的掩护。行进时，应避开大路，反复使用望远镜观察地形，并将队形拉开适当的纵深。穿过开阔地之前，必须部署火力掩护。进入村庄时，必须将部队分散在街道的左右两侧行进，不能走路的中间，并且保持警惕，随时做好开火的准备。要注意及时汇报侦察结果，拖延将会降低情报的价值。

和平时期应注意军事地形学方面的学习，强化按方位角行进的技巧，掌握在夜间使用夜光指南针保持方向感的能力，并有意将部队拉到复杂地形及茂密丛林中反复训练。

除此之外，战争也是对士兵体力与意志最严峻的考验。基于这个原因，在平时训练当中，就应该用最严格的标准要求你的部下。

## 第四节　布莱德战役

大约在凌晨5点，第2营开始向布莱德（Bleid）东北方2.4公里的325高地开拔。浓雾笼罩着满是露水的地面，目视可见距离只有50米。营长巴德少校派我到前面探路。这时的我快要坚持不住了，因为过去24小时内我的屁股几乎就没离开过马鞍。乡间道路的两边到处都是篱笆和充当篱笆的树丛，方向很难辨别。还好，在地图和指南针的帮助下，我最终找到了325高地。全营都被拉上了高地，并在东北面的斜坡上完成部署。

随即我们部署在325高地南面和西面斜坡上的先头部队就和敌人在雾中遭遇了，好几个方向都传来了短暂的射击声。

偶尔会有子弹从我们头上呼啸飞过，那声音所带来的感觉真的无法用语言形容。我们这边的一名军官骑马往敌人那边冲了不到100米就遭到近距离枪击，以牙还牙，我们的步兵也冲上去抓住了一个穿红裤子的法国人，并将他俘虏了。

后来，我们听到我军指挥官在左后侧下达命令："一半向左，前进，注意拉开间距！"

　　这之后，一条散兵线突然在大雾中出现，构成了第 1 营的右翼。与此同时，连长命令我展开我的排，与第 1 营右翼相互呼应，向布莱德的东南方向推进。

　　我随即掉转马头跑向汉勒，用我的手枪换了他已经上好刺刀的步枪，然后命令全排展开。我们拉开散兵线，穿过 325 高地南坡上的马铃薯田和菜园，向布莱德方向前进。大雾笼罩着地面，能见度依旧只有 50 至 70 米。

　　突然，一排子弹从近距离向我们扫射过来。我们扑倒在地，隐蔽在马铃薯田里，听着子弹从我们头顶高处飞过。我用望远镜观察了一下地形，并没有发现敌人，但可以肯定，敌人就在附近。我率领全排朝他们冲了过去。可惜在我们看到他们之前，法国人就已经跑了，只在菜园里留下了明显的痕迹。我们继续向布莱德方向挺进，由于行动过于迅速，我们和第 1 营的右翼失去了联系。

　　这之后，又有几排子弹从大雾中向我们射来。可是每次当我们发起反击的时候，敌人就迅速撤退了。我们继续前进了 800 米，没碰到什么麻烦。忽然，一道高大的篱笆在我们右后侧从浓雾中显露出来，我们看见了一座农场的轮廓。与此同时，我们还分辨出了位于左侧的一丛灌木。我们一直追踪的那股敌人的脚印转向左边上了斜坡。难道布莱德就在我们前面吗？我命令全排隐蔽在篱笆下，派出一个侦察小组，全副武装去和我们左侧的友邻部队联系。到目前为止，我排尚无损失。

　　安顿好全排之后，我和欧斯特塔格中士以及两名侦察兵继续向前，搜索前方的农场。我们到达了农场建筑物的东边，发现有一条狭窄的土路通向左下方的公路。在公路边上，我们还可以从浓雾中辨认出另外一组农场建筑。毫无疑问，我们是在布莱德的米西拉维尔一侧。我们小心地接近公路。接近公路之后，我仔细察看了那组农场建筑的拐角处。在那儿，也就是离我右侧大约 20 步的距离，有 15 到 20 个法国人正站在公路中间，喝着咖啡聊天。他们的步枪很随意地拿在手上，一副散漫的模样，根本没有发现我的存在。

我敏捷地撤回到建筑物后面。这时的我是否要把部队拉上来呢？不！我们 4 个人就能够应付得了。我很快向部下说明了我的意图，我们就打开保险，从建筑物后面跳出来，站直身子，向附近的敌人开火。一些敌军马上被打死或打伤，但大部分人跳到台阶、花园矮墙，以及木头堆的后面寻找掩护，并向我们射击。于是，近距离的激烈交火就此开始了。我站着端枪瞄准目标，此时，我的目标离我大约 18 米远。他躲在一幢房子的台阶后面，掩护良好，只露出部分头部。我们几乎同时瞄准对方开火，但都没打中，对手的子弹擦着我的耳朵飞过。我保持镇定，快速推弹上膛，冷静迅速地再次瞄准。用标尺固定为 400 米的步枪射击距离 18 米远的目标可不是一件容易的事，尤其是我们从来没在平时的训练中考虑过这种情况。幸运的是，我的枪响之后，敌人就头朝前倒在了台阶上。

这时，还有大概 10 个法国人和我们对抗，其中几个掩蔽得很好，根本发现不了。我向部下发出了冲锋的命令，一阵呐喊之后，我们冲上了村庄的街道。可是就在这个时候，法国人突然从门缝和窗户向我们开火。他们的人实在太多了，我们只好被迫后撤。还好，我们安全撤回了篱笆那里，并没有遭受什么损失。在那里，全排已经做好支援我们的准备。不过由于我们及时后撤，当时已经没有这个必要了。于是，我命令他们回到篱笆那里，继续隐蔽。

敌军依然从村庄街道的远处，隔着大雾向我们射击，不过弹道很高，没什么准头。我用望远镜勉强找到了这些位于 60 米外的目标，发现敌人正同时从一幢农舍的屋顶和周围的地面向我们射击。其中，有好几支枪管是从农舍屋顶伸出来的。这种射击方式显然限制了他们的视野，因此他们发射的子弹只能从我们头顶高高地掠过。

我究竟应该等待其他部队上来支援，还是率领全排一起冲进布莱德？在我看来，第二个方案更符合当时的实际情况。通过观察发现，我们面前最强的一股敌军，此时正位于远处路边的一幢建筑物里，因此我们必须首先攻占这幢建筑物。

我的攻击方案是留半个排负责掩护任务，向建筑物底层和屋顶的敌军不停地开火。同时，另外半个排负责突击任务，绕到建筑物的右边进行强攻。

突击组很快便就近找到了几根圆木充当破门工具。我们还收集了一些稻草，准备必要时点火把暗处的敌人熏出来。当掩护组沿着篱笆趴下，做好射击准备之后，突击组也已经一切就绪了。

随着我的一声令下，掩护组开火了。我立刻率领突击组穿过街道冲到右边，来到几分钟前我刚离开的位置。此时，敌人密集的步枪火力也开火了，但大部分是对着篱笆后面的掩护组开的。突击组这时已经占领了建筑物外面的死角，那是敌人火力打不着的安全位置。在猛烈的撞击下，门被撞开了。我们顺势把燃烧的稻草丢进了满是谷物和饲料的建筑物，然后封死大门，任何妄图逃出来的人都会落到我们的刺刀上。不一会儿，火焰从屋顶冒了出来，幸存的敌人放下武器投降，我们的损失不过是几名士兵受了轻伤而已。

我们从一幢建筑物冲向另一幢建筑物，掩护组也同时跟进。每当我们遇到敌人，他们不是掉头就跑，就是利用建筑物寻找掩护，但很快都会被我们干掉。现在，与第1营一起前进的第2营也奋力冲进了到处起火的村庄。村子里步枪子弹四处乱窜，对方伤亡开始大增。

在一条小路上，我遇到了一座四周有围墙的教堂。法军密集的步枪火力正从那里向我们射击。我们利用现有的地形掩护，从一幢房子迂回到另一幢房子，很快就接近了敌人。然而，就在我们准备发起冲锋时，敌人却主动向西撤退，消失在浓雾里。

此时，我们的左翼受到来自布莱德南方的火力压制，伤亡开始上升。四面八方都能听到医护兵紧张的喊叫声。一座洗衣房的后面被开辟为临时救护站，那里的场景堪比地狱。很多人伤得很严重，痛苦地哀号着，还有一些人看起来好像已经上了天堂，眼里还带着英雄般的平静。

法国人依然占据着布莱德的西北和南部地区，我们身后的村子仍在燃烧。这时，太阳早已驱散了浓雾，我们留在布莱德不可能再有什么作为。于是，我开始收拢部队，为伤员安排了担架，然后向东北方向转移。我的目的是要离开这个人间地狱，重新建立据点。然而，熊熊燃烧的烈火、令人窒息的烟雾、烧焦的木头、倒塌的建筑物，以及到处乱窜、惊慌失措的牲畜拖慢了我们的行军速度。终于，快要窒息的我们来到了一片开阔地。大家首先照料伤员，然后集合了大约100人向布莱德东北方向300米的一处洼地前进。在那里，我把我的排部署在洼地的西边，然后和各排排长一起去对下一处要抢占的高地进行侦察。

在我们的右前方是依旧被浓雾笼罩的325高地，我们无法确认在南面山坡农田里躲藏着的究竟是敌还是友。在距我们大约800米远的一片黄色麦地的边缘，我们发现了法国步兵特有的红色裤子，人数大约有1个连。在通往左侧的洼地里，也就是我们的后方，布莱德的战斗依旧在激烈地进行着。

　　我的连和第2营到底在哪里？难道他们只是一部分到达了布莱德，大部队还在后面？我下一步应该如何行动呢？我不想带着我的排无所事事，于是，我决定攻击位于我们对面、属于第2营攻击范围内的敌军。我们在山岭后面完成部署，迅速进入阵地，然后全排开火，一切都像平时演习那样镇定和准确。很快，我们展开攻击队形。一部分隐蔽在马铃薯田里，另一部分隐蔽在橡树后面，大家耐心而准确地射击，一切就像平时训练所要求的那样。我们的先头班刚一进入阵地，敌人的步枪火力就跟着扫了过来，不过弹道还是偏高，只有几颗子弹落在了我们周围。就这样，法军15分钟火力袭击的唯一战果就是在我手下某位士兵的杂物袋上穿了个洞，大家根本就不再害怕他们了。在我们右后方800米的地方，友军正通过325高地向前推进。我的右翼由此得到掩护，全排可以展开进攻了。我们像平时训练要求的那样，交替掩护，向前冲锋。不久之后，我们来到一处位于敌军火力死角的洼地。后来，我们几乎全排都挤到了这个处于死角的斜坡上。直到这时，我们依然保持着零伤亡的纪录，这主要得感谢法军的射击技术实在太糟糕了。全排上好刺刀，推进到可以向敌军阵地发起冲击的距离。这期间，敌军的火力并没有给我们带来多少麻烦，因为他们的射击目标主要是位于我们身后一段距离的其他部队，大部分子弹从我们的头上飞过去了。突然，敌军的火力全都停了。我怀疑敌军正准备对我们发起冲锋，于是就率领大家抢先对敌人阵地发起冲锋。可是我们除了几具尸体之外一无所获，因为这个阵地已经被放弃，法军已经穿过庄稼地向西撤退了。我和我的排此时再次处于我军战线的前哨位置。

我决定等待右翼部队上来，于是便命令全排占领法军刚刚遗弃的阵地。这之后，我和第 1 战斗小组组长——一位来自第 6 连的士官长，还有班特勒中士一起向西搜索前进，去侦察敌军的撤退路线。在这个过程中，全排始终和我们保持联系。在布莱德以北大约 400 米的地方，我们到达了连接热维蒙（Gévimont）和布莱德的公路，而且一路上都没有碰到敌军。公路逐渐向北延伸，坡度越来越大。穿过一个山口之后，四周丛生的灌木挡住了来自正西和西北方向的视野。我们顺势利用其中的一丛灌木建立隐蔽观察点，奇怪的是并没有发现敌军的任何撤退迹象。突然，班特勒用手指着右侧（北方）大约 150 米处，报告说庄稼地里有东西在移动。通过仔细观察，我们最终发现了法军士兵背包上携带的金属餐具的反光。此时，我方火力正在山脊和 325 高地西面之间的开阔地反复扫射，法军就在我们的火线下撤退。我估计大约有 100 名法军正成纵队笔直地向我们所在的位置前进。他们隐蔽得很好，没有一个人敢把头从庄稼里探出来。

面对这种情况，我要呼叫排里其他人吗？不！因为他们现在的位置可以给予我们更好的火力支援。我对我们步枪弹药的穿透力很有信心，在这种距离内，一发子弹就可以打穿两三个人。我站起来，并迅速向敌军纵队的前锋射击，法军纵队立刻散开隐蔽。可是过了一会儿，他们却又重新集合，继续列队按原方向前进，根本没人对我们这些距离如此之近的敌人保持警惕。接下来，我们 3 个人一起开火，敌军的纵队再次被打乱，分散成几个梯队，并迅速地向西朝热维蒙—布莱德公路溃退。我们随即向逃跑的敌人开火，奇怪的是并没有遭到任何还击，虽然我们当时所处的位置很高，敌人可以轻易发现。溃退的法国人在我们所处灌木丛的左侧，沿着公路跑了过来。我们躲在灌木丛中，隔着大约10米的距离向他们射击，采用各个击破的方式，很轻松地将他们逐个干掉。几十个法国人就这样被我们的3把步枪撂倒了。

这时，第123步兵团跟了上来，从我们右翼沿山坡向上突进。我招手示意我的排跟进，带领他们沿热维蒙—布莱德公路的两侧前进。一路上，我们惊讶地发现一些法军正躲在灌木丛里一动不动。大家费了好大的力气，才说服他们从藏身之处出来，放下武器投降。因为他们被上级灌输了一种观念，相信德国人会处决所有俘虏。就这样，我们在灌木丛和庄稼地里找到了大约50名法军，其中包括两名军官：一名上尉和一名手臂受了轻伤的少尉。我的士兵向俘虏们提供了一些食物，这才解除了他们的戒心。

在高地的右侧，第123步兵团已经到达了热维蒙—布莱德公路和山头的交界处。这时，正有敌人从勒马特（Le Mat）山坡（位于布莱德西北方1500米）上的树林向他们射击。为了掩护他们，并从该点向勒马特发起攻击，我以最快速度把我的排带到了山口右边。就在这个节骨眼儿上，我却突然眼冒金星，眼前一片漆黑地晕了过去。过去一天一夜的鞍马劳顿、经历过的几场大小战斗，还有我那空空如也的胃，终于消耗掉了我的最后一丝力气。

昏迷了一段时间，当我清醒过来的时候，班特勒士官正守在我的身边。法军的子弹和炮弹不时落在周围，我们的士兵正从勒马特的树林向着325高地撤退。什么，撤退？我赶忙收拢了一些溃退的士兵，率领他们占领了热维蒙—布莱德公路边上的坡地，并命令他们掘壕据守。从这些人那里我了解到他们在勒马特的树林里遭受了巨大损失，并且失去了自己的指挥官。于是，来自更高层的命令要求他们撤退。从当时的情况来看，法军炮兵的火力确实狠狠地蹂躏了他们。一刻钟之后，号手吹起了集结号，我们团的部队从各个方向朝布莱德西部地区集结。团里的连队一个接一个地靠拢了过来，可是我们的指挥系统却出了问题。因为在刚才的战斗中，团里有 1/4 的军官，还有 1/7 的士官伤亡或失踪。阵亡者中还包括我的两位好朋友，这令我悲痛不已。在经过整编重组之后，我们团的剩余部队从布莱德南部向着戈梅里（Gomery）继续前进。

在布莱德，我们看到了令人沮丧的画面。冒着烟的灰烬里躺着已经阵亡的士兵，其中还夹杂着平民和牲畜的尸体。部队得到消息称，被击溃的法军第 5 军，正沿着整条战线溃退。虽然我们取得了首战胜利，但是战友伤亡所引起的悲痛已经大大降低了我们胜利的喜悦。我们继续向南行进，但又经常被迫停下来准备战斗，因为我们大老远就可看到敌人的纵队在行进。然而敌人的溃逃速度实在令人吃惊，根本找不到和他们交火的机会。第 49 炮兵团的某个炮兵连，发现敌人后用小跑的方式在我们前面占领了公路右侧的阵地，但当他们准备好开火的时候，敌人却早已经消失在远处了。

夜幕降临时，我几乎已经累得半死。我们团最终抵达了早就被我方部队占据，而变得拥挤不堪的吕埃特（Ruette）村。大家在开阔地搭起帐篷，可是四处都找不到稻草，而且大家也累得根本不想去找了，索性在泥地上倒头就睡。湿凉的地面让我们根本没法睡个好觉。凌晨时分，气温下降得很厉害，所有人都被冻得狼狈不堪，我那爱闹脾气的胃更是让我痛不欲生。好不容易坚持到早上，浓雾再次笼罩大地……


## 战场观察


要在浓雾中保持对部队的指挥非常困难。在布莱德战役中，由于大雾的原因，刚与敌军接触我们就和其他部队失去了联系。在那种环境下要想恢复指挥是不可能的，因此必须在平时多多练习"在浓雾（烟）中使用指南针前进"的技能。要知道，即便是在晴朗的天气，敌人也经常会有意制造烟雾干扰对手。

在浓雾中与敌人战斗，拥有优势火力对取胜至关重要。因此，在攻击前进过程中必须让机枪随时保持待发状态。

村庄、城镇等居民区中的战斗通常发生在极短的距离内，有时甚至只有几米而已，发挥手榴弹和自动武器的作用尤为关键。在攻击发起前，应该布置机枪、迫击炮和榴弹炮来占据有利地形，提供火力掩护。城镇村落中的巷战通常会导致严重的伤亡，应该尽量避免。最好的解决方案是利用各种条件把敌人牵制在城镇村落之外，引蛇出洞，然后打击他们。虽然田野中的各种植被可以为敌人提供良好掩护，但是他们身上携带的闪亮器具，比如刺刀、餐具之类，却会暴露他们的行踪。在这方面，法军明显缺乏警惕。他们在此次战斗中，对这些可能导致暴露的因素明显缺乏防范意识。

总而言之，在第一次交手之后，我深知德国步兵相对于法国对手，是具有更胜一筹的优势的。

## 第五节　渡过默兹河，在蒙特与杜尔贡树林的战斗

在隆维的战斗之后，我们先向西南方向，后来又转向正西方向追击敌军。在希埃（Chier）和奥坦（Othain）地区，我们经历了一场短暂却激烈的战斗。法国炮兵用密集而精准的弹幕掩护他们的步兵撤退，有时甚至疯狂到了宁愿牺牲自己人的程度。在 8 月 28 日和 29 日的两个晚上，第 124 步兵团第 7 连被派到雅梅兹（Jametz）南部担任战斗警戒任务，他们构筑了坚固的战壕。

8 月 29 日，部队继续推进到了默兹（Meuse）河。在我们休息的那段时间，走在纵队前面的第 13 工兵连在雅梅兹西部遭到来自附近树林里敌人的突然袭击，紧接着就发生了激烈的肉搏战。最终，工兵用圆锹和斧头击退了敌军，双方都蒙受了重大损失。第 123 步兵团全团和第 124 步兵团的第 3 营也遭遇了敌人，最终俘虏了法军在蒙梅迪（Montmédy）要塞的守将和 2000 名驻军。当时这两个团正试图抄近奔赴凡尔登（Verdun），我们后来也路过了这个血腥屠场。

在米尔欧（Murveaux）东部，法军从默兹河西岸的阵地上用炮弹向我们致意，但几乎没有对我们造成损失，因为炮弹的空爆引信被设定得太高了。接近正午的时候，我们正顶着烈日，经默兹河向丹村（Dun）前进，法国人的炮火逐渐变得越来越猛烈。我们营被部署在丹村东面 1500 米的树林里，各连在林地间分散组成几个阵地。没过多久，法国人的炮弹就开始向这里倾泻。我们听着炮弹的爆炸声由远而近，几秒钟后就落在了我们的头顶上，其中的一些命

中了树木，另一些则钻进深深的泥土里。弹片在空气中呼啸而过，爆炸溅起的草皮和树枝纷纷掉落在我们头上。炮弹的落点时远时近，每次爆炸，我们都不得不趴在地上缩成一团。尽管我们营一直留在那里直到晚上，但伤亡却出奇地低。

在我们前方的树林边缘、离丹村东南方向900米的地方，第49野战炮兵团的第4连正驻扎在那里。就在一个月之前，我还曾在这支部队服过役。他们正从半遮蔽的阵地和敌人激烈对射，但却无法遏止法军的炮火，因为法军在装备上占优势。我方炮兵连的装备和人员已经遭受重创。

第2营在暮色中回到米尔欧，我们在开阔地上度过了整个夜晚。那天夜里，我胃痛的毛病又犯了。过去一整天，我除了几把谷物以外什么也没吃，因为我们的后勤补给已经开始出现问题。

8月30日清晨，法军的炮火打断了我们的祈祷仪式，默兹河上的炮战变得激烈起来。令我们很高兴的是，驮马牵引的210毫米重炮已经进入阵地。不久之后，它们巨大的炮弹就朝着敌人呼啸而去。

8月30日晚至31日凌晨，我们都待在默兹河附近拥挤的宿营地里面。早晨，第2营通过工兵在默兹河上搭建的浮桥，途经米利（Milly）向萨塞（Sassey）进发，去那里担任第53旅的前卫。当第2营前进至蒙特（Mont）时，我们找到了一个地下室，俘虏了26名法军。他们隶属于法军的第124步兵团，真巧，和我们团的番号一样。

在蒙特西南的入口处，我们的尖兵遭遇到来自蒙特西面居高临下的猛烈火力攻击。没过多久，我们的炮兵也开始由萨塞西南的山头向蒙特开火。这实际上是大水冲了龙王庙。因为就在半小时前，我们骑兵的侦察小组曾遭受到来自蒙特方向的敌军射击，我军的炮兵依据他们的报告组织反击。结果敌人撤走了，我们却撞到了自己人的枪口上。炮兵们过了一会儿之后发现自己犯了错误，才停止了这种愚蠢行为。

第7连的一个排出发去攻击蒙特西面山头上的敌军，但却遭到敌人的火力阻击。我军又增援了一个排的兵力，也没有改善这种糟糕的状况。兵力远远占优势的法军从容地隐蔽在坚固阵地中居高临下倾泻火力，给被迫仰攻的我军步兵造成了严重伤亡，尤其是我们当时根本无法进行有效还击。

在我军的进攻被法军击退后，第7连被撤下来去增援第127步兵团，因为该团在蒙特以南两公里处的杜尔贡（Doulcon）树林里也遭受到敌人的顽强阻击。第7连穿过蒙特向西南方向突击前进，他们隐蔽在山岭后成纵队向前，敌人根本无法发现他们。最终，第7连抢占了297高地。当我们连队到达蒙特树林准备向前靠近的时候，法军的炮火迫使我们停下来就地卧倒。我们在树木后边、洼地里、平地上都发现了我军的遮蔽阵地，却没有找到第127步兵团的踪影。

在连长的命令下，我带着两个人向杜尔贡树林的南部边缘搜索，希望能和第127步兵团联络上。在到达目的地之前，我们遭遇了好几次袭击，却没有发现友军的踪迹。在树林下方的默兹山谷里，丹村地区正在遭受法军的猛烈炮击。通过弹道分析，我们推断法军的炮兵阵地就部署在默兹河西岸的连绵山脊后面。这时的我们，既看不到敌人的步兵，也看不到我们自己的步兵。

于是，我们只好返回部队，和连队通过一条林间小路向西前进。在到达一片大约100平方米、由于砍伐形成的林间空地时，我们在各个方向安排了哨兵，然后保持着行军队形休息。为了找到第127步兵团的下落，连长向各个方向都派出了侦察小组。就在他们还没有走出我们的视线时（我们休息了大约5分钟），法军就开始猛烈炮击这块空地。炮弹如雨点般落下，我们试图以灌木为掩护，并用背包构成应急的工事。炮击持续了几分钟，猛烈的炮火使我们根本无法向任何方向移动，好在最终没有造成什么伤亡。我们的背包挡住了几块弹片，有一个人的刺刀被弹片打成了碎片，却因此救了他一命。法国炮兵为什么能在树林中这么快地确定我们的位置，并在如此短暂的时间内轰击我们，这对我们来说真是个谜。难道这只是一个巧合吗？

就在这时，侦察组的人带着第127步兵团的一个重伤员回来了。这个伤员说，第127步兵团在几小时前已经撤退了，只留下伤员和阵亡者。不过在两个小时以前，有两支法国营级部队从他面前经过向北面去了，他相信这些部队目前仍在树林里。

如果真的只剩下我们一个连，在这种情况下恐怕前景不妙。是否应该返回？就在我们犹豫不定的时候，我们营及时跟了上来，这解决了我们的难题。在和营长商量之后，决定由我们连担任前卫向西运动，我所在的排则担任全连的尖兵排。

5分钟后，我们听到尖锐的轻武器射击声以及叫喊声，声音来自我们的右侧大约1公里之外。我们转向枪声的方向，走上了一条两侧都是浓密灌木的狭窄小径。走到一段笔直的路面的时候，我们辨认出前面大约100米的地方有一些黑色的物体，从我们耳边嗖嗖飞过的子弹表明了它们的身份。我们以灌木为掩护，全连沿小径的两侧向前突击。敌人的火力很密集，但大多数都是乱枪打鸟般无的放矢，反倒是跳弹导致了一些人受伤。我们匍匐着穿过灌木前进，直到距离敌人阵地 150 米的时候才开火。由于灌木过于茂密，我只能看到身边的几个部下，更不用说指挥全排了。

后来，光线突然变亮了，这说明我们来到了一片林木砍伐后形成的空地。通过枪声判断，我们此时距敌人还有大约 100 米。我率领全排发起冲锋，突进到了一片空地。没想到这片空地上长满了黑莓，以至于令我们不能迅速通过。敌人猛烈的火力迫使我们卧倒，我们就此与他们展开对射。尽管双方距离只有不到 50 米，但是由于敌人躲在浓密的枝叶和灌木丛后，因此很难射中目标。其他两个排上来之后，我们每个人保持两三步的间距，呈战斗队形展开。连长命令："继续射击，实施敌火下运动。"

在我右侧没几米的地方，连长巴莫特中尉趴在一棵橡树边，想动一步都不可能。所幸敌人的弹道很高，准头很差。不过即便这样，也还是有人中弹了。

我方进行了零星的步枪还击，目的是为挖掘战壕提供掩护，不过当地的土质，还有不断落下的树叶、树枝却让这个活儿变成一件苦差事。突然，有人竟然从后面朝我们开火射击。子弹就打在我的周围，还溅了我一脸土。我左边的人猛地哀号一声，倒在地上痛苦地蜷起身子。因为被子弹打穿，他痛苦地叫喊："救命啊！医护兵，我中弹了！"我爬到这个伤员旁边，可为时已晚，扭曲的脸说明他的伤情非常严重。这个人双手紧紧抓住地面，直到咽下最后一口气。就这样，我们又失去了一位英勇的士兵。由于我们所处的位置几乎没有掩护，敌军两个方向的火力使我们置身于异常危险的境地。看起来，我们营是中了敌军的埋伏。我们刚一走进伏击圈，双方就开始猛烈交火。周围茂密的灌木丛让突围变得几乎不可能。由于受到后面敌人的牵制，我方的右翼火力减弱了，敌人的火力反而有所增强。一颗子弹恰好打在我用来挖壕的圆锹上。又过了一会儿，连长巴莫特中尉的腿上也中了一枪。由于连长受伤，我便开始代理指挥这个连。

就在这时，我军在我们右翼发起了进攻。大家可以听到战鼓声、军号声、吼叫声，还有法军机枪有规律的射击声。我们终于松了一口气。随后，我命令第 7 连从左侧绕过空地实施进攻。部队向前冲去，大家很高兴能离开这个鬼地方，决心突出重围。敌军向我们开了几枪，企图阻止我们（和右翼部队）的会师，但当我们冲到空地上的时候，敌人已经消失在灌木丛里了，我们便开始乘胜追击。我率领全连准备抢占杜尔贡树林的南部边缘，因为在那里，我们有可能趁敌人撤退过程中必须穿过一片开阔地的时机，给他们造成额外的杀伤。在我们面前那个山丘的南面，紧挨着一块广阔牧场的边上就是布里埃（de la Brière）农场。在那个山丘的后面，靠近我们右侧的地方，可以看到一支法军炮兵部队正朝着丹村方向的默兹山谷射击。令我感到奇怪的是，我们始终没有看到敌人的步兵。不过从某些迹象判断，他们似乎已经撤到西面的树林里了。我们现在和连队失去了联系，我手下总共只有 12 名士兵。第 127 步兵团的一个侦察组从我们左侧上来告诉我说，第 127 步兵团正要从布里埃农场的树林里发起攻击。很快，我们就看到他们呈战斗队形向前推进了。我现在需要解决的问题是：究竟是等连队的其他部队上来，还是就用我手上仅有的 12 个人去攻击那个法军炮兵连。

我决定不再等待，而是寄希望于连队的其他人能在我们采取行动的时候及时跟进。我们急行军到了布里埃农场西面大约 600米处的一块洼地，然后开始朝法军炮兵连的方向匍匐前进。从炮声判断,我们之间的距离不到 100 米。在我们的左翼,第 127 步兵团的前锋部队正逼近农场。天渐渐黑了,突然,我们遭到了自己人来自农场方向的火力袭击,第 127 步兵团的战友们肯定是把我们当成法国人了。

射击火力越来越密集,我们被迫卧倒,挥动头盔和手帕,企图让他们意识到我们的身份,可是一点儿用处也没有。在我们附近没有任何掩蔽物,步枪子弹打在周围的草地里,逼得我们只能紧紧地贴在地上,乖乖地被自己人当成靶子练习。在这短短的几个小时里已经是第二次被自己人误击了!这时的感受真是度日如年。当子弹从头顶飞过的时候,我可以听到部下们的抱怨和诅咒。我们祈祷着天快点儿黑,因为这是我们得救的唯一机会。终于,他们停火了。为了不招来更多的子弹,我们暂时继续留在原地。等了几分钟之后,才小心翼翼地爬回后方的洼地,好在 12 个人都毫发无损。

现在再去攻击法军的炮兵为时已晚,而且我的胃也不允许我这么做了。当我们返回下午的战场(杜尔贡树林)时,晦暗的月光从稀疏的云彩中穿透出来。我们并没有找到连队的任何踪迹。后来我才得知,原来是有一位士兵跑去报告连里的军士长,说我已经在树林的战斗中阵亡了。于是,军士长就集合队伍,退回了本营在蒙特附近的阵地。

穿过杜尔贡树林的时候,我听到伤员们绝望的呻吟声此起彼伏,这样的"招魂曲"实在令人心酸。这时,附近的灌木丛中传来了低沉的声音:"兄弟,兄弟……"我走过去一看,发现是第 127 步兵团一位胸部受伤的年轻小伙子,他正躺在满是石头的冰冷地面上。当我们弯下腰为他查看伤情的时候,这位可怜的小伙子啜泣起来，因为他实在不想就此死去。我们用他自己的外套把他裹了起来，还给了他一些水，尽可能想让他舒服一点儿。突然，四面八方都传来了伤员们的惨叫声。有一个人正在用令人心碎的声音叫着妈妈，有一个人正在祈祷，还有很多人正在痛苦地叫喊，其中还夹杂着法语。"主啊，保佑这些弟兄，保佑这些弟兄……"听着这些受尽折磨、很可能就要死去的人所发出的凄惨叫声实在太令人难受了！我们竭尽所能帮助他们，而且一视同仁，并没有自己人和敌人的区别。由于没有担架，我们无法把这些重伤员带走。如果改用背负的方式，那只会对伤员造成更严重的伤害。所以，我们还是把他们都留在了那里。

我们又累又饿，临近午夜时分才到达蒙特。这个村庄已经遭受了严重的破坏，有几幢房子被完全摧毁，不少死去的马匹躺在狭窄的街道上。在一栋房子里，我恰好碰到了卫生连，于是就向该连的连长报告了杜尔贡树林里伤员的情况。连长同意去救援他们，我的一名部下自愿担任向导。这之后，我试着为大家寻找今晚的栖身之地。我们和营部的联系仍然中断。

走着走着，我们发现有灯光正从一幢房子的百叶窗透射出来，于是就走了进去。房子里大约有十多个女人和女孩儿，她们对我们的到来显得很害怕。我用法语问候她们，并请求她们为我和我的部下提供一些食物，还有一个可以睡觉的地方。我们的要求很快得到了满足。躺在干净的床上，我很快就酣然入梦。天亮之后，我们继续寻找第2营的踪迹，最终在蒙特的东边遇到了他们。

大家对我们的归来普遍感到不可思议，因为他们原本都认为我们肯定凶多吉少。由于连长负伤，营里指定由艾科尔兹中尉负责指挥第7连。当天晚上，我们在蒙特宿营，连队在村子的入口处安排了哨兵。我从法国人的商店为自己和汉勒弄了两瓶酒后，就在一张颇具皇家气派的床上睡着了，可是这张豪华大床却为我们留下了纪念品——跳蚤的叮咬。

## 战场观察

大部队中途休息时工兵连遭受的袭击给了我们一个教训，那就是：团队中的任何人都应该为自己的安全负责，不能过分依赖别人，尤其是在面对复杂地形和具有高度机动能力的敌人的时候。

第7连在丹村东面树林里的时候，遭受了法军炮火相当长时间的轰击。如果有一发炮弹落在我们中间，那至少会有两个班的损失。随着现代武器杀伤力的增强，保持分散队形和及时挖掘散兵坑的意义显得至关重要。无论敌人是否实施炮火袭击，部队都应该及时挖好散兵坑。宁可备而不用，也不能用而不备，平时多流汗，战时才能少流血。

蒙特的战例说明，对敌人曾经到过的地方都进行仔细搜索很有必要。我们俘虏的那26名法军也许只是战场上的逃兵，但也有可能是敌军预留的部队，就等我们穿过镇子时执行伏击的任务。

骑兵侦察组半小时前关于他们曾经遭到来自蒙特方向炮击的报告，导致我们自己的炮兵在第124步兵团占领蒙特后，仍在向那里实施不必要的炮击，而且还造成了自己人的伤亡。有鉴于此，步兵和炮兵之间保持良好的通信联系很有必要，而且炮兵也有必要对战场态势保持不间断的侦察。

我们连在杜尔贡树林所遭受的法军炮击，说明了在敌火射程内采取密集队形行军或驻止是个愚蠢的决定，很可能会在现代炮兵的火力袭击下造成惨重的伤亡。

杜尔贡树林的战斗突显了进行丛林战的复杂性和困难性。在丛林战的情况下，一个人可能根本看不到任何敌人。因为子弹打中树木所发出的响声，还有无数在空中乱飞的跳弹都可能让人无法准确判断敌人的方位。除此之外，在丛林战的情况下，辨别方位以及保持部队上下的联系畅通都很困难，指挥官常常会顾此失彼。掘壕据守在丛林战中也很困难，因为地下有大量的树根盘根错节。杜尔贡树林的战例充分说明了以上几点。在那次战斗中，我们根本无法构筑阵地，自己人还在我们屁股后面开火，让我们陷于进退两难的险境之中。

还有一点需要注意，那就是不论在行进中还是在丛林战中，部队前锋都应该尽可能多地部署一些机枪火力。要知道，不论在遭遇战还是在进攻战当中，机枪都是绝对不可或缺的角色。

# 第二章
# 在热斯内、德福依树林和伦贝尔库尔的战斗

## 第一节　在热斯内的战斗

1914年9月2日凌晨，我们营已推进到了位于丹村前方的维莱尔德旺丹（Villers-Devant-Dun）一带，并在那里短暂休整。这之后，我们又在灿烂阳光的陪伴下马不停蹄地通过了昂德维尔（Andeville）和罗莫维尔（Remonville），一直到了朗德尔（Landres）与团部会师。这时的敌人早已撤退，默兹河已经成了我们的后方。尽管几天以来我们遇到了一些麻烦，但是部队的士气依然高昂。军乐队敲敲打打，气氛好像在演习。向南边的凡尔登方向望去，我们可以看到火炮发射时的闪光，听到炮弹爆炸的轰隆巨响。就这样，我们在烟尘与热浪陪伴下向西开进。

那天下午，我们团突然在朗德尔转向东南方向。之所以这么做，是因为第11后备师遇到了敌人的阻击，因此我们第124步兵团必须赶去支援他们。在距离热斯内（Gesnes）西北方向1.5公里

的树林里，我们一进入法军炮火的射程，就经受了他们的炮火洗礼。

因此，我们营暂时停止前进。我奉命组织侦察队前往热斯内开辟一条安全走廊，以方便大部队通过。我和一位士官一起穿过茂密的灌木丛，到达了树林南部的边缘地带。在那里，我们遭到了来自右翼的火力袭击，并被迫寻找掩蔽。后来，我们向左侧继续摸索，终于发现了一条不容易被人发现的小路。我们赶紧回去报告，可就在回程的路上却发现营部已经转移了，只留下汉勒一个人还有3匹马在那儿等我们。汉勒向我报告说全营已向右翼转移。

敌人的炮火依然沿着树林边缘打击。为了向部队报告侦察结果，我、汉勒和那位士官只好骑马向着热斯内飞驰而去，可是走出树林的我们并没有发现营部的去向。或许他们已经翻过山头向热斯内转移了吧？在那里，我们遇到了第11后备师的一支连队。他们的连长已经阵亡，于是我便被要求去暂时指挥他们作战。这之后没多久，又有3支失去指挥官的连队划到了我的麾下！我便带领着这支规模不算小的部队，从树林出发，向着热斯内方向前进。后来由于形势所迫，我们只好在距离热斯内西北方向1200米处的一个山坡上暂时驻扎。此时，我们前面的那道山脊正遭受着法军步枪、机枪和火炮的猛烈火力打击，看起来似乎是我们的部队正在那儿和敌人交战。趁着手下部队正在重新编组的当口儿，我骑马来到防线后方找到一个反斜面，并把马系在了灌木上。在那道山脊上，我终于找到了第124步兵团第1营的部队。他们已经和第123步兵团的一些部队混杂在一起，正和热斯内南部及西南部山头上的敌人激烈交战。我们的进攻被敌军密集的火力网所阻挡，大家正忙着在敌火下挖壕沟。

对面的敌人隐蔽得很好，用望远镜也很难发现他们的确切位置。他们的炮兵更是让我们吃尽了苦头。对我们来说，第2营的行踪依然是个谜。他们是否还在我们后方的树林里呢？在骑马回去的路上，我碰到了第123步兵团的一位上校，并向他报告了我对山头上作战态势发展的忧虑，以及我代为指挥的那几个连队的位置。之后，这位资深军官接管了由我暂时指挥的部队。这的确让我感到有些失落！现在，我可以自由地去继续寻找第124步兵团第2营了。可我最终仍然没有找到他们，于是只好骑马返回了位于热斯内西北1200米山头上的我军阵地。在那里，我将还留在那儿继续战斗的第124步兵团第1营的残部召集起来，很快地，便有大约100人成了我的手下。

后来，法军炮兵开始实施火力急袭，在几分钟之内就几乎把我们周围轰得乱七八糟。好不容易，法军的炮火终于沉寂下来。我继续出发，在热斯内西面的山头上寻找第2营直到很晚。很不幸，仍然没有找到。在这种情况下，我只好打道回府。大家现在都已精疲力竭，而且从早晨开始就没吃什么东西，每个人又饿又渴。不幸的是，我无法提供口粮给他们，因为我也怀疑野战厨房是否能穿过热斯内的树林。我打算天一亮就向西，朝艾克塞蒙特(Exermont)出发，在那儿，应该能找到我们的团部。

夜晚平静地过去了，没有任何事情发生。接近清晨的时候，气温无情地下降，闹别扭的胃像闹钟一样准时叫醒了我。

黎明时分，法军的步枪、机枪火力又开始在漫长的战线上扰人清梦。部队向艾克塞蒙特方向撤退。在艾克塞蒙特东北方向两公里的一处洼地里，我终于找到了团部。在团部附近，我找到了第 124 步兵团第 2 营的部队，此时他们正担任团的预备队。汇报完情况之后，我被委派了一个新任务，接替营里负伤副官的职务。这里的伙食一点儿也不比前方好，不过为了安抚频频抗议的胃，我只好勉强吃了些麦粒粥糊口。

后来，我又听到了轻武器射击的声音，不过此时炮兵似乎已经停止了射击。大约在 9 点的时候，营长带着我上去侦察。过去的一天，第 1 营和第 2 营成功占据了艾克塞蒙特和热斯内之间的山脊。在行进过程中，我们看到了昨天战斗留下的惨状：到处都是尸体。其中就有我认识的莱因哈特上尉和霍尔门中尉。来到第一线我们发现那里的人都挖了散兵坑，据守在特龙索（Tronsol）农场的敌军也看不出有什么异常。于是，我们只好失望地回到营里。

接下来，我的任务是找到营里的野战厨房，并把他们带上来。这是一项重要的工作，因为部队已经超过 30 个小时没东西吃了。可是糟糕的是，压根儿就没人知道野战厨房现在在哪儿！我尝试在热斯内和罗马涅（Romagne）的树林里搜索。我先去了罗马涅树林，那里充斥着隶属于第 2 后备师的车辆；后来又去了热斯内树林，因为我依稀记得野战厨房的行进路线是经由艾克塞蒙特到达热斯内，可是热斯内那里空空荡荡的什么也没有。于是，我又向位于两条战线之间山谷里的艾克塞蒙特奔去。此时，两边高地上的人都已经停止了射击。在热斯内西南一公里处，我碰到了第 2 营包括野战厨房在内的辎重队。我的判断是正确的，他们已经越过了战线。不久之后，几个侦察兵带来消息说我们团已经在 15 分钟之前出发。在这种情况下，我只好把野战厨房留在原地。

特龙索农场周围山头上的敌人早已从南面撤退了，我们因此并没有遭遇进一步的抵抗，只是遇到了敌军留下的尸体和重伤员。

全团在农场周围搭起帐篷宿营，我的马则在兽医那儿找到了自己的安乐窝，这几天的风寒劳顿之后，它也需要好好休息了。

## 第二节　通过阿戈讷的追击，在普雷兹的战斗

9 月 4 日，我们沿埃格利斯枫丹—埃皮农维尔—维里—谢皮—瓦雷纳（Eglisfontaine-Epinonville-Very-Cheppy-Varennes）的路线向布鲁勒（Boureuilles）推进。沿途满是敌军仓促撤退留下的痕迹，步枪、背包和车辆丢得到处都是。炎热的天气以及漫天飞舞的烟尘阻滞了我们的行军速度，大家晚上很晚才到达布鲁勒。那天晚上，胃又把我搞得彻夜难眠。

次日，我们经由阿戈讷（Argonnen）向布勒伊（Briceaux）推进，沿途还路过了克莱蒙（Clermont）和雷伊莱特（Les Ilettes）。虽然没和敌军发生正面接触，但我们判断，敌军的后卫部队离我们只有一个小时左右的路程。当时，凡尔登就在我们东北方向 28 公里的地方。我们在布勒伊短暂休整。这儿的条件还算不错，有床垫睡觉，有热饭吃。对我们而言，这就足够高兴一阵子了。就在这天，乌利希上尉接管了第 2 营的指挥权。

9 月 6 日刚破晓，我们就派了一组骑兵出去侦察。他们在布勒伊偏南方向的树林里遇到了火力攻击。大约 9 点的时候，全团从布勒伊开拔，准备向西南方向展开部署。我们的尖兵在隆格（Longues）树林与敌军遭遇，第 1 营顺势展开攻击，很快就占领了特维安库尔（Triancourt）到普雷兹（Pretz）之间的公路，还俘虏了几名法国士兵。

第 2 营跟在第 1 营后面，沿公路向普雷兹推进。公路两边尽是高大的树木，而且在道路左侧的树林里激烈的战斗仍在进行。第 1 营在到达树林南部边缘的时候，遭遇了敌军优势兵力的阻击，双方在 100 米的距离内激烈交火。法军炮兵再次发威，使我们前进受阻。很明显，法军炮兵不仅弹药充足，而且火力运用有效而多变。虽然第 2 营最终进入树林躲避炮火，不过法国炮兵还是很快就将那片树林夷为平地。

接近正午时分，第 2 营接到命令，要求我们沿树林向西南方向前进，转移到普雷兹以西 2 公里的进攻位置，然后配合第 1 营从右翼发起攻击，目标是夺取 260 高地。

我们和指挥本营先头部队的基恩少尉一起出发，在没有遇到敌人的情况下顺利抵达 241 高地。在那里，我们不得不骑马穿过几乎完全被高大灌木覆盖的道路。在正前方距离树林边缘大约 100 米的地方，我们突然发现了一支实力强悍的法军侦察部队。双方近距离交火后，法军主动撤退，并没给我们造成伤亡。

战斗过后，我们却发现已经和营里失去了联系，大家只好停下来等待命令。为了和营里恢复联系，我独自骑马沿来路返回去寻找部队，却意外地发现全营在道路左侧的树林中卧倒隐蔽。我向营部报告了最新的战况，这之后，部队继续向 241 高地前进。可是刚刚行进了不到 100 米，法军的炮火再次袭来，迫使全营卧倒隐蔽。大约有几分钟时间，我们被困在法军炮兵的弹雨中动弹不得。大家竭尽所能寻找掩护，树干后面，洼地里，甚至堆起的背包下面，都成了大家的避难所。尽管如此，我们还是遭受到一些伤亡。

等到法军炮火不再那么猛烈之后，我便跳上马背，企图从左侧穿过树林，和第 1 营取得联系。可是树林里的地面泥泞不堪，马匹根本没有用武之地，我只好沿树林的东侧勉强徒步前进。这期间，占据树林东面约 300 米外一座高地的敌军还频繁向我射击。幸运的是，我最终找到了第 1 营第 3 连。当时，他们已停止进攻，正在等待第 2 营发起攻击。

我刚把这个消息带回营里，营部马上就组织第 6 连和第 8 连向 260 高地方向发起联合攻击。法军放弃阵地后撤，曾经带给我们巨大威胁的法军炮兵也不见了踪影，我们只看到右前方一个废弃的炮兵阵地上堆满了弹壳。夺取 260 高地之后，我们继续向撤退的敌人倾泻火力，直至夜幕降临才停止战斗。入夜之后，各连都派出了侦察兵，大家忙着挖掘工事。我则被派回去向团指挥所报告情况，还要顺便把野战厨房带上来，全营自从离开布勒伊之后就没吃过东西。

接到战报的团长哈斯上校对第 2 营的作战表现赞誉有加。

后来，我在普雷兹—特维安库尔的公路上找到了野战厨房。他们当天 21 点来到我们营，饥饿的士兵终于得到了渴望已久的热食。

我们现在有了一条和团指挥所直通的电话线，不过关于第二天行动的作战命令，仍然是在三更半夜的时候才被下达。营里派出去的侦察兵来来往往，不断带回消息。不可思议的是，法军居然整夜都没对我们进行任何袭扰，这样宝贵的休息时间实在可遇而不可求。

## 第三节　对德福依树林的攻击

我方的侦察部队在当天晚上就顺利完成了任务。据他们报告，敌人正在大约 3 公里外的德福依（Defuy）树林里构筑防御阵地。按照团部命令，我们第 2 营将于凌晨 6 点行军至沃贝库尔（Vaubecourt）到普雷兹的公路去占领那片树林，第 123 步兵团所属的部队将在我们右翼配合推进。

当天 11 点，我们营以两个连（第 6、7 连）为第一梯队发起攻击（攻击正面宽度约 600 米）；另外两个连（第 5、8 连）为第二梯队，在第一梯队的左后侧跟进，推进至树林的西北角；我们的右翼没有安排进攻部队。我正骑马在第 6 和第 7 连之间来回穿梭，协调指挥，突然接到团部的命令，要求第 2 营停止前进，原地待命。

我传达完命令，便骑马赶到位于 260 高地的团指挥所，试图弄清发布这道命令的缘由。原来哈斯上校希望我们在第 123 步兵团上来之前不要发动攻击，可是他也搞不清楚那个团什么时候才能赶到。就在这时，法军炮兵再次活跃起来，向在开阔地中挤作一团的第二梯队（第 5 和第 8 连）倾泻炮火。法军肯定在树林北部边缘布置了炮兵观察所，从而将我们的行动掌握得一清二楚。

面对这种情况，团部要求我们保持目前的攻击队形，在庄稼地里就地挖壕据守。我带着命令返回，却在回去的路上被法军炮兵连盯上了。他们的炮火逼得我不得不走"之"字形路线躲避。

后来，中口径火炮开始加入法军炮兵的炮击中，他们的火力因此变得更加猛烈。第 5 连由于采取密集队形就地卧倒，敌人一颗炮弹就毁灭了他们两个步兵班。第一线的攻击部队幸好已经挖掘散兵坑，隐蔽良好，因此得以避免重蹈第 5 连的覆辙。

我军部署在 260 高地附近的第 49 炮兵团的一个炮兵连，试图对法军炮兵进行火力压制，却惨遭法军炮兵火力的打击。

由于我们的营和团的指挥所都设立在沃贝库尔东北两公里处的公路和山口交叉处，彼此过于接近，再加上通信兵和骑兵来来往往，很快就把自己的方位暴露给了敌人。不久之后，法军炮兵就开始朝这个山口发射密集的炮火。他们的炮击持续了几个小时，我们根本就无力反击。

此时的我早已筋疲力尽，开始对近在咫尺的炮声无动于衷，只想躺在路旁的壕沟里睡上一觉，即便炮弹落在身边也不能把我吵醒。幸运的是，尽管炮火几乎摧毁了整片树林，但我们的伤亡却很小。

入夜之前，我们接到了重新向德福依树林发起攻击的命令，趴着挨打的局面终于可以结束了。于是，第 3 营担任主攻，2 营担任他们的左翼，第 123 步兵团担任他们的右翼。当部队到达攻击发起位置时，法军的炮火已经明显减弱，不久后就彻底停息了。

我骑马和全营一起发起攻击。奇怪的是，法国人没对我们进行任何火力（炮兵或步兵武器）阻击。难道敌人又先跑一步了吗？

我们展开攻击队形，间隔四步成横队前进，穿过树林西北方向 500 米处的低地向山坡推进。预备队（第 124 步兵团第 1 营和机枪连）跟在攻击部队后面不到 100 米的地方。我骑马跟在处于最左翼的第 7 连后面，此时夜幕即将降临。

　　我们一直行进到距离树林100米的地方，仍然没有遇到任何阻击。就在这时，法军出乎意料地向我们开火了，一场战斗迅速展开。预备队匆忙上前支援，却被迫和一线攻击部队一起就地卧倒。敌人的密集火力迫使全团都在寻找掩护，可是几乎没人能找到掩护。机枪连的射手手忙脚乱地把机枪架好，开始对着法国人的方向胡乱开火。不过，前方很快传回来的喊叫声明显说明，我们的机枪火力是打在第一线自己人的身上了。整个进攻行动就此被迫结束，时间短暂得超乎想象。

　　那个当口儿，我正骑马走在全营的最左翼，发现问题后我赶忙策马向机枪阵地跑去，要他们停止射击。我跳下马，把马交给了离我最近的一个士兵，然后重新将机枪部署在合适的位置向敌人开火。由于得到了这个额外的火力支援，我们和右翼的部队得以重新编组发起进攻。

　　高涨的战斗热情令所有的劳累都烟消云散，我们不顾一切地冲向敌人。虽然敌军的步枪火力不断向我们射来，却丝毫不能阻止我们。

　　我们好不容易冲进树林，却再次发现敌人溜之大吉了。树林里到处都是被炸断的树木，因此打扫战场的任务变得异常艰难。此时我们或许可以绕过树林，把法军一分为二，各个击破。我考虑了一会儿就做出决定，带着两个班和机枪排去完成这个任务。我们爬上树林左边的山坡，所幸那里并没有灌木减缓我们的速度。法军在树林里的前进速度肯定也不会比我们快多少。终于，我们拼命赶到了树林东边的角落地带，这时的暮光依然足够保证我们射击，我们的射程也足以控制100多米开外树林的南侧出口。我们兴冲冲地将重机枪搬入阵地，步枪士兵则隐蔽在树林里，大家等待随时可能从树林中出现的敌人。在我们的右后侧，可以听到法国人的号角声。

几分钟过去了，敌人却没有如期出现。天色也渐渐暗了下来，在我们左边，伦贝尔库尔（Rembercourt）建筑物正在燃烧，映红了大半个天空。

敌军还是毫无踪影！

我开始感到忐忑不安，因为我下令调动重机枪排时，并没有得到团长的同意。目前种种迹象说明，这里应该不会有什么战斗了，于是我决定让重机枪排归队。

可是就在他们刚刚离开后不久，借着伦贝尔库尔的火光，一名士兵发现在100—150米外有一股依稀可见的人马，他们正在翻越光秃秃的山脊。那是法国人！通过望远镜，我可以分辨出他们独特的钢盔和刺刀。毫无疑问，敌人正在以密集队形撤退。我真后悔几分钟前让重机枪排先走了，可是现在再想收回成命却为时已晚。

于是，我们只好用现有的16支步枪向敌人猛烈开火。和我们预期的相反，法国人并没有四散而逃，而是高喊着"冲啊！"向我们发起冲锋。从声音判断，他们的兵力肯定有一到两个连。我们拼命开火，可他们却仍然不断地扑上来，好在我们的火力最终还是迫使敌人就地卧倒。不过这样一来，要想借着伦贝尔库尔的火光向他们射击就变得有些困难了。此时，法军的前锋离我们只有30—40米了。我决心要与阵地共存亡，打到最后一兵一卒、一枪一弹，就算和法国人拼刺刀也在所不惜。幸好白刃战并没有发生，我们的火力总算削弱了敌人的进攻意志。"冲啊！冲啊！"的叫嚣声逐渐平息了下来。后来，我们在树林边上俘获了5匹驮马，马背上载着两挺重机枪。很显然，法军当时正往伦贝尔库尔方向撤退。周围渐渐安静下来，大家打扫战场时又俘虏了十几名敌军士兵。据侦察组报告，大约有 30 名死伤的法军躺在地上。

第 2 营在哪儿呢？很显然他们没有按命令穿过德福依树林。为了和营里重新建立联系，我和两个人带着那些俘虏和驮马返回树林的东北角，留下其余的人坚守阵地。

回去的路上，我碰到了团长哈斯上校，并报告了刚才发生的一切。他对这些事很不高兴，因为他认为我开枪射击的目标不是法国人，而是第 123 步兵团的部队，甚至我们带来的那些俘虏和驮着机枪的马也无法让他信服。

## 战场观察

1914 年 9 月 7 日对德福依树林的攻击行动，不得不在正面宽 3 公里而且没有隐蔽物的地形上进行。由于右翼部队没能及时到达攻击位置，根据团里的命令，行动暂停。就在这个当口儿，法军炮兵开始实施猛烈炮击。幸亏第 2 营部队及时在马铃薯田里用圆锹挖掘了工事，才得以在法军猛烈的炮火下保存实力。尽管敌人的炮击持续了一整天，却并没有给我们造成太严重的伤亡。和我们正好相反，担任第二梯队的预备队由于采取密集队形前进，反而在法军的炮火下蒙受了重大伤亡。这个教训告诉我们，在敌人炮兵火力射程内，部队不能过度集中。与此同时，这个战例也显示了圆锹等工具的重要性。

在这次战斗中，团和营的指挥所都布置在公路和山口的交会位置，而且彼此距离过近。不断出入那里的人马暴露了指挥所的位置，导致敌军炮兵火力迅速对这一区域实施了火力覆盖。有鉴于此，所有行军路线，不论步行还是骑马，都必须选择不易为敌人观测到的道路和小径。指挥所的选址应该考虑隐蔽性，绝不能挑选那些引人注目的山头。

入夜以后，法军的炮击停止了，兵力开始向后方转移。他们对我们采取了打几枪就跑、不恋战的策略，往往是将我们的步兵放到150米以内的距离才开火。几分钟短暂交火之后，法军就在树林和夜幕的掩护下脱离战斗。反复几次之后，我们的损失很大。9月7日白天战斗结束的时候，总共有5名军官和240名士兵被列入我团的伤亡名单。

因为求战心切，机枪连竟然不顾350米外山坡上挤成一团的己方步兵，向着500米外树林边缘的敌人实施超越射击，这导致了他们对己方部队的误击。

由于错误判断敌人已经丧失抵抗意志，我们大意地改变了纵深梯次配置的攻击队形，把预备队和火力支援部队全部压上了一线。这些部队在距敌150米的位置遭到步枪火力的准确射击。直到此时，我们才如梦方醒，可是却已经付出了惨重的代价。

在类似的情形下，一些士兵可能会因为恐惧而六神无主，鸟兽散般地寻找掩蔽物，甚至丧失战斗意志。此时，各级指挥官必须学会控制局面，必要时不惜使用非常手段，以维持战局的稳定。

## 第四节　在德福依树林中的战斗

团部命令第 3 营在德福依树林的南边建立防御阵地，第 2 营被部署在第 3 营的左侧，将防线拉长，使其横跨至整个树林。第 1 营在德福依树林北侧建立团预备阵地，并担任团预备队。团指挥所被安排在第 1 营的左侧。

分配给第 2 营的防御地段是一道光秃贫瘠的狭长山脊，这令我们都感到很沮丧，因为山脊上的阵地将完全暴露在法军炮火之下。如果可以的话，我们宁愿选择第 3 营在树林中的阵地。

最近的教训让我们学会了降低伤亡的诀窍，那就是"挖掘战壕"。各连的防御地段分配下去以后，三位年轻的中尉连长都不约而同地意识到了不计辛劳挖掘工事的必要性和迫切性。阵地的主工事必须在深夜之前完成，只有这样，在下半夜到拂晓之间，我们才可能有几个小时的短暂休息时间。清晨之后，工事作业仍将继续。我们对散兵坑的要求是不得少于 160 厘米深。

很快，整个营都忙碌起来。前一天敌人的猛烈炮火让我们深深地体会到防御工事的重要性，因此即便是位于战线右翼第 8 连正后方的营部，包括营长、副官和 4 名通信兵在内，也都为自己挖掘了 6 米长的隐蔽战壕。倒霉的是，我们那块阵地的地面像岩石一样坚硬，光凭圆锹几乎挖不动，必须先用十字镐刨。这样的土工作业令人疲惫不堪，而且我们只有几把十字镐，所以工事的进度非常缓慢。

那天，士兵们从凌晨 5 点开始就没有吃过东西。晚上 10 点半，营长派我到普雷兹去把野战厨房给拉上来。我顺便从野战邮局带回了一些信件和包裹，这是我们自开战以来第一次收到信。

经过几个小时的挖掘，散兵坑的深度已经达到 50 厘米，但还不足以防御敌人的炮火。这意味着在黎明之前，我们必须完成更多的工作。不过此时此刻，已经持续工作到午夜时分，大家都早已精疲力竭。士兵们首先必须吃些东西，然后再休息一会儿。我把野战厨房带来之后，大家领取了食物，又分发了信件。士兵们在狭窄的战壕里，靠着阴暗的烛光读着几个星期前家人寄出的信件。这些信件仿佛来自另一个世界，其实我们离开那个世界并没有多久，只不过是充满戏剧性的几个星期而已。

吃完了饭，我们继续拿起圆锹和十字镐干活儿。直到早上战壕挖掘深度达到 1 米的时候，大家才再次有时间休息。9 月初的早晨是如此凉快，我们实在太疲劳了，不顾起了水泡的手隐隐作痛，倒头就睡，即使躺在石头地上也不会感到不舒服。

休息片刻，各连又开始干活儿了。在树林东边第 2 和第 3 营的接合部，我们看到第 49 野战炮兵团的一个连队，正在一线阵地后方约 30 米处进入半隐蔽阵地。这个炮兵阵地得再加强一些，否则恐怕禁不起敌军的炮击。

9 月 8 日凌晨最初的几个小时是如此平静。在山谷的另一边，可以用望远镜看到敌人构筑在 267 和 297 高地上的防御阵地（分别位于伦贝尔库尔的西面和东北面）。在德福依树林东北方 1 公里处，我们可以用肉眼看到左翼的友军，那是部署在 285 高地上的第 120 步兵团。我们已经做好了用火力扫射阵地 500 米防御正面的准备。在我们的阵地上，一个重机枪排已经被布置好。第 5 和第 8 连并列位于第一线，第 6 和第 7 连分别部署在他们的后方，担任第二梯队。营长带着我去各阵地巡视，并检查战备情况。我们发现士兵们干活儿都很卖力，在一些地方，战壕的深度甚至达到了130厘米。

　　法军大约在凌晨6点开始炮击，密集的炮弹直冲我们而来，阵地笼罩在一片阴影中，空气里充斥着爆炸的巨响和弹片的呼啸声，地面像地震一样不停地抖动。法军炮兵将大部分炮弹的引信设定为空炸信管，它们在我们头顶上猛烈爆炸，根本没有死角，让人防不胜防。还有一些炮弹被设定为地炸信管，落到地面之后才爆炸。我们把身子蜷缩一团，勉强隐蔽在战壕里。匆忙挖掘的战壕在这种火力打击下，很难确保我们能够幸免于难。这种强度的炮击大约持续了几个小时。有一次，一颗炮弹落在我们前面的斜坡上，并向下滚进了我们的战壕，幸好是颗哑弹。所有人都在继续挖深战壕，大家用上了所有能弄到手的工具，镐、锹、铲子、刺刀、饭盒，当然还有手，一齐上阵。每当炮弹在身边爆炸时，都可以看到士兵们惊恐地蜷缩在战壕里。大约到了中午时分，敌人的炮火才慢慢减弱，我们也才有机会派传令兵到各连去了解伤亡情况。幸运的是，经过本次炮击，我军的伤亡率比我们先前所估计的要少2%到3%。法国步兵也没能利用这个机会及时进攻，阵地仍在我们的掌握中。法军很快再次加强了炮击的强度，他们的弹药供给一定很充足。这次，他们不但炮击了树林南部的阵地，还顺便把第8和第5连的阵地也捎上了。与敌人正好相反，我们的炮兵弹药供给严重匮乏，火炮整天都几乎保持沉默。

　　敌人的炮击持续了一个下午。不过我们也利用这段时间，把战壕加深到了170厘米。一些士兵甚至还在战壕上加了顶盖，这样即使是空炸信管的炮弹也不能伤害他们了，而且由于头顶上有了50厘米硬土的保护，地炸信管炮弹的威胁也大大降低。

接近傍晚的时候，敌人的火力达到了恐怖而疯狂的程度，他们用各种武器向我们开火。敌人的大、中口径火炮产生的黑色烟幕飘过来笼罩了我们的阵地，炮弹把山坡炸得坑坑洼洼的，空中飞舞的净是炸飞的泥土和石片。也许这一切都是在为他们的步兵攻击做准备。让他们来吧！我们已经等了一整天了。

法军炮火来去都像旋风一般，炮击突然停止了，但是步兵却没有及时跟进。我们从营部战壕里爬出来，巡视了所属的 4 个连，没想到伤亡出乎意料地小（全营总共才 16 个人伤亡）。尽管士兵们都很惊恐，却精神饱满。我们在敌军炮击前和炮击过程中进行的大量土工作业总算得到了丰厚的回报。

夕阳的余晖照亮了战场。在部队右翼，我们查看了第 49 炮兵团配属给我们的两门火炮，炮组人员不是阵亡，就是身负重伤。机枪排阵地也受损严重，以至于根本无法继续射击。处于我们右侧树林里的第 3 营看起来同样糟糕。茂密的灌木妨碍了他们修筑工事，密集的法军炮火，尤其是侧射火力，在这里取得了最好的打击效果。除了炮弹本身造成的伤亡，大量被炸断的树木砸在士兵们身上，也给部队造成了巨大的损失。

我奉命到团指挥所接受命令并领取食物。哈斯上校对第 3 营的严重损失感到忧心忡忡，最终不得不决定让第 3 营从树林里撤退。就这样，在失去两翼支援的情况下，第 2 营仍被要求继续坚守德福依树林东侧的山头。哈斯上校最后说，第 124 步兵团誓与阵地共存亡！

我回到营里传达了团部的命令。右翼的第 8 连随即被重新部署，第 6 连也被要求沿德福依树林东边延伸构筑战壕，其他部队则进一步巩固既有阵地。野战厨房在临近午夜时抵达，并且再次捎来了士兵们盼望已久的邮件。和前一天晚上一样，士兵们又在光秃秃的地上休息了几个小时。

第二天，法军炮兵几乎是在和 9 月 8 日完全相同的时间开始炮击。不过，隐蔽在坚固战壕里的我们对此却并不十分担心。在很长一段时间里，我们都和团部通过电话保持联系，尽管不间断的炮击经常炸断电话线。那天，我在第 5 连待了相当长的时间，并和第 7 连的班特勒下士一起侦察了敌人的阵地。我们发现，法军炮兵阵地大多很不明智地部署在开阔地上，根本不考虑隐蔽问题，法军步兵对此同样缺乏必要的警觉性。我草拟了一份附有简要地图的报告，经由营部转呈给团部，并要求派遣炮兵联络官到第 2 营前沿来，以便对法军暴露的炮兵阵地实施打击。

第 120 步兵团的左翼位于 285 高地南边的山坡上。距离他们大约 500 米以外，有一段铁道，铁道对面就是法国人。法军的预备队集结在沃马里（Vaux Marie）车站以西 600 米的一个山口。如果我们把机枪排布置到阵地左侧的小山丘上，或许就可以发挥侧射火力，给法国人造成相当程度的损失。

我向机枪排长说明了自己的计划，但他经过仔细盘算之后却否定了我的主意。我只好越级指挥，暂时接管了机枪排。为了避免遭受法军炮兵的反击，这件事情必须速战速决。于是几分钟后，我们的机枪对集结中的法军预备队进行了射击。这次行动给敌人造成了混乱，并导致了一些伤亡。任务完成后，我们迅速撤离，并寻找隐蔽。虽然机枪排并没有伤亡，可是机枪排长事后还是向团长申诉了我的越权行为。我对此做出了解释，团长认为很有道理，这件事也就不了了之了。

白天，炮兵联络官好几次来到我们的前沿阵地。我们为他们详细说明了法军炮兵阵地的位置，可是我方炮兵的弹药供给竟然如此匮乏，以至于难以对敌人的炮兵进行像样的反击。话虽如此，我们的一个重炮连还是迫使位于伦贝尔库尔的一个法军炮兵连转移了阵地。

那天夜晚几乎又是前一天的重演，法军炮兵先是在我方阵地上倾泻了一堆弹药当作安眠曲，然后便偃旗息鼓。据我们的推测，法军炮兵应该又是趁着夜色向后方转移了。

为了让阵地能抵御住法军炮弹的攻击，我们继续强化工事，几个小组被派到树林里去砍树。幸运的是，我们的伤亡比前一天还小。

野战厨房大约在 22 点到达，第 7 连的士官长罗滕·豪斯勒还搞了一瓶红葡萄酒和几束麦秆。于是，在临近午夜的时候，我在离营部不远的地方，舒适地躺在麦秆上进入了梦乡。

## 战场观察

第 3 营由于阵地太靠近树林而付出了惨重的代价，不得不在夜间撤出阵地。在他们的阵地上，法军密集的炮火给沿树林边缘驻防的部队造成了毁灭性的打击，使我军遭受到惨重的伤亡。由于地面灌木的妨碍，这些部队并没有妥善地构筑工事。要是换在光秃秃的山脊上，法军打过来的很多炮弹可能根本就不会造成什么损失。可是由于在树林里的缘故，大量炮弹被高处的树枝提前引爆，形成了没有死角的空爆，令我军无处躲藏。除此之外，很多被炸倒的大树直接砸在士兵身上，也导致了不必要的伤亡。总而言之，这片树林简直成了专门为我们准备的死亡陷阱，在那里，法军炮兵很轻易地就可以取得巨大的战果。随着炮兵技术的不断进步，类似的情况还可能在未来造成更大的损失。

与第3营形成强烈对比的是，我们第2营由于驻守在光秃秃的山脊上，而且反复加固了阵地，因此尽管法军的炮击持续了几个小时，我们的伤亡却依然很小。真正对我们形成威胁的是那些使用空炸信管的炮弹，因为这种情况下会有很多弹片直接飞进战壕，造成人员伤亡。

当然，要在第2营阵地所处的坚硬地表上构筑工事的确很困难。尽管如此，我们还是在9月7日至8日的夜间，严厉督促又累又饿的士兵们加固阵地。如果没有强有力的指挥和指挥官的身先士卒，这是不可能办到的。

从9月7日到9日，法军炮兵消耗了数量巨大的弹药。他们之所以有底气这么做，是因为在附近就有他们的弹药补给点。和他们正好相反，我们的炮兵却始终为弹药缺乏所苦，致使远程火力根本无法为步兵提供足够的支援。

与1914年相比，现在的阵地防御体系设置已经有了很大不同。原先的时候，我们只有一道简单的一线阵地，其余部队都部署在第二线。而在今天（1937年），一个营的阵地往往由前哨阵地和主阵地同时构成，这样的设置具有相当的防御纵深。在正面、纵深各约1—2公里的防御正面上，几十个相互支援的步枪、机枪、迫击炮和反坦克武器火力点互为依托，构成严密的防御网。这样的编组能在保证己方集中火力的前提下，迫使敌人分散火力。同时，由于各个火力点可以互相掩护，防守部队的机动性大大提高。一旦敌人突破了主阵地，防御部队也很容易组织反击。这样一来，敌人就无法轻而易举地突破防线。

## 第五节　1914年9月9日至10日的夜间攻击

我躺在麦秆上熟睡，却在午夜前后被突然惊醒。战斗在我们正前方和左侧的高地上爆发，我听到了连续的步枪射击声。当时雨下得非常大，我浑身都湿透了。在我左侧有灯光信号在闪烁，起初我以为这是在团指挥所的营长通过通信兵和我联系。

射击的声音越来越近，我开始怀疑是法国人发起夜袭，而不是简单的火力袭扰。我带着一名传令兵向着枪声传来的方向走去，试图摸清楚情况。突然，我看到前方50—80米的地方，有人以双人队形向我们靠近，这很可能是法国人！据我判断，他们是从第124和120步兵团的阵地接合部渗透进来的，目的是攻击第2营的后方和侧翼。敌人越来越近，我却还没有完全搞清情况。

可是军情刻不容缓，于是，我跑到右翼阵地把情况通知给第6连连长兰巴迪上尉，并请求他拨一个排归我指挥，请求马上被批准了。我立刻部署这一排人展开战斗队形，准备迎击接近的敌人。当远处的火光照亮了对方隐约的轮廓时，我让士兵们进入战位并打开步枪保险。当他们距离我们50米远的时候，为了以防万一，我向他们询问口令。他们回答了我的询问，这是第7连的人。该连年轻的中尉连长正带领部队从位于全营左后侧的位置转移，移动了400米到达全营的正后方。他对此的解释是，战斗即将发生，尽管他的连是二线部队，却也要做好进攻的准备。出于对他轻率举动的不满，我好好教训了他一顿。可是一想起自己差点儿对着友军开火，我还是不禁打了个冷战。

不久，营长从团部带回了发起夜间攻击的命令。我们担任全团的第一梯队，随时待命向伦贝尔库尔北面 500 米的 287 高地发起攻击。配合作战的友军部队（右翼为第 123 步兵团、左翼为第 120 步兵团）也将同时发起攻击。具体的攻击时间还没有确定，但是营里要求我们马上做好准备。

团部确信我们不会遭到法军炮火的干扰，因为攻击目标离我们并不远，法军炮兵根本来不及发挥火力优势。我们从心底里希望团部把攻击范围再扩大一些，连伦贝尔库尔周边山头上的法军炮兵阵地也一起捎上。

在主阵地的左侧，全营趁着夜幕掩护，在滂沱大雨中完成了攻击准备。部队上好了刺刀，打开了保险，我们的口令是："不胜利毋宁死。"攻击发起线的左侧位置一直很不平静，步枪射击火光此起彼落、时隐时现。

第 1 营的部队已经上来了，团长亲临第 2 营指挥。实话实说，我们对敌人的部署掌握得很有限，只知道他们驻守在铁路沿线、铁路南侧的山口以及索迈斯纳（Sommaisne）—伦贝尔库尔公路的沿线。我军士兵急切地等待着攻击发起时刻的到来，直到现在，他们已经在雨里淋了几个小时，简直快要冻僵了。凌晨 3 点左右，我们接到了攻击命令，攻击就此开始。

我营排着密集队形冲下山坡，向着铁路沿线的敌人冲去。最终赶走了他们，并夺取了索迈斯纳—伦贝尔库尔公路上的山口，随即又向 287 高地发起冲锋。敌人的重重防御都被我们用刺刀粉碎了。

全营的 4 个连都参加了战斗，大家克服了敌人有限的抵抗，顺利占领了 287 高地。由于在我们两翼参战的友军部队的攻击节奏没能和我们同步，没能及时提供掩护，我们只好抽调自己营里的部队部署在两翼，向后侧弯曲形成弧形防线，从而保护我们的侧翼和后方安全。战斗中，部队的建制被完全打乱，重新编组花费了很多时间。直到拂晓时分，雨势才渐渐变小。部队疯狂地挖掘战壕，以便防备不久后即将到来的法军炮击。在泥泞、黏质的土壤里构筑工事非常困难，泥土常常粘在圆锹上，很难清理。

此刻，伦贝尔库尔周围的山头在淡灰色的晨曦中已经模糊可辨。法军居高临下俯视着我们的新阵地，突然，我们的前哨阵地发出了警报，一大群法国人出现在伦贝尔库尔北面的洼地中。

警报发出的时候，我待在全营的右翼，和兰巴迪上尉的第 6 连在一起。法军呈密集纵队从西北向伦贝尔库尔推进。第 6 和第 7 连一部率先开火，双方在 300—400 米的距离内展开激烈枪战。有一些法国人试图在伦贝尔库尔的街道上寻找隐蔽，以躲避我们的机枪火力，可是大部分法国人却不顾危险地开始还击。我军很多士兵也因为杀红了眼，干脆站起来暴露在弹雨里射击。大约 15 分钟后，法国人的火力渐渐稀疏起来。在我们前方的伦贝尔库尔北部入口处，有相当多的法军士兵死伤。造成我方士兵伤亡的主要原因却是刚才所说的，士兵由于杀红了眼，忘记寻找隐蔽。就这样，清晨战斗导致的损失竟然比夜间攻击的代价还高。

面对这样的局面，我们开始后悔在没有得到上级同意的情况下，就对伦贝尔库尔和它旁边的高地发起攻击，不过覆水难收。尽管经历了一夜战斗，官兵们的作战情绪依旧高昂。我们都希望能和法军进行一场白刃战，因为到目前为止，所有的迹象都证明法军的训练和技术水平不如我们。

战斗暂停之后，所有的部队又开始构筑工事。可是就在大家刚挖了不到 30 厘米深的时候，法军又以他们惯有的套路赏给了我们一顿炮弹，也阻止了我们在开阔地上的进一步构筑工事。

战斗进行到现在，营部的成员根本没时间为自己挖掘掩体。在 287 高地和伦贝尔库尔北部入口处的战斗中，我们都一直处于运动的状态。现在，一支位于伦贝尔库尔西面山头上的法军炮兵连，正从开放式阵地向我们开火，距离大约为 1000 米。幸运的是，由于地面很湿，相当多的炮弹直接钻进泥土，成了未爆弹。大家迅速卧倒在浅浅的战壕里，躲避敌人的炮弹。为了安全起见，还在自己身上盖了不少橡树枝作为伪装，希望逃过法军炮兵观察哨的眼睛。法军炮兵猛烈轰击我们的阵地，感觉仿佛天塌地陷一般。由于连续降雨，战壕干脆变成了"小溪"，这不仅致使我们难以迅速有效地构筑工事，还让大家在卧倒避炮时，从头到脚都糊上了一层厚厚的泥巴。又湿又黏的泥巴糊满全身可真是冷得难受！我的胃在寒气的刺激下翻江倒海，疼得我直打滚。每隔半小时，我就要被迫换一次弹坑。

我们两翼部队的攻击明显没有跟上我们的节奏，这样一来，我们营就成了全师战线的突出部。大约在 10 点的时候，第 49 野战炮兵团的一个榴弹炮连，试图从我们后方的阵地帮我们出一口怨气，结果却帮了倒忙，反而被占据绝对优势的敌人炮兵打得丢盔卸甲。我们也因此惹祸上身，招来了敌军更猛烈的炮火报复。就像前几天一样，法军步兵并没有利用这个机会采取行动，也就没给我们造成更多的麻烦。

时间似乎已经停止！在几个月之前，如果有人说我们将会处于这样的尴尬境地，大家一定都会嘲笑他。现在，为了摆脱这样的境地，大家已经到了无所不用的程度，发动攻击当然也是一种最可取的办法。

就在这一天，法军向我们位于 287 高地上的阵地炮击了一整天，倾泻了无数炮弹。天色暗下来之前，我们又和往常一样，被法军用炮弹道了晚安。大家可以清晰地看见，法国炮兵把火炮挂上车牵引到后方去了，他们一定严守着避免夜战、保证绝对安全的规定。

我们在 9 月 10 日的夜袭中损失严重，总共有 4 名军官和 40 名士兵阵亡，还有 4 名军官和 160 名士兵负伤，另有 8 人失踪。不过在这次夜袭之后，法军的凡尔登要塞被我们包围了。只有在凡尔登南部，法军还坚守着一条 14 公里长的狭长地带，把特鲁瓦永堡（Fort Troyon）以东的我军第 10 师和从西部进攻的我军第 13、14 军团的几个师分隔开来。唯一通过默兹河谷与凡尔登联系的铁路，现在也在我军火力的监视之下。

夜幕再次来临，我们又开始忙碌着构筑工事。野战厨房在午夜前后抵达，细心的汉勒为我带来了干爽的衣物和一条毯子。胃疼到了无法进食的地步，不过只要我还能站起来，就绝对不能离开火线！就这样，我换上干衣服，噩梦连连地昏睡了好几个小时。直到拂晓时分，我们再次拿起十字镐和圆锹干活儿。

9 月 11 日，法军炮兵一如既往地对我们实施炮击，但是由于我们已经构筑好了完备的工事和掩体，造成的损失微乎其微。连续的降雨天和由此造成的阴冷，让我们的日子着实不太好过。野战厨房又一次在午夜抵达。

## 战场观察

执行夜间攻击任务时非常容易发生误伤，我就差一点儿酿成这样的悲剧。

9月9日至10日的夜间攻击，让第2营推进到了本师战线前方1000米处，以极低的伤亡为代价夺取了重要目标。雨天有利于我们发起攻击。在持续的运动战中很难遇到像样的抵抗。严重的伤亡只发生在大批法军撤退进入伦贝尔库尔并完成防御部署，而我们却正冒着法军炮兵火力修筑工事的时候。假如法军步兵利用这个机会，趁我们的战壕只挖到30厘米深时及时发动攻击，我们的伤亡还会更大。由此可以得出结论：夜战中，进攻的一方必须在黎明前构筑好工事和掩体。

由于弹药的短缺，我军炮兵在9月10日和11日的作战中几乎无所作为。法军炮兵正好相反，他们几乎肆无忌惮，可以从开阔的阵地上随心所欲地向我们开火。

整个作战期间，敌军的火力如此密集，以至于野战厨房只能在半夜摸着黑为我们提供食物补给。白天的时候，他们则必须躲避到阵地后方几公里远的地方以保证安全。这显然不利于部队保持战斗力，不过在当时的情况下也是没有办法的办法，所幸大家很快习惯了这种用餐模式。

# 第三章
# 在蒙特巴兰维尔附近的战斗

## 第一节  途经阿戈讷撤退

9 月 12 日凌晨两点左右，在第 2 营后方 100 米的一个用门板覆土搭建而成的团部简易工事里，我向团长报到并领受了命令。哈斯上校借着烛光签发了他的作战命令，要求全团在拂晓前撤出阵地，向后转移至特维安库尔。第 2 营任全团后卫，以两个连兵力固守索迈斯纳以南 1 公里的高地直到 10 点止，随后撤离跟上团本队。

我们一方面因为将要离开这个鬼地方而感到高兴，另一方面却无法理解为什么要撤退，因为敌人对我军战线的压力还不至于造成这样的结果。在我们后方 32 公里的凡尔登要塞，此时已经变成一座孤城，只能依靠一条单线铁路保持和法军其他部队的联系。我们已经掐住了法军的脖子，却要在最关键的时刻松手让他喘息，这太可惜了吧！

　　当然，指挥高层总览全局，他们做出这样的决定肯定是有道理的，或许其他战线更需要我们。

　　黎明之前，第2营终于脱离战斗完成转移。我们军服上的污泥变成了一层硬块，加上虚弱的身体状态，使得我们的行军异常艰辛。在伦贝尔库尔以北两公里的山头，我们按团部命令，留下了两个连担任后卫。

　　黎明时分，法军炮兵还在向我们早已空无一物的阵地猛烈炮击，这让我们体会到了戏耍对手的快乐，大家足足乐了好一阵子。

　　我们在普雷兹西面的树林里完成集结，之后进入位于特维安库尔的前哨据点。乌利希上尉和我骑马去察看地形，倾盆大雨再次落下，我为能在马上奔驰，不必再次弄得全身泥巴而感到高兴。第5连和第7连担任前哨警戒，营里其他部队则在特维安库尔担任预备队。下午检查完各个前哨据点返回营部之后，我整个人就像死人一样沉沉睡去。这期间，营长曾试图叫醒我，要我草拟一份完整的报告，却没有成功。因为我实在太累，即便有人在我耳边咆哮，或者用力摇晃我，也根本无法把我弄醒。第二天（9月13日），我还因此被营长训了一顿，不过我对睡梦中的事完全没有印象。

　　9月13日清晨6点，我们营正走在返回团部集结的路上。全营先是经过布利索，然后又转往阿戈讷方向行军。这是几天以来第一个大晴天，不过路面仍旧泥泞不堪。重型补给车队把路面压得坑坑洼洼的，并在布利索造成了交通堵塞。大多数火炮和车辆都陷入泥沼动弹不得，必须增派相当于辎重队全部人员两倍的人手帮忙推车，才能使这些装备和车辆顺利通过。幸好敌人并没有利用这个机会发起攻击，或者用大口径火炮打击我们。

　　我们在湿软的林间道路上行军。遇到前方趴窝的炮兵车队的时候，士兵们还常会被叫过去帮忙推车，这实在让人身心俱疲，我们也因此在路上耽搁了3个小时。等我们赶到雷伊莱特的时候，已经是傍晚之后了。我们在那里短暂休息，填饱肚子，为继续向北行进通过阿戈讷做准备。12小时的行军和糟糕透顶的路况几乎令全队士兵体力耗尽，尽管如此，我们还是坚持彻夜行军。目的地离我们还很远，精疲力竭的士兵们掉队的频率越来越高。每一次停下休息的时候，都会有人直挺挺地倒在地上呼呼大睡，所以每次部队重新开拔的时候，我们都必须去逐个摇醒这些士兵，免得他们掉队。大家就这么走走停停，我也因为瞌睡虫作祟，好几次不经意地从马上摔下来。

　　我们在午夜之后接近了瓦雷纳（Varennes）。那里的市政厅正冒着恐怖的大火，这真是可怕的景观。我奉命骑马先行到蒙特巴兰维尔（Montblainville）打前站，为部队找寻落脚的地方。可是这个小地方只剩下几张破床板，连麦草都找不到。

　　9月14日凌晨6点30分，疲惫得连说话力气都没有了的士兵们，迷迷糊糊地走进了蒙特巴兰维尔阴暗的街道。宿营地分配完毕后不到几分钟，大家都沉沉地睡了过去，整个蒙特巴兰维尔又恢复了死城般的寂静。

　　就在同一天，萨兹曼少校接管了第2营的指挥权。下午，我们行军到了埃格利斯枫丹。在那里，我们只找到一些拥挤而肮脏的临时住处。营部人员被安排在一个满是跳蚤的房间里，但这起码要比露宿街头好多了，因为外头再次下起了瓢泼大雨。该死的胃现在昼夜不停地折腾，我经常因为疼痛而失去知觉。

　　在接下来的几昼夜里，法军炮兵对我们战线后方的所有村落进行了逐次炮击，其中当然也包括埃格利斯枫丹，我们因此在村庄附近构筑了战壕和工事。9月18日，我们行军到索梅朗斯（Sommerance），并进行了几天休整。我很幸运地分配到一间有床的房间。在这里，我们终于有机会洗洗澡，刮刮胡子，换上干净的衣服，这些对我们而言简直奢侈至极！除此之外，我还是希望胃的情况能够有所改善。

大家在这里度过了9月18日到19日的整个晚上。次日凌晨4点，我们再次集合开往费莱维尔（Fleville）。第2营的任务是到那儿去担任军团的预备队，不过这个命令最后又被撤销了。大家在大雨中足足站了3个小时，然后又解散回到各自休息的地方。9月20日，我们才真正获得了一整天的休息时间，士兵们趁机进行了武器和装备的保养。

## 战场观察

9月11日至12日的夜晚，我们在敌人没有察觉的情况下和敌人脱离接触。9月13日白天，部队在完成前一夜的预定任务后，奉命进行45公里行军。这期间，交通混乱导致行军数次中断，陷入泥泞的各种车辆更令我们的行军困难重重。区区45公里的路程，第2营却连续行军超过24个小时才走完。幸运的是，直到9月13日，敌人仍然没有发现我们的行动而对我们进行追击。如果他们真的这样做了，我们在阿戈讷狭窄山隘的行军将会是一场噩梦。

## 第二节　在蒙特巴兰维尔附近的战事，突击博松树林

9月21日下午，我们再次紧急集合向阿普勒蒙（Apremont）开进。到那儿之后，便奉命去增援第125步兵团的一个营。该营正驻扎在蒙特巴兰维尔以西1.5公里处的一道山脊上。按计划，增援行动将在天黑后开始。我们的新阵地很糟糕，正好位于山坡面朝敌人的正斜面上，一举一动都在敌人的监视之下。不仅如此，战壕的泥土仍然很潮湿。敌军的轻武器和炮兵火力时不时地给我们造成一些伤亡，和后方的联系也只能在晚上摸黑进行。

漆黑的夜晚，在待援部队派出的接应小组引导下，我们踩着松软的泥土在大雨中穿过田野，来到目的地，增援行动在半夜顺利完成。我们分到的防御地段很糟糕，那里的战壕不仅长度不足，深度也不够（才下挖50厘米深），而且还满是积水。原来驻防这里的部队，眼下就在后方不远处裹着大衣窝在帐篷里休整。我还获得情报，敌人就在前方不到100米的地方。

好在部队很快适应了这里的环境。大家用饭盒把水从战壕里舀出去，然后开始加固工事。在德福依树林的战斗之后，我们深切认识到了工事的价值。由于泥土很松软，所以工事构筑进展很快，几个小时的时间，原先分成几段的战壕就连成了片。第2营终于可以安心地等待明天来临了。

9月22日，终于再次见到了渴望已久的阳光。清晨，我们的防御地段平静异常。要知道，敌人就隐蔽在阿戈讷树林的边缘，距我们右侧大约400—500米的地方。从蒙特巴兰维尔到塞尔翁

(Servon）的公路静静地躺在我们前面，公路上并没有敌军的踪迹。在我们左侧，敌人占领了公路边的一小片树林。尽管距离敌人比较近，战壕还是能够保证我们在他们的视野之外移动，从而避免遭到敌人的射击。正因为这个原因，一些长在我们阵地附近的梅子树上成熟的梅子很快就被无所事事的士兵们采光了。

9 点左右，法军加农炮开始对我们的新战壕展开炮击。谢天谢地，曾经的辛苦总算没有白费，我们的伤亡极为轻微。这次炮击持续了大约 30 分钟。在接下来的几个小时里，敌人再也没有组织起成规模的火力袭击，却经常以冷枪、冷炮的方式骚扰我们。

直到那天中午，我们仍然没有看到法军步兵的影子。于是，一个侦察小组被派出去侦察敌人的阵地和兵力部署。

侦察部队在树林右前方 50 米处遭到敌军攻击。在我们的火力掩护下，侦察部队只得留下重伤员先行撤离。法军竟然对防线上散落的我方伤员和医护人员实施反人道行为，射杀毫无反抗能力的他们。这种明显违背骑士精神的行为，着实令我们异常愤怒。为战友报仇的情绪在我们中间不断集聚、酝酿，等着瞧吧！时间还很长，我们会有报仇的机会的。

下午，野战厨房来到了我们阵地北方 800 米的低地。尽管敌人的骚扰火力仍然很活跃，炊事员还是把热饭送到了前线部队士兵的手里。

15 点，我奉命到蒙特巴兰维尔西北 1.5 公里处 180 高地附近的团指挥所，领受下达给第 2 营的攻击命令。

当时，一大股敌军正沿着蒙特巴兰维尔至塞尔翁的公路部署在博松（Bouzon）树林后方。第 51 旅作为部署在我们右翼的友邻部队，对法军发起的正面攻击也不是很顺利。在阿戈讷东面，也就是我们左翼，第122步兵团在第124步兵团第1营的增援下，正通过蒙特巴兰维尔向城镇南侧1公里的敌人山头发起攻击。谢天谢地，他们的行动进展很顺利。

按照团部计划，黄昏时分，第2营将要对驻守在蒙特巴兰维尔至塞尔翁公路沿线树林里的敌人展开攻击，主攻他们的侧翼，并把他们向西驱赶。这是一个漂亮却又难以执行的作战计划。

在回去的路上，我仔细分析战况，并思考着进攻时的最佳路线。从现在的阵地直插蒙特巴兰维尔至塞尔翁公路一线的进攻路线看起来并不十分理想，因为这无法保证战斗发起的突然性，而且还会受到来自阿戈讷树林里敌军侧射火力的威胁。这将使我们在到达公路前就付出惨重的伤亡，最重要的是，这也无法让我们成功地推进到法军的侧翼。

传达团部命令之后，我向营长提出了以下建议。首先，我们撤出蒙特巴兰维尔以西1.5公里山头上的阵地，并在该山头北面具备隐蔽条件的山坡集结部队。这之后，呈战斗队形发起攻击，将前锋推进到目前阵地的东面，占领蒙特巴兰维尔西面600米的小树林。

这片小树林不久前刚被我们的炮兵炮击过，各种迹象都显示它已经被法军彻底遗弃了。从军事地形学的角度来看，那里是避开敌人侦察、组织攻击行动的理想场所。

占领树林之后，第2营可以靠南部署，并从公路西面向阿戈讷东部边缘的法军发起攻击。只有这样，才能有效打击敌人沿蒙特巴兰维尔至塞尔翁公路部署的阵地的侧翼。按照这个计划，假如我们马上出发，或许在黄昏时候就可以发起攻击。我的建议被采纳了。虽然有几名士兵被敌人的冷枪击中负伤，但全营还是井然有序、按部就班地撤出了山坡上的阵地，并在北面的山坡上完成集结。不知所以的敌人继续向已经空无一人的阵地开火。在营部的统一指挥下，我们采取小群多路的模式向蒙特巴兰维尔西面600米的小树林前进。

我们悄无声息地抵达了小树林，敌人似乎根本没有发觉。我们沿着树林的北部摸索前进，发现了一条步兵战壕，还有背包、水壶、步枪之类的丢弃装备，看来阵地的前主人大概是在我军炮兵下午炮击时就放弃了阵地。我们集结在树林西部，准备攻击位于阿戈讷树林边缘处的敌人。敌人似乎还没有察觉到我们的存在，因为他们到目前为止还根本没向我们这个方向射击过。

我们的攻击目标是400米外的一片山坡。在公路以南大概500米的地方，我们找到了一条可以偷偷接近敌人的路线。第5连担任主攻，他们已经在距离树林边缘100米的地方待命。与此同时，第7连和第8连则在第5连的后面完成集结，为进攻提供火力掩护。第6连担任预备队，营部人员全部跟随第5连推进。命令已经下达到各连，部队很快按命令完成梯次配置，我们的计划是要包围沿公路部署的敌人。

萨兹曼少校发出攻击信号时，天色已经相当暗了。我们悄无声息地接近敌人阵地，担任攻击前锋的第5连很快就到达了敌人藏身的树林边缘，第7连和第8连距离那片树林边还有大约250米。很显然，敌人的注意力还集中在公路北面我们的旧阵地上。所以到目前为止，我们还没遇到敌人的抵抗。

第5连和营部人员一起在灌木丛中继续穿行，很快就消失在了树林里。出乎意料的是，走在稍后位置的第7连却在沿着公路前进的过程中迎头撞上了敌人，双方在80米的距离内展开近距离交火。这之后，第5连和营部向右侧展开，第8连和第7连向左展开，向敌军发起冲锋。

我们对法军阵地侧翼和后方发起的突然袭击，让他们事先构筑的工事显得毫无用处，敌军很快崩溃并开始溃散。深夜之后，战斗结束。我们取得的战果包括50名俘虏、数挺机枪、10辆炮兵弹药车，还有1个法军炮兵连落入我们手中，外带一顿热腾腾的法式晚餐。当然，我们也有损失，派拉特少尉和3名士兵阵亡，1名军官和10名士兵负伤。

这次攻击很快便产生了连锁效应，令部署在右翼的法军整个防线都产生了严重恐慌，最终让他们不战而退，放弃了经营许久的坚固阵地。当天晚上，我军第51旅在蒙特巴兰维尔—塞尔翁公路和罗马公路的交会处，俘获了大量法军溃兵。

那天晚上，我们就在田野上露营。9月的夜晚已经相当寒冷，幸运的是，缴获法军的补给品让我们和我们的马匹都能大快朵颐一番。

9月23日破晓，我陪同哈斯上校去罗马公路实施侦察。这之后，第2营接到命令，要求全营沿阿戈讷树林东侧边缘向南转移至雷埃斯贡波尔（Les Escomportes）农场。第2营开始行动时，我还留在团部。等我准备返回营里时，却发现全营的实际行动和团部的命令有很大出入。他们竟然深入了树林，而我则根本找不到他们的踪影。我沿着树林边缘前进，试图到雷埃斯贡波尔农场等待他们。但是法军仍然占据着农场，还部署有机枪，我根本无法靠近。直到下午，我才找到第2营。这时，他们已经迂回绕过了农场，抵达农场南面1公里处的一个山头，并在那里构筑了工事。当我返回第2营的时候，法军炮兵再次向我们发起炮击。对我来说，这简直是个谜，为什么法军能及时确定我们在树林中的位置，并迅速有效地向我们发射火力呢？

又累又饿的士兵们躺在树底下，或者在法军留下的临时掩体里休息。从早晨开始，他们就空着肚子。我骑马出发去寻找位于阿普勒蒙附近的野战厨房，终于在蒙特巴兰维尔北部1公里处找到了他们。可是，他们的马匹无法越过横亘在他们驻地和我们阵地之间的泥沼。

就这样，由于野战厨房被困在雷埃斯贡波尔农场以东400米的地方，部队直到午夜至凌晨3点之间，才陆续获得食物补充。

与此同时，我们接到团部命令，要求我们在凌晨5点到达雷埃斯贡波尔农场。于是，我们也就没有多少时间可以躺下睡个觉了。

## 战场观察

要在夜间去增援前线的作战营，引导人员必须对路线了如指掌，整个行动必须保持隐秘，否则敌人只要有所察觉，就可以轻松阻断行动，并造成伤亡。值得注意的是，在黎明之前，第2营再次充分利用了现有的土工器具，在敌人随后的炮击中生存了下来，而且伤亡率很低。

9月22日上午进行的攻击搜索行动中，火力支援配合有力，战斗损失因此降到了最低。在某些情况下，应该使用轻机枪作为火力支援。

9月22日，尽管敌人就在前方500—600米的地方，第2营却几平没有伤亡地在昼间撤出了阵地。在我看来，这样的战例在若干年后的今天仍然具有示范意义。当然，今天的我们可以充分利用炮兵和步兵火力压制敌人，适时使用烟幕也可以增加行动成功的概率。

9月22日夜间，第2营对在阿戈讷树林里坚守坚固阵地的敌军所实施的夜袭是一次巨大的成功。更为难能可贵的是，那次行动造成的伤亡很小。由于占据地形优势，当我们和敌人交火的时候，正确的攻击队形充分发挥了作用，使我们能对敌军阵地正面和右侧实施分进合击。这之后，整条法军战线陷入恐慌气氛，使我们不费吹灰之力就占领了整个阵地。

9月23日至24日夜间发生的情况，充分说明了后勤补给在运动战中的困难度。

## 第三节　罗马公路沿线森林中的战斗

第2营奉命如期于9月24日凌晨5点抵达了雷埃斯贡波尔农场，我们在一个狭小、阴暗的农舍里短暂休息了一会儿。团长哈斯上校命令第2营穿过森林，夺取并固守巴黎—瓦雷纳公路与罗马公路的交会处。

新的作战任务令我们兴奋得忘记了疲劳，我的胃疼甚至也突然烟消云散了。

全营出发时，太阳像个大火球一样从晨曦的薄雾里钻了出来。我们只能依靠指南针在浓密的灌木丛里穿行，朝着那个公路交会点的方向前进。我走在队伍的前面，大家经常不得不绕过那些难以通行的灌木丛。幸好在战争爆发的前几年，第124步兵团的基层军官普遍接受过使用指南针定向前进的训练，这种训练现在得到了回报。

我们花了1个小时抵达了距离目的地还有1公里的位置。全营保持警惕，持续向南搜索前进，营部人员骑马跟在前卫部队后面。

我们在林中小路上发现了一间小屋，里面躺着一位身受重伤的法国士兵。这位小伙子正在呻吟、发抖，看起来对我们的到来很惊恐。据他说，战斗在蒙特巴兰维尔打响时他就已经在这里了。部队撤退之后，他被遗弃在战场上。我们的医护人员为他进行了检查，并帮他包扎伤口。

一支骑兵侦察小队从巴黎—瓦雷纳公路侦察回来了。据他们报告，敌人已经沿公路做好了挖壕据守的准备，我们必须谨慎小心。第5连和第6连都在队伍前面派出了尖兵部队，沿着不同的路线向公路搜索前进。远处高大的树木已经清晰可见，但是脚下的灌木依旧非常茂密。当我跟随第6连的先头部队出发时，营长和第7、8连仍然留在木屋附近，我们看到几名阵亡法军士兵的遗体躺在路旁。突然，前方传来快速接近的马蹄声，这究竟是敌是友呢？在这条不算宽而且长满植被的路上，最大的可视距离不超过70米，我们根本无法判断远处的情况。为了以防万一，尖兵们都爬进道路两旁的灌木里做好战斗准备。幸运的是，那只是一群无主的战马，它们一看见我们就停了下来，然后向另一个方向跑去了。

这之后不久，第6连顺利抵达了公路附近，左翼的第5连却与敌军发生了交火，被阻击在半路上。

我骑马飞奔回营里报告情况。与此同时，第 5 连也派人回来报告说，他们遇到了敌人的阻击，如果无法获得增援，他们将不能继续推进。没过多久，两位身负重伤的第 5 连军官被抬了回来。又过了一会儿，第 5 连正面遭受的火力压力明显变大了，从第 6 连方向也传来了枪声。子弹呼啸着穿过森林，我们无法确定这是不是法军狙击手放的冷枪。

萨兹曼少校将第 8 连投入到第 5 连的左翼，两个连队将同时发起攻击，最终的目的是将敌人驱赶到巴黎—瓦雷纳公路的另一侧。

第 8 连刚刚出发，第 5 山地营和第 6 山地营的先头部队也先后到达了我们的位置。据我们了解，他们竟然领受了与我们完全相同的任务。经过一番商议之后，萨兹曼少校把第 5 山地营部署在第 5 连和第 8 连的左翼，他要求第 5 山地营协助我们的连队把法军赶过公路。攻击行动持续了 45 分钟后被迫中止，因为根据负伤官兵的报告，据守的敌人众多，火力强劲，阵地上部署了不少机枪。与此同时，身负轻伤的第 6 连连长兰巴迪上尉回来报告说，他的部队被驻守在巴黎—瓦雷纳公路上距离他们阵地以东大约 200 米的一个法军连队阻挡，而且他们西面的树林里也有敌方的零星骚扰部队。我前往第 6 连察看情况，第 6 连派了一个加强侦察组和我一起前往巴黎—瓦雷纳公路南面侦察，我们在第 6 连阵地东面 50 米处遇上了敌人。根据侦察结果，我认为我们面对的只不过是一些法军的外围据点罢了。

回到营里之后，我建议我们沿公路及其两侧同时发起攻击。其中第 6 连直接沿公路向南推进，第 7 连和第 6 山地营各自沿公路的一侧发起攻击，目标是夺取瓦雷纳。这次攻击行动的最终目的是消灭在我军侧翼进行阻击的敌军。

攻击还没来得及发起，团部的命令就来了。上级要求我们先去瓦雷纳公路消灭敌军，第5山地营和第6山地营配属给我们共同执行此次任务。同时，第6连也报告说，一支法军的密集纵队正沿巴黎的方向向我们靠近。因此，我们迫切需要向东杀出一条血路。

我们按照命令以最快速度完成攻击准备。第6山地营将机动到公路的南边，第7连被部署在公路北边，第6连在巴黎方向的公路上留下足够的警戒部队之后，随即在第7连的左翼担任掩护任务。

所有部队报告准备就绪，我们随即发起了攻击。营部跟随第7连攻击前进。在距敌人阻击阵地100米的地方，法军的火力迫使我们卧倒。在茂密的灌木丛里，我们的视距被限制在20米内，压根儿看不到敌人。我军开始还击，大家利用低矮的灌木作为掩护，尽量向敌人接近。战场上的声音很嘈杂，我们无法准确估算出敌人的距离。敌人的火力越来越密集，攻击行动终于还是被迫停止了。

为了让第7连继续向前推进，萨兹曼少校和我到了第一线。我从一个受伤士兵的身上拿了一支步枪和一些弹药，并接管了几个班的指挥权。在那种环境下，由于联系不畅，根本不可能指挥更多的部队。有好几次，我们试着穿过灌木丛向我们感觉似乎离得很近的敌人冲过去，但都没成功。敌人猛烈的火力迫使我们一直卧倒。到处都是呼叫医护兵的声音，这说明我方的伤亡正在急剧增加。

我们趴在地面上或者躲在粗壮的橡树后面，听任敌人尽情开火。只有等到敌人射击的间隙，才能趁机往前跃进一些。总而言之，部队的进攻遭遇挫折，推进速度变得异常缓慢。从两翼传来的声音判断，我们的友邻部队应该和我们遇到的情况基本相同。

　　我带着刚刚收入麾下的几名士兵，再次向前方灌木丛里的敌人冲过去，敌人也再次对我们疯狂射击。终于，在离我大约20步远的地方，我发现有5名法军士兵正呈立姿射击。我立即端起步枪对他们射击，有两名背靠背站在一起的法国人成了我的枪下亡魂，但还有3名敌人挡在我面前。很显然，我已经过分深入敌阵，在我后面隐蔽的士兵这时根本帮不了我。我试图再次朝法国人射击，可是步枪却没有反应，我拉开枪栓一瞧便知不妙，因为弹仓里空空如也。在这么短的距离内，我根本没时间重新装弹，附近也没有地方可以掩蔽，逃跑更是枉然。这时，刺刀成了我唯一的希望。平时，我非常热衷练习拼刺刀，并且对刺枪术掌握得相当熟练。即便是在1对3的情况下，我对我的武器和能力也有着绝对的信心。但是当我冲上前去的时候，敌人开火了。这真是出师未捷身先死啊！一颗子弹击中了我。刹那间，我脑子里一片空白地倒在敌人面前。子弹从我的左大腿侧面贯穿，血从拳头般大小的伤口涌出。此时的我只能绝望地等待着敌人给我补上一枪或者一刺刀，让我痛快上路。幸运的是，他们并没有这样做。我尽力用右手压住伤口止血，同时滚到一棵橡树后边藏了起来。在敌我双方的火线中间，我躺了很久。终于，我方士兵突破灌木的重重阻拦，将敌人击退了。

　　二等兵劳赫和鲁斯曼负责照料我，他们用一条武装带充当止血带，并包扎了我的伤口。这之后，他们用担架把我送到阵地后面。后来，我从上级的战况通报中了解到，敌军最终被赶出了森林，并留下了200名俘虏。我们也遭受了不小的伤亡，仅第2营就有30人阵亡，其中包括2名军官；另有81人负伤，其中包括4

名军官。据团部作战日志记载，这已经是第 2 营三天内第 3 次在战场上力挽狂澜了。

离开这些勇敢的人是痛苦的。日落时分，两位士兵用简易担架把我护送到了 5 公里外的蒙特巴兰维尔。一路上，我并没感到疼痛，因为失血过多，我早就昏死过去了。

当我在蒙特巴兰维尔的一个谷仓里重新苏醒过来的时候，我们营的军医施尼策尔正在我身上忙碌着，是汉勒在我昏迷时把他请来的。我的伤口又被清理了一遍，然后我就被抬进了救护马车。车里面还躺着 3 位负伤的战友，他们痛苦不堪地呻吟着。我们从野战救护站出发，前往战地医院。救护马车在被炮弹反复蹂躏的路上颠簸奔驰着，剧烈的震动让我们饱受折磨。当我们在午夜时分抵达战地医院时，一位战友已经撒手归西了。

战地医院已经拥挤不堪，裹着毯子的伤员干脆被放在公路两侧露天躺着。全医院只有两名军医，他们重新检查了我的伤势，并给我找了一间铺着稻草的病房。

天亮的时候，一辆救护马车把我送到了位于斯特奈（Stenay）的后方医院。在那儿住了几天之后，我获得了一枚二级铁十字勋章。后来，我又经历了一次手术，然后就在 10 月中旬乘坐一辆被军队医院征用的私人马车回家休养。

### 战场观察

沿巴黎—瓦雷纳公路据守的敌军迫使第 2 营历尽艰辛才完成任务。在 3 个营同时加入攻击并承受可观损失之后，才将敌人赶出茂密的树林。

此次战斗一开始，伤亡率就居高不下。我们总共损失了3名军官，这似乎是法军隐藏在树上的狙击手干的，不过我们并没有确凿的证据。

在伤亡率居高不下的情况下，我们很难要求士兵冒着炮火奋不顾身地前进。这时，只有指挥官身先士卒，才能对部队起到激励作用。

在近距离白刃战中，胜利永远属于弹夹里多一颗子弹的人。

# 第四章
# 在夏洛特山谷的战斗

圣诞节前夕我出院了，可是伤口还没有痊愈，仍然妨碍着我走路。在补充兵营服役真是无聊透顶，所以我又重新回到了我的部队。

1915年1月中旬，我在阿戈讷西部找到了我的团。从比纳尔维尔（Binarville）到团指挥所一路上密如蜂巢的弹坑，充分说明了阿戈讷森林里的战况之惨烈。

在团部，我领受命令，准备接管因连长空缺而群龙无首的第9连。从团部到连部的路是一条用树干铺成的狭窄小径，大约800米长。偶尔会有几颗步枪子弹从树林里飞出来，有时候炮弹还会从头顶呼啸而过，迫使我不停地卧倒在交通壕里。经过一路折腾，当我到达连部的时候，军服上的军功勋章已经不翼而飞了。

身为连长的我，手下负责的是200名满脸胡楂儿的士兵和一段400米长的防线。法军的"欢迎委员会"一如既往，用一大群密集炮弹为我献上他们的祝贺！我们的阵地是由连续的战壕和加强的胸墙组成，有几条交通壕与后方通连。由于缺少铁丝网，因此没有在阵地前面设置像样的阻绝设施。总体而言，这个阵地在我看来实在是很差劲。这里的地下水很浅，因此战壕不能挖得太深，最深只有 1 米，有些地方甚至还不到 1 米。每个掩体必须容纳 8—10 个人，但却出奇地浅，而且掩体的顶板不过是几层细原木，这顶多只能阻挡一些炮弹的碎片。更让人郁闷的是，这种突出地面的掩体成了法军炮兵的绝佳目标。在我接管指挥权仅仅几个小时之后，就有一颗炮弹不幸落在了一个掩体上，造成 9 名士兵重伤。有鉴于此，我下的第一道命令就是当敌人炮击时，所有人员都必须撤出掩体，到战壕里寻找适当的掩护，并要求大家在天黑后加强掩体的顶部，使它们至少能承受住野战炮的轰击。另外，基于安全的考虑，我还下令将阵地附近的几棵大橡树提前砍倒，免得它们被敌军的炮弹击中，对我们造成不必要的危险。

在新职务的激励下，我很快就找回了以前的状态。对于一个 23 岁的军官来说，没有什么比指挥一个连队更棒的事了！为赢得士兵的信任，指挥官必须首先严格要求自己；必须谨慎小心，照顾好手下士兵，并和士兵同甘共苦；最重要的是能够事事率先垂范，为士兵树立榜样。一旦他赢得了士兵的信任，士兵们就可以跟随他上刀山、下火海，无怨无悔。

我们每天都有做不完的工作，可是物资方面却什么都缺（木板、钉子、夹板、铁丝网、防水纸以及各种工具）。我和手下一位排长一起勉强搭建出了只有 1.4 米的连部，里面能放上一张桌子和一张简易床。连部的墙壁是光秃秃的泥土，成股的水不停地沿墙壁奔流而下，要是赶上潮湿的天气，这种情况就更加严重。除此之外，水还经常从由两层橡树树干和一层泥土构成的屋顶漏下来。

每隔4个小时，我们就得往外舀水，以免连部被水淹掉。为了避免暴露目标，我们只能在晚上生火。寒冷潮湿的冬季，置身这样的环境，确实让人体会到了冻彻骨髓的滋味！

由于茂密的灌木影响视线，我们很难搞清对面敌人的情况。不过，我有理由相信法国人的情况比我们好得多。因为他们的后勤仓库储备充足，物资样样不缺，完全有本钱以逸待劳。他们的阵地位于树木密集的森林深处。由于缺乏弹药，我们的炮兵火力对敌人的打击很有限。法军在我们所处的小山谷的另一侧，距离大约300米外的地方也设有阵地。为了干扰我们，敌人频繁使用轻武器向我们开火，这让我们很不愉快，不过比起炮击来还是好多了。由于距离太近，留给大家的反应时间很短，不管是谁，如果不想被冷枪击中，就得在听到枪响的第一时间迅速趴在地上。

1915年1月下旬我们一直被雨雪交替的坏天气纠缠着。1月23日至26日，连队撤到一线阵地后方约150米的二线阵地休整，那儿的环境更糟糕，法军炮兵还专门跟我们过不去。每天二线部队的损失竟然可以和一线部队一样，甚至超过一线部队。在那里，我的连队主要从事一些勤务支援性的工作，比如运输材料、构筑掩体、修整交通壕，以及用树干铺路之类。当我们接到命令再次上前线的时候，大家反而感到很高兴。承受磨难的我们依然士气高昂，愿意为保卫祖国、赢得胜利尽微薄之力。

1月27日，我带着两名士兵，从阵地左侧沿一条通往敌军方向的交通壕出发去执行侦察任务。这时我们正驻扎在一个被我军于1914年12月31日占领的法军旧阵地上，在搬开交通壕里的一些障碍物之后，我们小心翼翼地出发了。才沿着交通壕走了40米，我们就碰上了阵亡法军士兵的尸体，他们可能是在战争刚刚开始的时候就为国捐躯了，却因双方的对峙而被留在战场上，无法入土为安。这条交通壕的左边是一片小小的墓地。在战壕末端，距离我们阵地 100 米的地方，有一个位于战场中间洼地最低处的废弃医疗站。这个医疗站的工事修得很好，能够容纳 20 个人，而且有良好的防护。一路上，我们都没见到法军的踪影，只遇到了敌人用步枪、机枪对我们的阵地实施的日常骚扰射击。从枪声判断，他们离我们大约有 100—150 米远，射击目标是山谷另一侧的我军阵地。

我决定把这个医疗站改建成前进据点，并从那天下午开始改建工作。从这个位置，我们可以听到路的那头法国人的说话声。我认为继续向前侦察是不明智的，因为我们不可能在穿过茂密灌木的同时不被敌军发现。如果蛮干的话，我们很可能在获得任何有价值的情报之前就被送上西天了。

为了尽可能将阿戈讷的敌军牢牢拖住，上级决定在 1 月 29 日发起多次牵制性的小型攻势，第 27 师所属各团都必须参加。我们计划在法军雷区用爆破扫雷法开辟一条通道，这之后，全团就从阵地右翼第 2 营的防线发起强袭。与此同时，我军炮兵将首先压制住位于第 3 营第 10 连阵地右前方的敌人，随即向第 9 连正面和左前方的敌军阵地延伸火力。为了这次战斗，我们配备了第 49 野战炮兵团的一个榴弹炮连，炮兵连利用 27 日和 28 日两天完成了战备工作。按照计划，这次行动发起时，第 10 连需要离开阵地杀入敌阵，第 9 连则只需要原地固守即可，不过我们必须用火力封锁住敌军侧翼，切断他们逃脱的通道。

1915 年 1 月 29 日的黄昏终于来到了，那个时刻简直可以用天寒地冻来形容。在攻击发起初期，我率领 3 个步兵班隐蔽在那个位于我们阵地前方 100 米的新开辟的据点里。我可以听到我方炮弹从头上呼啸而过的声音，有些炮弹击中了树木，有些则落在我们身后。落地的炮弹引爆了地雷，把地上的泥土、石块、木棍之类的杂物炸得四处飞溅。炮击过后，我们右侧传来了手榴弹爆炸和小型武器密集射击的声音。一名法军士兵独自向我们的阵地跑来，但马上就被射倒在地。

几分钟后，第 3 营的副官跑过来告诉我们，右侧的攻势进展很顺利，第 3 营营长询问本连（第 9 连）是否愿意加入他们，一起上去大开杀戒一番。我们当然愿意！只要能让我们不再待在战壕里干那些无聊的勤务支援工作，我们干什么都愿意。

通过观察，我意识到我们当时无法采取战斗队形直接从战壕里冲出去。因为我们尚处于敌人炮兵和机枪火力的射程范围之内，部队的任何行动都会被树顶上的敌军观测人员看到，从而招来敌人的火力打击。为了避免被敌人发觉，我命令我的士兵从阵地右侧沿着一条通向前线的交通壕匍匐前进，到达交通壕尽头的凹地时就停下待命。大家小心翼翼地向前爬行，大约 15 分钟后，全连在距敌 80 米处的一个斜坡上完成集结。

在到达凹地之前，敌人用步枪和机枪火力对我们进行了拦阻射击。由于交通壕上没有遮蔽物，我们可以听到子弹直接钻进身边雪地的声音。我用望远镜仔细观察，却仍然无法确定敌人的位置。我知道，如果被困在这里，我们的下场会很惨。敌人的高密度火力弥补了射击精度的不足，因此即便是盲目射击，也对我们极具威胁。我绞尽脑汁想要找出一个避免蒙受重大损失，同时又能摆脱眼下糟糕处境的方法。在这种情况下，身为一名指挥官，担负着部下的生死存亡，确实感到压力巨大。

当我们右侧远方响起我军的冲锋号时，我决定趁机冲到前面50米的凹地去，那儿至少比现在这个地方的隐蔽物多些。我的号手就在身旁，于是我命令他也吹响冲锋号。

尽管敌人的火力丝毫不减，但是第9连的士兵们还是跳起来，视死如归地吼叫着朝敌人冲去。我们很快地穿过凹地，冲到了法军阵地的铁丝网前面。敌人眼看大势已去，匆匆放弃了他们的坚固阵地，自顾自地逃命去了，他们的各种物品在灌木丛里散落了一地。我们无暇顾及敌人散落在阵地上的战利品，紧咬住敌人的尾巴不放，继续追击。就这样，法军两道固若金汤的防线被我们突破。阵地上的敌人早在我们杀到之前就溜之大吉，我们仅仅遭到法军极轻微的抵抗，什么损失都没有。

我们一口气越过一个高地。眺望远处稀疏的树林，可以看到敌人正乱成一团，在我们面前像无头苍蝇般地四处乱窜，我们决定放心大胆地追杀他们。连队留下一部分士兵负责消灭阵地上的敌人，主力则继续追击，一直追到了沙尔姆泉（Fontaine-Aux-Charmes）以西500米的树林边缘。到目前为止，我们离开原阵地向南突击了700米。从这里开始，地势逐渐走低，落荒而逃的敌兵消失在了低矮的灌木丛里。此时的我们与两翼和后方部队都失去了联系，只能听到他们正在和敌人鏖战。我把部队集合起来，占领了沙尔姆泉以西500米的树林边缘，并试图重新恢复和友邻部队的联系。这时，一位士兵忙里偷闲，穿上在敌军掩体里找到的女式服装搞起了反串秀，逗得大家笑声不断。

后续部队赶到之后，我向他们移交了阵地，随即带着部队穿过灌木丛，下山向西南方向进发，这个地区的地形足以保证规模较大的部队通行。部队在派出尖兵的情况下，按照标准的行军纵队前进。我们再次穿过了那片凹地，不久前还从左侧射来迫使我们卧倒的强大火力已不复见。为了保持对敌人的持续攻势，我们转向西面，避开敌人火力，然后再次向南推进，准备穿过广阔的树林地带。

刚刚走到树林的边缘我们就遇到了铁丝网。这道铁丝网的防护范围很广，两侧纵深达到80—100米，几乎是目视距离的极限。铁丝网设置在一片缓坡上，为了修建这道铁丝网，法军几乎砍光了这个坡上的所有树木。远处，我可以看到派去侦察的3名士兵正在挥手，其中一位是二等兵马特，他是我手下最年轻的志愿兵。很明显，敌人还没有在这块坚固阵地驻防。我忽然灵机一动，想到如果我们将它占领，阻止法军后撤，并坚守到后续部队上来，那将会是一个很有价值、很重要的战果。

我试图沿着铁丝网下面的小径匍匐着爬过去，可是敌人从左侧射来的火力迫使我趴在地上动弹不得。此时，敌人就在大约300—400米外的地方，密集的铁丝网妨碍了他们的视线，因此他们很难发现我并准确射击。于是，我横下一条心，继续匍匐前进，任凭子弹在我周围乱飞。到达目的地之后，我命令全连像我一样，成单列纵队匍匐前进。可是先头排的排长已经被吓傻了，趴在那里一动不动，导致他身后的士兵也学他的样子，趴在铁丝网后面装死。不论我如何喊叫和挥手，都起不了什么作用。

法军的这片阵地简直就是一座堡垒，不是我们几个就能守得住的，必须把全连拉上来才行。我向西搜索，找到了另一条可以穿过铁丝网的通道，然后严肃地警告先头排排长，必须服从我的命令，否则我就执行战场纪律。后来，他识相地选择了服从命令。尽管敌人从左侧用轻武器射来密集的火力，但全连最终还是都弯着腰穿过障碍区抵达了阵地。

为了守住阵地，我把部队成半环形部署在这块被法军命名为"中央"的阵地上，并开始加强工事。这片阵地是法军依据最新设计理念构筑的坚固阵地，整条防线贯穿了阿戈讷地区，我们占领的仅是其中的一部分而已。阵地上每隔 50 米就有一座碉堡，法军以这些碉堡为支撑点，组成交叉火力，再配合上大片的铁丝网障碍区，就让阵地的前面变成了一片凶险异常的屠宰场。每个碉堡之间还有用土筑成的胸墙连接，胸墙的高度刚好可以满足立姿射击的需要，法军可以隐蔽在胸墙后面，从容不迫地射击射程内的所有目标。墙后面有 5 米深的战壕，可供士兵隐蔽。为了收集渗出来的地下水，战壕里还挖了几个两米深的坑。战壕往后约 10 米的地方有一条与胸墙平行的小路，可供各种支援车辆来回行驶，胸墙的高度正好可以保证这些车辆的行动不被敌人发现。除此之外，在工事和铁丝网之间的开阔地上还挖有一道防护深壕。

我们所占领的这段阵地的左翼已有法军驻防，他们正在用各种轻武器向我们发射密集火力，但右翼显然还没有法军驻防。大约早上 9 点左右，我向营部发出书面报告，内容如下："第 9 连已占领位于我攻击发起线以南 1.5 公里的部分法军坚固阵地，坚守在树林边缘。请求立刻给予支援，并补给机枪弹药和手榴弹。"

与此同时，奉命加固工事的部队正用铲子在冰冻的地面上努力挖凿着，但是根本挖不动，只能用十字镐和锄头慢慢刨。我们就这样挖了大约 30 分钟，直到阵地左翼的警戒哨报告说，左翼的敌人正在东面 500 米处成密集队形穿过铁丝网撤退。我命令手下一个排向他们开火，一部分敌人匆忙就地寻找隐蔽，大部分法军却仍然向东面离我们更远的阵地转移。他们最终达到了目的，因为我们开火后不久就受到来自那个方向的敌火还击。

我们加固工事的进展不值一提。仔细分析形势之后，我注意到在我们所处位置右侧200米处的防线弯曲部，有一段被敌军命名为拉布代尔（Labordaire）的阵地。如果我们想在敌军的整个防御体系中钉进一枚钉子的话，这就是一个很具有战术价值的重要节点。我们就一路杀到这个名叫拉布代尔的阵地，很快利用散落在地上的树干搭起了临时防御工事，并从这里向敌人开火，阻挠东面的敌人继续转移。我们的行动很快奏效，进退不得的敌人开始就地构筑工事。没过多久，他们的枪声就哑了下来。

我们占领的这段阵地包括4座碉堡。在我的指挥下，全连成半环形部署，并在阵地和铁丝网之间的一处隐蔽处，留下一个50人的加强排担任预备队。在那个隐蔽处的边上，有另外一条"之"字形的小径可以穿过布满铁丝网的障碍地带。时间分分秒秒在流逝，我们开始对上级的支援和补给一直没有落实而感到忧虑。突然，阵地右翼的部队报告说，在距离我们前方大约50米处，有大批法军正在穿过铁丝网障碍带向后撤退。负责那段阵地的排长请示我是否开火阻击，我考虑再三，除了开火，我们还有什么选择呢？我们马上就要卷入一场恶战，让这些法国人毫发无伤地后撤，对我们来说，简直是纵虎归山。可是如果我们开火阻击，那么法国人就会转而向西逃窜，绕个圈子再进入阵地。那之后，他们就有可能利用阵地上的交通壕反包围我们。话虽如此，我最终还是下令开火。

一声令下，我们站在胸墙后面向周围的敌军开火，一场苦战就此展开。法军打起仗来也很勇敢。情况正如我所预料的那样，突然大约有一整营的敌军向西面迂回前进，在距离我们300米的位置穿越了铁丝网，然后又从西面成战斗队形向我们扑来。在这种情况下，除了一条向北穿过铁丝网与营部相通的狭窄小路外，第9连几乎被敌人完全包围了。即便是这条仅剩的生命线，也处在敌人东西两面的火力夹击之下。在我们右翼，敌人仍然被死死地钉在地上，无法越雷池一步；但是我们的左翼却出现了危机，敌人的攻击取得了进展，正在逐渐接近我们。我们的弹药越来越少，连预备队的大部分弹药也都被集中上来救急。为了尽可能节省弹药，我命令大家减少消耗，可是来自西面的敌人却仍然向我们继续靠近。当时我心中暗想："要是弹药用完了，我该怎么办？"营部的支援是我们唯一的希望。现在的情况对我而言，简直就是度日如年啊！

终于，敌人攻入了我们最左边的碉堡，并和我们的士兵展开了激烈的战斗，我们被迫投出最后一批手榴弹。可是几分钟之后，也就是大约10点的时候，法军的一个班还是成功攻占了它，并通过它的枪眼，用步枪和机枪从我们背后射击。祸不单行，在我被告知这个坏消息的时候，偏巧营部派来的传令兵隔着铁丝网向我们大喊着传达营部的命令："本营已进入北面800米外的阵地固守待援，隆美尔的连队必须撤退，营部无法支援！"前线的排长、班长们又一次叫喊着要补充弹药，我们顶多只能再支撑10分钟了。

到了该下决心的时候了！我们是否应该与敌人脱离战斗，并在敌人的交叉火网中穿过铁丝网撤退呢？这样的行动意味着至少一半的伤亡。

另外一个行动方案是打到弹尽援绝，然后向敌人投降。投降——这是我决不会做的事情。除此之外，我还有一个办法，那就是向敌人发起逆袭，冲散他们的战线，然后再撤退，这在当时是我们唯一的出路。敌人虽然在数量上占有绝对优势，但是法国步兵不一定经受得住我们的逆袭。如果在左翼的敌人被打退，那么我们就有机会比较安全地穿过铁丝网障碍区。在那种情况下，右翼较远处的敌军火力所造成的威胁很有限。速度是逆袭成功的关键，我们必须猛地给敌人一下子，然后在他们还没回过神来之前就摆脱他们，穿过铁丝网。

我毫不迟疑地下了命令。每个人都已经知道了事态的严重性，大家非得全力以赴才行。预备队向左翼发起攻击，重新夺取了刚刚易手的碉堡。他们的突然行动撼动了整个战线的敌军，敌人的攻势崩溃了。当法军向西逃窜时，我们正好趁势摆脱他们。大家迅速向东，成一路纵队穿过了铁丝网。位于右翼的法军虽然向我们开火，但是在 300 米的距离外射击移动目标并不是一件容易的事。话虽如此，我们还是有几个人挂了彩。等到左翼的法军回过神来重新组织进攻的时候，我的主力已经冲到铁丝网另一边的安全地带了。全连除 5 名重伤员无法带回外，并没有受到更多的损失。

就地防御的第 2 营据守在法军阵地正南方的茂密树林里，我们负责掩护全营的左翼。与我们共同作战的第 1 营出了点儿状况，他们在与我营的接合部那里留下了过大的缺口，造成了通信不畅，我们仅能靠传令兵和他们勉强保持时断时续的联系。我的连奉命在距离森林边缘 80—100 米的地方掘壕据守，要知道，在冰冻的地面上挖工事，那可绝对不是一件愉快的差事。

到目前为止，法军炮兵的注意力仍然集中在我们的旧阵地和后方。因此，在我们发起进攻的时候，他们并没有及时出手。我想，这可能是由于法军的步炮协同在联络方面出了问题所致，不过法军对自己的错误及时进行了补救。我们靠近森林边缘构筑的工事引起了敌人的注意，很快便遭到法军报复性炮火的集中攻击，我们的土工作业因此受到干扰。尽管如此，我还是认真撰写了当天的战斗报告，详细叙述了午前在法军"中央"阵地和拉布代尔阵地作战的过程，并附上了法军阵地的要图。

没过多久，在 1 月 29 日下午，法军在密集的炮火打击之后向我们发起了冲锋。大批法军在军号和口号的激励下，冲过灌木丛，杀向我们。我们用轻武器阻击他们，法军士兵有的应声倒下，有的寻找隐蔽，有的奋勇还击。法军的小股部队从各个方向试图靠近我们，却都徒劳无功。我们的防御火力令敌人损失惨重，进攻不得不暂时中止，在我们阵地周围留下一片尸体和伤员。在夜幕的掩护下，法军撤退到 100 米外的森林边缘掘壕固守。

随着战斗的逐渐平息，我们马上抓紧时间抢修工事，因为我们当时的战壕只有 50 厘米深。可是还没等我们完工，法军的炮弹再次落在了我们中间。美国造的榴弹在我们四周爆炸，横飞的尖锐弹片在冬天的夜空中呼啸，粗壮的树干瞬间就被炸断，好像折断火柴棒一样不费吹灰之力。

我们简陋的阵地没办法为我们提供足够的掩护，除了少数时间外，法军炮兵的扰乱炮击几乎让我们彻夜不得安宁。大家能做的只有裹着大衣、单人帐篷或者毯子，窝在浅浅的战壕里瑟瑟发抖，每一次敌军的炮弹命中战壕我都可以听到士兵们的哀号。就这样，才一个晚上的光景，我们就失去了 12 名兄弟，这比我们在整个进攻过程中受到的损失还大。除此之外，我们的肚子早已空空如也，可就是吃不上一顿热饭。

黎明时分，敌军的炮火明显减弱，我们又开始加深战壕。时

间不多了！早上8点，法军的炮击再次打断了我们的工作。法军
步兵紧随其后，大举进攻，我们将他们轻易击退。后来，法军的
第二次进攻也遭到了同样的命运。到了下午，我们的战壕已经深
得足以让我们不再为法军的炮击而苦恼了。由于我们通往后方的
交通壕尚未完成，做好的饭送不上来，大家只能等天黑之后才能
吃上一顿热饭。

## 战场观察

　　1915年1月29日的进攻，充分展现了德国步兵的优秀素养，但
第9连的战斗表现并没有什么特别之处。我只是无法理解，为什么
法国人竟然会主动放弃一个设有完善的铁丝网障碍区、严密的机
枪火力网，以及梯次配置合理的坚固防御阵地呢？在敌人发现了
我们的进攻行动，并试图用猛烈的火力阻止我们的时候，我们能
够从被敌军包围的拉布代尔阵地顺利突围，这充分说明了我军部
队的战斗能力。

　　不幸的是，我们的营和团两级指挥机关都没能及时利用第9
连的成功扩大战果。由于一下子在一线上摆了3个营，我们根本
没有足够的预备队可用。弹药的缺乏增加了我们防守拉布代尔阵
地的难度。几个因素最终导致我们战果的得而复失：第一，敌人
夺取了我们阵地左翼的碉堡；第二，我们接到营里的撤退命令；
第三，我们缺乏弹药；第四，我们的撤出通道在敌人火力控制
之下。

　　在这种情况下，任何疏忽都可能引起重大伤亡，甚至让敌人

把我们全歼。最糟糕的是，我们压根儿不能等到天黑再利用夜幕掩护撤退，因为在上午11点之前我们的弹药就将消耗殆尽了。我们那时的处境真可以用弹尽援绝来形容！如果我们首先攻击右翼300米处相对较弱的那股敌人，也不会令局势发生根本转变，因为来自左翼的进攻才是最大的威胁。相反，我们在右翼的行动还将为左翼的敌人创造更多的进攻机会。我们最终与敌人成功脱离接触验证了野战教科书里的那句话：相比成功实施攻击行动，脱离战斗是更容易完成的。

我们在为攻击做准备的时候，根本没想到要携带任何重型挖掘工具，坚硬的冻土使我们的小型挖掘器具几乎毫无用处。每个人都应该记住，即便是在攻击过程中，圆锹也是和步枪同等重要的。1月29日至30日晚间敌人炮击所造成的严重损失，就是部队没能及时构筑合乎要求的野战阵地所致。

虽然森林边缘能够为我们提供更好的观测和射击视野，但我还是把新阵地设在了距离那里100米远的森林深处，因为我不想让在德福依树林的错误重演，让部队毫无遮掩地暴露在敌人的炮火下。在100米的射击距离内我们仍然保有优势，足以击退法军步兵的数次攻击，并给他们造成严重损失。

# 第五章
## 面对"中央"阵地和夏洛特山谷的壕沟战

### 第一节　在阿戈讷的壕沟战

我们的新阵地比以前的好多了，它的地势较高，地表积水不会再困扰我们，更重要的是，当地的土质很适合挖掘工事。我们在敌人进攻的间歇抢挖了避弹坑和深入地下4—6米的掩体，即使法军用炮火也无法贯穿。我和一名枪骑兵军官共用一个避弹坑，和我一样，他也是连长。为了躲避敌人火力，我们只能匍匐着去联系我们的连队。我们不敢生火，因为只要一有烟雾冒出，肯定就会引来法军炮火的狂轰滥炸。为了抵御夜晚的寒意，晚上睡觉时必须4个人依偎在一起，凑合到天亮。

对峙期间，部队规定了10天轮班制度，也就是说每个人都必须在第一线、二线预备阵地和补充营各待10天，循环往复。幸亏有了出色的阵地和工事，即便法军逐日加大了骚扰炮击的强度，前线的损失也依旧轻微。和我们相比，法军炮兵似乎有打不完的弹药，我们的弹药却少得可怜，我们的炮兵只是偶尔过来点缀一下而已。

听说 1 月 29 日撤退时被我们留下的那 5 个重伤员后来都被法军俘虏了，不过他们恢复得都不错。几个星期之后，我因为那次战斗被授予一级铁十字勋章，我可是团里第一位获此殊荣的中尉。

在接下来的 2、3、4 月这 3 个月里，我们特别强化了阵地上的工事。阵地右翼的第 120 步兵团，从 1 月 29 日的阵地又向前推进了一些；我们第 124 步兵团在原地挖工事固守；阵地左翼的第 123 步兵团却一枝独秀地向西默蒂埃（Cimetière）推进，该地和法军所谓的中央阵地的东部相邻。除了在原地掘壕固守，我们还尝试着向法军阵地方向挖了不少攻击战壕。这些战壕逐渐向前延伸，并互相连接起来。凭借这种方式，我们的前沿阵地逐渐接近法军，最后终于到达了他们主阵地前沿的铁丝网障碍区。

敌人的炮兵和重迫击炮妨碍了我们的土工作业。法军还是第一次使用重迫击炮对付我们，有很多士兵因此在战壕中被击伤。我们的交通壕、后方通道、指挥所还有补给点，随时都处在法军的炮火威胁下。当全连士兵后撤到补充营（位于一线阵地后方约 3—4 公里）休整的时候，大家都松了一口气。在这段休息时间里，我们主要担负埋葬阵亡战友的伤感任务，与一线不断增加的阵亡率相呼应的是森林里日渐密集的墓地。

从 1915 年 5 月开始，法军用各种中小口径的迫击炮炮击我们邻近"中央"阵地的前沿地段。对于我们这些征战阿戈讷的老兵而言，这样的炮击实在是再熟悉不过的了。虽然迫击炮的声音比其他火炮的声音都小，但它发射的炮弹初速很慢，慢到可以留给我们足够的时间寻找隐蔽。白天的时候，我们甚至可以看着这些炮弹从空中掠过，然后再从容不迫地隐蔽起来。不过要是在晚上，最好的保命办法还是完全避开敌人迫击炮可能打击的区域。法军炮兵的骚扰射击如此频繁，以至于大家后来都懒得从掩体里爬出来了。

尽管每天都有伤亡，战场上的气氛也越来越恐怖，但大家的士气却依旧很高，每个人都恪尽职守。在阿戈讷这个被鲜血浇灌的角落，我们甚至觉得自己已经成为了它的一部分。这期间，最难过的事莫过于向那些身负重伤或英勇捐躯的战友告别。我印象最深的是一个黄昏，一位被迫击炮炸断腿的士兵躺在沾满鲜血的担架里，从我们面前沿着狭窄的战壕被抬了下去。眼睁睁地看着一名优秀的青年战士以这种方式离开我们，我感到一种难言的伤感，只能握着他的手安慰他。可是这位士兵却说："长官，不用担心，即便我不得不装假肢、拄拐杖，我也会尽快回连队里报到。"这位年轻的小伙子再也没能看到第二天升起的太阳，他在前往医院的半路上就牺牲了。我认为，他可以代表我们连队整体的精神风貌。

5月初，我们接收了后方运来的第一批圆木，我们用它们加固了战壕，还专门构筑了供1—2人使用的掩体。这样一来，我们就可以安心地把上岗的士兵安排在哨所里了。由于我们阵地的前沿已经推进到非常靠近敌人阵地的地方，他们的炮兵为了避免误伤自己人，不敢再肆无忌惮地对我们开炮。他们炮击的主要对象现在已经转向我们的后方，包括补给线、预备阵地、指挥所和营房在内的各种目标。

就在这个时间前后，一位没什么实战经验的资深中尉奉命接管第9连，原因是团长打算把我调到别的连队。可我最终拒绝了这个安排，因为我真的舍不得离开这些曾经一起出生入死的士兵们。

5月中旬，第9连被配属给了第67步兵团。该团驻扎在阿戈讷中部名叫巴葛蒂尔（Bagatelle）的地方，距离第123步兵团的位置很近。经历过多次战斗之后，这支英姿勃发的精锐部队的战斗力已经大不如前。在这儿，一种非常特别的壕沟战成了主要的战斗形式，大家已经对在阵地上挖掩体、保护自己免遭炮击的日子习以为常。大家对战壕、掩体的依赖情绪越来越重，于是整个战斗便在手榴弹的投掷距离内展开。士兵们蹲在浅浅的战壕里，趴在用沙包堆成的掩体后面头也不伸地乱扔手榴弹。在巴葛蒂尔阵地，原来阿戈讷的茂密森林早已不翼而飞，法军炮兵竟然把这里的树木完全摧毁了，在长达几公里的地段上，能看到的只有树桩。就在连里低级军官正进行接管阵地前的检查任务时，短暂而激烈的手榴弹战又在宽广的阵地正面爆发了。战斗还没结束，我们就已经损失惨重——这就是当时的最佳写照。我怀着无比复杂的心情坚持到了战斗结束。

完全是出于习惯，我们加深了战壕，并为自己挖掘了单兵掩体。法军时不时地来一阵猛烈炮击，手榴弹大战在整条战线上随之展开，令我们的生活热闹非常。在温暖的天气里，腐烂尸体的恶臭飘进阵地，令人作呕。很多法军的尸体还躺在我们眼前，也就是双方阵地中间的地方。由于受到法军的猛烈射击，我们始终没办法将这些尸体妥善处理。

晚上的生活更加刺激，双方永无休止的手榴弹战可以在整条战线上你来我往长达数小时之久。这种情况令我们时常感到很困惑，怀疑自己的阵地是否已经被敌人突破，或者是小股的敌军已经渗透到我们的后方去了。不仅如此，法军还安排了好几个炮兵连从侧翼炮击我们，每天晚上都要来上好几回，把我们搞得几乎精神崩溃。

我从原先驻扎部队那里接收的连指挥所位于全连阵地的左后侧。这个指挥所在地下很深的地方，要想进入指挥所，首先要沿开在战壕前墙上的垂直式台阶向下走两米。这个台阶很窄，宽度只能容一个人低身而过。这段台阶的尽头是个小平台，小平台的另一端还有一个入口，沿着这个入口的台阶再往下走 2 米，就来到了距地面 4 米的一段横向地道，地道大小正如一副棺材，这就是连指挥所。指挥所的地板是软木铺的，墙上掏挖了一些格子用来放置口粮和其他杂物。地道的墙壁和天花板都缺乏支撑，只靠黏土勉强撑住，如果入口被炮弹炸塌，里面的人肯定会被活埋！出于这个原因，一旦有炮弹在连部附近爆炸，我就宁愿跑出掩体，和我的士兵待在一起。敌人的炮击令人厌烦，但无论如何总比手榴弹战要好。因为法军的炮击是有规律的，手榴弹战却经常搅得我们彻夜难眠。

这些天简直热到让人受不了。有一天，一位优秀的士兵莫瑞克来找我，我当时正窝在连部工事里避暑，由于这个单人掩体只能装下一个人，我们的交流不得不隔着土层展开。我告诉莫瑞克："即便藏在地下 4 米深的地方，我们也摆脱不了那些苍蝇的纠缠。"莫瑞克则回答说："这没什么好奇怪的，因为整个战壕都爬满了苍蝇。"他找了把十字镐随手一刨，一只乌黑的、半腐烂的手臂就露了出来。我们在那截断臂上撒了不少石灰粉，乞求这位不知名的死者能够就此安息。

我们好不容易熬过了这段日子，刚刚回到团里，却马上又被派回第一线。我们发现前沿的情况已经很不妙了，敌军不断增加野战炮和迫击炮的炮击密度，他们的战壕周围也增设了密集的铁丝网。手榴弹战夜夜不停，几乎没人能幸免。双方都在试图破坏对方的交通壕和前沿阵地，爆炸声几乎没有一天间断过。

有一天，法军成功地切断了我们一座前沿哨所与后方的联系，我们连有 10 名士兵被困在那里。为了营救战友、将突进的法军赶回去，我们组织了反击。战斗本身并没持续太久，可是后来的救援却足足持续了好几个小时，因为哨所掩体被炸塌，有好几位士兵被埋在土里了。

有一次，我们企图到邻近的敌军阵地抓捕他们的哨兵，但这次行动造成了相当大的伤亡。因为敌人的战壕完全被铁丝网团团围住，各个火力点互为支撑，只要一有什么风吹草动，碉堡里的法军不管三七二十一，直接就用机枪一顿狂扫。阵地上的情况把我们简直气疯了，大家都希望发动一次强攻，彻底解决"中央"阵地，摆脱目前的不利处境。

## 第二节　突击"中央"阵地

我们计划首先使用榴弹炮和迫击炮进行 3.5 小时的炮火准备，然后夺取拉布代尔、"中央"、西默蒂埃，以及巴葛蒂尔等几块法军的坚固阵地。从 1914 年 10 月以来，敌人就在这些阵地上活动了。为了这次进攻，团里已经做了几个星期的准备，大、中口径火炮被部署在紧邻一线的炮兵阵地里，后勤部队不分昼夜地通过狭小的交通壕向前沿运送补给、枪炮和弹药。法军的炮火袭扰此时变得更加猛烈，很多运输队被炮弹击中。将近6月底的时候，第9连经过几天时间的后撤休整，又被重新部署回了第一线。我们惊讶地看到有这么多的大、中口径火炮被隐蔽部署在比纳尔维尔周边地区，并且注意到我军这次似乎弹药很充足，这给予了我们前所未有的安全感，大家斗志昂扬地进入阵地。

团部这次为由5个连队组成的突击队拟定了详细的计划。在攻击发起前，我的连部署在"中央"阵地以北1公里的地方担任预备队。在突击队发起冲锋之前，我们就要开始向前沿移动，紧跟在冲锋的突击队后面，随时为他们提供手榴弹、子弹和土工器具。

6月30日凌晨5点15分，包括210毫米和305毫米重型迫击炮在内的所有火炮同时开火。这次炮击的效果简直令人难以置信，每次炮弹落地，炸点附近的泥土就像喷泉一样飞溅空中，并在我们面前造成一个深深的弹坑。法军的坚固工事被炸得粉碎，就像是被大榔头挨个砸碎一样惨，士兵、圆木、树根、铁丝网和沙包都被炸得飞向空中。我不知道敌人此时感受如何，因为我从没经历过如此猛烈而集中的炮火。

攻击发起前的1小时，我们的重型和中型迫击炮首先对敌军碉堡、铁丝网以及临时工事进行了火力打击。法军也集中他们的火炮还击，企图阻止我们的进攻，但这似乎并没有起什么作用。由于我们在前沿阵地只留下很少的观察人员，而且双方阵地过于接近，甚至小于法军火炮的最小射程，因此法军的大多数炮弹都落在了我们屁股后面爆炸，造成的伤亡很有限。这时，有一颗炮弹在我前方100米的地方爆炸，不过它取得的"战果"仅仅是把一名1月份阵亡的法军的遗体炸飞到树上而已。我不停地看着表，还有 15 分钟就该轮到我们上场了。为了扩大战果，双方都加大了炮击密度，不过炮弹爆炸散发出的浓密烟雾反而妨碍了双方炮手的观测。

因为分配给我们使用的交通壕正好暴露在法军的强大火力下，我决定对计划稍作调整，将攻击方向偏离原定方向 100 米。我们拼命穿过一片开阔地，在一块低洼地里找到了隐蔽处，然后沿着新的交通壕，冒着笼罩在我们周围的法军火力冲到了第一线。突击队此时正并排趴在前沿阵地上，对面法军的枪械和迫击炮还在喷吐着火焰。

早上 8 点 45 分，我们的攻击部队在宽广的战线上向前冲击，法军的机枪马上向我们扫射过来。士兵们绕开弹坑，越过障碍，冲进了敌人阵地。我们连的攻击梯队受到来自右侧机枪火力的压制，有几个人中弹倒下，可是大家仍然继续向前冲，并利用弹坑和土坡随时隐蔽。连里的每个士兵都背着物资，大多是几把圆锹或者几条装满子弹和手榴弹的弹袋之类的东西。右侧的法军机枪始终在疯狂扫射，我们冲过了它的射击范围，越过障碍，回到了这片 1 月 29 日曾被第 9 连占领过的阵地。阵地里简直一片混乱，死伤的法军和修工事用的木料以及被连根拔起的大树一起散落在被炸碎的工事废墟里，法军低劣的临时工事导致了很严重的伤亡。

在我们的右前方，手榴弹战正进行得如火如荼。为了挽救败局，法军部署在后方阵地的机枪对着战场滥扫一通，使我们不得不寻找掩蔽。当时的太阳很毒，我们弯着腰向左侧运动，转移到本营攻击梯队的后方，向法军第二道阵地的交通壕压了过去。

炮兵已经把火力向南延伸了 150 米，正在轰击法军的"中央 2 号"阵地。经过榴弹炮和迫击炮的反复炮击，这块阵地终于在 7

月1日被我军攻占。按照战前制定的计划，我团突击梯队并没有参与对"中央1号"阵地的进攻，而是越过了它直接攻击"中央2号"阵地。

在我们前方30米处的"中央1号"阵地里，手榴弹战仍在继续。距离我们更远的80米以外的地方，"中央2号"阵地的轮廓已经模糊可辨。法军机枪的火力把我们的活动限制在交通壕的范围内，前方的突击组遭受了严重损失。年轻的突击组长莫瑞克受了重伤，骨盆中弹，躺在战壕里。我们想把他抬下去，但他却对我们说不必为他担心。医护兵赶过来照顾他，我和他最后一次紧紧握手，然后接管了一线突击部队的指挥权。几天之后，莫瑞克死在野战医院里。

我们和驻守"中央2号"阵地的法军交火了。由于双方士兵搅在了一起，炮兵被迫停止炮击。投出几番手榴弹之后，我们冲锋并占领了"中央2号"阵地。阵地上法军的部分守卫部队早就沿着交通壕溜了，还有一部分干脆直接通过开阔地逃跑，剩下的则乖乖地投了降。我们留下少量部队巩固阵地，主力仍然继续扩大战果，向南追击敌人。我们在一条3米深的交通壕里交了好运，出其不意地活捉了一位法军团长，以及他的副官和所有团部参谋。

交通壕继续向南延伸了100米，出口的地方是一片开阔地。这之后，地势急剧走低，直到维埃纳堡（Vienne-le-château）山谷。由于视线被树林遮蔽，部队联系受阻，我们和左右邻接友军都失去了联系。在200米外的森林边缘，我们发现了一股敌军，于是便毫不犹豫地开了枪。激烈交战之后，敌人撤进了树林。在战斗过程中，我已经和位于左翼刚刚跟上来的第1营的部分部队恢复了联系，后来第3营也跟了上来。这些部队经过重新编组，统一由我指挥。由于我们整个右翼当时都暴露在法军面前，而且我们身后还不时传来苦战的声音，我认为继续向南推进是不明智的。1月29日战斗中，因为孤军深入导致失去后援的教训令我记忆犹新。于是，我决定把部队部署在"中央2号"阵地以南约300米的防御阵地上固守待援。

侦察组向我报告说，我们右翼的部队仍无法全部消灭"中央1号"阵地上的法军。这意味着我们在坚守阵地时必须注意防止敌人从那里发动进攻，把这块刚到手的阵地又夺回去。为了加强防御，我把手底下最有经验的老兵全部集中在第一线。很快，我就为自己的这个决定庆幸不已。因为在这之后的几个小时里，法军发起了一系列凶猛的反扑，试图夺回失去的阵地。据守阵地期间，我随时与营部保持联系，汇报最新战况。

在我们左翼，第1营的几个连队已经沿山坡向下推进到乌耶特（Houyette）山谷。他们的尖兵回来报告说，300米外山坡上的树林里有大股法军。第1营营长乌利希上尉和我讨论了当前的战况，他决定让第1营在我们第9连的左翼挖壕固守。

拿定主意后，我们立刻着手工作。我留了一个排充当预备队，让他们负责输送弹药以及在"中央2号"阵地的侧翼阵地上构筑工事等任务。法军侦察兵试图窥探我们的阵地，但被我们不费吹灰之力地赶走了。

加固工事进行得很顺利，一眨眼的工夫，我们战壕的深度就超过了1米。法军炮兵在我们发起袭击以来显得异常平静，现在，他们好像回过神儿来了，开始用各种口径的火炮向"中央2号"阵地开火。法军显然认为我们之所以能夺取他们的阵地，完全是凭借兵力优势。因此，他们打算用炮弹挽回一些面子。可惜的是，法军炮击的战果仅仅是把他们自己原来的阵地炸了个粉碎、切断了我们通往后方的交通壕而已。现在，我们的补给线完全暴露在敌人火力的威胁下，阵地前仅有的铁丝网也被炸飞了。不过，我们已经趁着炮击间隙，成功地将重机枪排部署在了阵地上。

晚上的时候，我们战壕的深度已经达到150厘米。法军的炮弹仍旧不停地落在我们身后。此刻，树林中突然响起了法军的冲锋号。敌人以他们惯用的密集队形，从距离不到100米外的树林里向我们发起冲锋，好在我们的火力很快就把他们打得全趴在了地上。由于阵地前的地面凹凸不平，存在不少遮蔽物，我们必须让敌人进入到80米的距离内才能准确射击，或许我们应该后撤到"中央2号"阵地，那里有更好的观测与射击条件。但是从另一方面来说，撤到那里其实更有利于法军炮兵的打击，从而给我们造成严重的损失。法军这次进攻很积极，手榴弹战随处可见，一直持续到入夜以后。由于携带的手榴弹数量有限，因此我们在战斗中还是更多地使用步枪和机枪。那天夜里很黑，手榴弹爆炸产生的烟雾还降低了我们照明弹的效果，多数时间能看到的只有双方此起彼落的射击火光。最终，我们击退了敌人的数次反攻。

天亮的时候，我们向外扩展，占领了距离阵地50米远的一道沙墙。通过声音判断，法军一整天似乎也都在构筑掩体。过去的一整夜，法军步兵让我们不得安宁；早晨到了，炮兵又来接班。幸运的是，由于双方距离过近，法军的大部分炮弹还是落在了"中央1号"和"中央2号"阵地上，只有很少的几颗落在了我们阵地附近，几乎没有炮弹直接打到我们阵地上，这令我们感到相对安全，一点儿也不羡慕那些正在交通壕里饱受炮击、来回搬运食物和其他补给的运输队。

接下来的几天，我们继续加固阵地，战壕深度达到了 2 米。除此之外，我们还构筑了用树干加固可供 1—2 人使用的小型掩体，还专门为机枪阵地安置了钢板和沙包。法军炮火在第一线造成的损失很小，但是在通往后方的交通壕里却每天都有人伤亡。为 6 月 30 日进攻而配备的炮兵部队，此时已转移到其他战线去了。我们建制内的炮兵因为缺乏弹药，无法为我们提供有效的支援。话虽如此，他们还是在前线配备了一个炮兵联络官，虽然仍旧不如人意，却还可以勉强接受！

从 7 月初开始，法军就从某个位于侧翼的炮兵阵地上，每天向我们的战壕发射迫击炮弹。这种火炮构造简单，但精度很高，经常能保持不错的命中率。单单一颗重型迫击炮弹就足以炸死好几名士兵，这给我们造成了相当大的伤亡。幸运之神不可能总眷顾我们，如果不能及时从这个危险区域撤出，我们的后果就会更惨。

7 月的时候，我奉命暂时代理第 10 连连长的职务，这一代理长达 5 个星期之久。为了减轻第 4 连和第 6 连防线的压力，我们几位连长决定联手在地下 8 米的深处，合力构筑一座有多个出入口的防空掩体。大家夜以继日地执行这个计划，几个挖掘小组从不同的方向同时开工，军官们也加入到工作的行列，我发现官兵一起工作有助于提高部队的士气。

通常情况下，我们修筑的阵地会在一个小时之内被法军炮兵破坏殆尽，大家只能眼睁睁地看着那些用少量木料加固的工事，在敌人无情的炮火下像纸糊的似的被撕得稀巴烂。有趣的是，法军的炮击模式几乎一成不变，总是先从右侧阵地开始，然后把炮火逐渐转移到左侧阵地。在敌人猛烈的炮火下滞留，意味着要付出高昂的代价。因此当法军开始炮击的时候，我们就从战壕里撤出来，等到他们的炮火移动到阵地的另一侧或是我们后方的时候，我们再重新进入阵地。如果法军步兵在炮击之后趁势向我们发动进攻，我们就会发起反冲锋来击退他们。敌军步兵的攻击对我们而言威胁不算太大，因为在面对面的白刃战搏斗中，我们比对手高明不少。

"中央 1 号"阵地上的拉锯战不断上演。距离敌军阵地大约 50 米的地方，我军故技重施，开始用掘进的方式向法军逐渐靠近。8 月初，我们连接替了第 12 连在马汀（Martin）地段的防务。因为这个连在一天前的掘进过程中遭受了巨大损失，法军对他们进行了地下坑道埋雷爆破的打击。破晓时，我连在完全没有准备的情况下接到这项命令，随即就开始冒着敌军炮火展开行动。整个过程中，我们经常卧倒在地上，和法军尸体趴在一起躲避炮击。在炮击的间隙，我们就赶紧拿起工具加固战壕。当战壕深度达到 180 厘米、战壕附近挖掘了数个散兵坑之后，我们才不必过分担心法军炮火的威胁。说句实话，作为连长，无论遇到什么情况，我都想尽办法把这些跟随我的士兵一个不少地带回去。

付出的辛苦总算得到了回报。尽管法军经常发动炮击，但凭借坚固的战壕工事，我们的损失很轻微。两天之后，全连在没有重大死伤的情况下离开了阵地。

这之后，我把连队指挥权移交给接替我的人，开始享受开战以来的第一次休假，这个假期足有 14 天。

## 战场观察

在6月30日的进攻作战中，为了避免让敌军准确判断出我军的攻击发起时间，在长达3.5小时的炮火准备过程中，我们有意安排了多次的火力间隙来迷惑敌人。需要注意的是，尽管我军炮火异常猛烈，但敌人的阵地却没有被完全摧毁，我们在进攻中仍然遭遇了一些幸存的机枪火力点的抵抗。

此役之中，德国步兵的作战能力再一次得到了充分体现。进攻发起后，我们并没有在夺取预定目标后就停滞不前，而是主动寻找战机，继续攻击敌人。我们的攻势如此凌厉，以至于法军的一名团长和他的全体参谋人员都沦为我们的俘虏。我们的攻防转换也很迅速，就地固守时，我们有意避开了被我们占领的法军阵地，选择自己挖战壕。因为法军对自己的阵地必然很熟悉，炮兵很可能早就标定了射击目标，随时准备对我们进行火力覆盖。由突击队后面的预备队负责携带弹药和工具的做法也非常有远见，因为法军在进攻发起后的报复性火力，很可能完全切断我们的补给和通信联络长达数小时之久。

在7月1日法军从附近树林对我们发起的反击中，步枪和机枪火力取代了手榴弹，扮演着关键性的角色，这值得我们注意。

那天天亮之前，法军步兵利用沙包堆成的墙作为掩护，在我们战线前方仅仅大约50米的地方挖掘工事。很显然，这些沙包中有一部分是他们在进攻中夺取的，有一部分也可能是他们的后勤人员利用战斗间隙运送上来的。

在我们发起进攻后的几个星期里，一旦敌人开始对我们的阵地发起炮击，我们就立刻撤出阵地，降低损失。现行的步兵《野战条令》在防御作战方面明确规定，连长有权依据战场情况调整部队的局部部署，以避免遭受优势敌军的炮火威胁。

## 第三节  1915年9月8日的攻击

休假回来之后，我被任命为第4连连长。该连几天后将被部署在全团的右翼，参与攻击任务。我在位于夏洛特山谷的一处预备阵地上接管了第4连，并亲自前往集结和攻击地域察看地形，还在山谷里的预备阵地上搞了几次预演，这种办法可以使连队在执行即将到来的任务时充满信心。唯一的遗憾是，我对4连的指挥仅仅持续了几天，因为我当时的资格尚浅，还不足以担任常备部队的连长。

9月5日黎明前，我们连通过交通壕，信心十足地向前沿移动，并接替了第123步兵团的一个连。法军正在那里的一片阵地下面挖隧道，打算从底下把我们炸上天。有好几处地方，我们都能清晰地听见敌军不停挖掘的声音。希望敌军在我们发动进攻之前完不了工，我们宁愿和敌人面对面拼刺刀，也不愿意不明不白地被炸死。漫长的三天过去了，在这三天里，我们底下的"鼹鼠"一刻也没停止过。

9月8日早上8点，我们的榴弹炮和迫击炮向前方40—60米的敌人阵地猛烈射击。这次炮击动用的火炮和弹药数量，与上次突击"中央"阵地时的预备炮击旗鼓相当，法军各种口径的大炮立即对我们的阵地还以颜色。大家在可以容纳3—4人的脆弱掩体里缩成一团，任凭炮弹狂怒地从我们头顶上飞过。大地在成群炮弹的打击下持续地颤抖，草皮、碎片和折断的树枝像暴雨一般四处散落，粗大的橡树被连根拔起。这时，我们已经听不到法军在地下挖掘的声音了，难道他们已经完工了？

我在全连的阵地上四处巡视，试图了解士兵们的状况究竟如何，炮弹在我身边爆炸，把我震倒在地。我把头从阵地探出去，向敌人的方向瞄了一眼，感觉好像有无数的巨大喷泉在地面上喷发，那是被炸起来的泥土、草皮、沙包和木桩。参天大树在炮火中纷纷倒下，蓝灰色的硝烟笼罩着敌人的后方。

射击持续了3个小时，我们窝在阵地上，好不容易熬过了这段漫长的时间。手表的指针指向10点45分时，由3个连队组成的突击组弯着腰从掩体里跳出来，朝着攻击发起线集合。大家统一对表，决定在11点，炮火准备停当后准时发起攻击。工兵和后勤保障部队进入位置时，我向每位班长明确了目标，这些目标大多集中在敌人战线后方200米的位置。我向他们反复强调说，必须把注意力集中在这些目标上，紧跟在突击组的后方。至于那些被遗漏的零散敌人，我们连的后续梯队自会处理。除此之外，大家还讨论了攻击完成后需要立刻着手的事情，包括巩固阵地、整顿部队、与其他部队取得联系，以及封锁部分地段等等。

在这个过程中，敌军的阵地正被我们的各种火炮反复蹂躏着，很难想象，当我们的步兵冲过去的时候，还有什么东西能够存活下来。"还有30秒！"步兵们藏身在战壕的攻击位置准备出击。"还有10秒！"最后一批炮弹落在法军阵地的前沿上炸开。不等硝烟散尽，3个突击组已悄无声息地从战壕里爬出来，向250米远的敌人防线冲过去。这之后，整个行动就像几天前我们预演的一样，大家呐喊着冲进硝烟弥漫的战场。

突击部队的士兵根本无暇顾及眼前那些满脸恐惧、高举双手爬出来投降的法军士兵，他们的唯一任务就是朝着预定目标猛冲。至于战俘，由连队士官长带领的后续部队自会"照顾"他们。

我率领部队随右翼的突击组前进，我们向前越过了敌军战壕，几秒钟之内就攻克了预定目标。工兵和后勤保障分队紧紧跟随着我们，直到目前为止，我们还没有任何伤亡。为了达到出其不意的效果，我们在进攻的时候没像以前那样高声呐喊，而是无声无息地冲上了法军的阵地。多数法军显然明白一切都已经完了，没做什么像样的抵抗就投降了。可是，有一挺机枪突然向我们开火。我们被迫寻找隐蔽，大家不顾法军的子弹，顺着战壕向左翼运动，试图和中央突击组建立联系。几分钟之后，我们与左翼担任突击任务的第2连终于联系上了。

大家抓紧时间巩固阵地、整顿部队，并在很短的时间内，将通往敌军的交通壕用沙包和弹药箱全部堵死。大家为刚刚的胜利欢欣鼓舞，干劲十足，就连修建弹药掩体这样的苦差事，也在不知不觉中一蹴而就了。此时，法军炮兵向我们后方区域猛烈打击，试图切断突击梯队与后方的联系，使我们无法及时得到增援和补给。与此同时，他们还用机枪对我们进行火力压制，迫使我们蜷缩在新占领的阵地上不能自由活动，法军步兵趁着这个机会发起反攻。虽然我们和他们的距离仅有100米，但在我们顽强的阻击下，他们就是冲不过来。后来，法军又试图利用阵地上的交通壕迂回接近我们，双方展开了激烈的手榴弹对投，敌人最终还是一无所获。实话实说，之所以能取得这样的战果，是因为我们占了地势的便宜。被我们占领的法军阵地是一片山坡，我们所处的位置高于进攻的法军，手榴弹可以投得比他们更远一些。

在进攻过程中，我们有5名士兵被自己人的手榴弹误伤而退出战斗。占领目标后，法军的火力也让全连付出了3人阵亡、15人负伤的代价。由于法军的火力阻击，补给、增援受阻成了我们眼下最头疼的问题。运输队无法穿越被法军火力控制的开阔地带，因此我们必须挖掘一条能与攻击发起阵地相连接的交通壕，并抓紧时间与右翼部队建立联系。

在我的建议下，营长决定从预备队中抽出80人，利用夜色，在我们现有的阵地和攻击发起阵地间，挖掘一条100米长的战壕，这项任务由我负责指挥。我们的阵地离法军阵地只有40—50米。为了保证安全，我从后勤分队搞到了大批沙包和钢板，准备在挖掘交通壕时阻挡敌军火力，这是我在6月30日的战斗中从法国人那里学到的经验。

我们从晚上10点开始工作。在照明弹的照耀下，法军仍然精神抖擞地持续向我们开火。为了能在一个晚上完成全部挖掘任务，我们不能有丝毫懈怠。我命令大家首先在准备开挖的地段两侧堆起15米高的沙包墙。构筑这堵墙简直就像一场噩梦，大家排成长长的人龙，躺在地上传递沙包，并把它们摞起来。与此同时，攻击发起阵地那里也有人用同样的办法配合我们行动。很快地，我们就在两座阵地中间的开阔地两头儿各堆起了一段沙包土墙。这样一来，法军的轻武器就对沙包土墙后的人奈何不得了。现在，在两段沙包墙之间还留着一段长70米的缺口，我命令士兵用钢板把缺口堵上。每个士兵先把钢板立在指定位置，然后就在钢板后面开始挖掘，同时还要把步枪和手榴弹放在身边以防万一。整个行动就这么悄悄地进行着。法军发射了不少照明弹，并用各种轻武器向我们射击，可是步枪子弹无法穿透我们的钢板。即便是这样，我们用"盾牌"组成的掘进线也绝对没有给予我们太舒服的感觉。9月9日黎明的时候，我们终于挖出了一条180厘米深、直通原阵地的交通壕。在夜间挖掘的过程中，我们还发现了一具第1营士兵的遗体，他从6月30日以来就一直孤零零地躺在这片无人区里。

当累了一晚上的我打算找个安静地方打个盹儿的时候，团长刚好由营长陪同着来新阵地督导检查，他们对第4连和第2连的作战表现及战果感到满意。此役之后，预定目标已经被我们占领，还俘获了2名法军军官和140名士兵，以及16门迫击炮、2挺机枪、2台挖掘机械和1台发电机。不过第4连胜利后的喜悦气氛却因为预备役少尉军官史杜威的阵亡而被冲淡了，他是我们和第123步兵团之间的联络官，阵亡的时候，口袋里还放着一张永远无法兑现的休假许可。

本次攻击行动成功后不久，我交出了第4连的指挥权，转而暂时指挥第2连几个星期。那时我已经对第4连产生了感情，当我准备离开它的时候，心里确实有一种依依不舍的感觉。作为第2连连长，我率领部队在太子堡（Feste Kronprinz）驻扎了一段时间，那是一个距离前线150米、由防空掩体和阻击阵地构成的纵深防线。也是在那里，我被晋升为上尉，并奉命准备去一支即将在明辛根（Münsingen）正式成立的山地部队就任。实话实说，要我向这支曾经并肩作战过那么多天的部队、那些英勇的战友以及被我们的鲜血浸染的阿戈讷战场告别并不容易。当我9月底离开比纳尔维尔森林的时候，香槟（Champagne）战役正进行到最高潮。

## 战场观察

我率领新接管的连队，对9月8日的攻击行动做了充分的演练。连里的3支突击组在炮火准备停止后立即向前推进，不费一枪一弹就冲上了附近的敌军阵地，并成功夺取了200米外的预定目标。为了保证进攻速度，消灭残敌和收容俘虏的工作则交给后续部队及预备队承担。

有一个突击组违反了我的命令，在推进的过程中使用了手榴弹，炸伤了5名兄弟，这是我们本次进攻过程中的唯一损失。原则上，为了避免炸伤自己人，不能在冲锋的时候投掷手榴弹。本次进攻保证了绝对的突然性，在敌人抬起枪口之前，我们就已经冲上了他们的前沿阵地。当我们突然出现在敌人阵地后面的掩体入口时，法军早已被彻底吓破了胆，把我们当成了从天而降的魔鬼，我们趁机捕获了相当数量的俘虏。

攻击任务结束后，我们迅速转入防御，利用既有阵地，我们轻松击退了法军一系列的反攻。在攻击发起后，我们与后方的联络长时间被敌人的炮火和机枪火力切断。在敌人火力阻击的情况下，利用沙包和钢板抢挖交通壕，成功地让我们和后方以及右翼的友军恢复了联系。

# 第六章
# 突袭"松树瘤"阵地

## 第一节　新的编组

1915 年 10 月上旬，符腾堡山地营（包括 6 个步兵连和 6 个山地机枪排）在明辛根附近正式成立，营长是史普约瑟少校。我指挥的该营第 2 连由 200 多名从各兵种抽调而来的既年轻又富有实战经验的老兵组成。我们花了几个星期的时间训练并互相磨合，终于凝聚成为一支颇有战斗效率的山地部队。不同款式的军服使我们的队伍花哨异常。我们的士气从第一天起就很高昂，军官和士兵对训练科目都很投入，很快地，严格的训练就有了成效。我们随后也配发了新的山地部队制服。

11 月底，我们刻板严肃的营长对全营部队实施了分列式检阅，大家踢着正步接受了检阅。12 月的时候，我们换防至阿尔贝格（Arlberg），在那里接受滑雪训练。

第 2 连的驻地是位于阿尔贝格隘口附近的圣克里斯托夫

(St. Christoph) 疗养院。从早到晚，我们时而背着背包，时而不背背包，在陡峭的山坡上练习滑雪。晚上的时候，我们就在临时设立的休闲室里听听音乐。所谓音乐，其实主要就是连乐队在约格尔神父指挥下演奏的山中小调。这种日子和几个月前我们在阿戈讷时相比，真是天壤之别啊！类似这样的娱乐生活使我和士兵们加深了了解，并且大大强化了大家对连队的归属感和凝聚力。

配发给我们的奥地利产野战口粮让我们很满意。这种口粮里甚至包含了香烟和酒，算是我们艰苦训练后的补偿吧！大家兴高采烈地度过了圣诞节。

好日子在圣诞节后 4 天就结束了。我们登上专列后才知道此行的目的地是西部战场，而不是之前预想的意大利前线。在风雨交加的新年夜里，我们从巴伐利亚预备役部队的手中接管了希尔森山脊（Hilsenfirst）南端一带的阵地。

我们的新阵地大约有 1800 米的正面，从右到左坡度上升了150 米，阵地前方布置了坚固的铁丝网和其他障碍设施，有一道铁丝网晚上甚至会通电。当然，凭借我们的兵力，沿着这么宽的正面，是无法布置连续性的防御阵地的。因此，我们强化了阵地上的几座坚固据点，把它们变成小型堡垒，在里面储存了充足的弹药、口粮和饮用水，希望利用它们形成交叉火力，控制整个阵地。我吸取了在阿戈讷战场获得的经验教训，要求连里的每个掩体都必须有两个出口，顶盖也要特别加固。

与阿戈讷不同的是，敌人阵地与我们的距离远远大于手榴弹的投掷距离，而且之间还有大量林木阻挡。只有在阵地右翼和中央一段被叫作"法国佬山头"的地方，双方的距离才在 100 米之内。

除了偶尔几发炮弹或子弹的骚扰外，对面的敌人几乎没什么动静。事实上，这段时间给我们造成最大麻烦的不是敌人，而是当地恶劣的气候。在春、夏这两个相对比较舒服的季节里，我们抓紧时间熟悉了自己镇守的那些被命名为"小南方""鞭子""泡菜头"和"鸟地方"的阵地，还花费了相当多的时间，对为数众多的预备军官进行了强化训练。

9月，我的连队进入了希尔森山脊北面山坡上朝向法军的暴露阵地。法国人近在眼前，他们的大炮和小炮每天三次"照顾"着我们，这已经成了家常便饭。

## 第二节　突袭"松树瘤"阵地

1916年10月上旬，山地营的几个连队接到了对敌方实施突袭抓俘虏的命令，其中当然也包括第2连。基于在阿戈讷的实战经验，我知道这项任务的危险性高、成功率低，而且通常会造成很高的伤亡。有鉴于此，我并不想让我的士兵去白白送死。可是命令就是命令，我只好全心全意地投身在这项计划上。

首先，为了摸清接近敌人的最佳路线，我带着布特勒和科马两名副班长前去侦察。我们匍匐着爬过高大浓密的杉树林，向法军的一个哨所前进。这个哨所设置在一条通向敌军阵地的林间小路的上端，那里长满了高大的杂草，穿越它时必须谨慎万分，因为我们距离敌军仅有50米。这之后，我们滑进一条沟里，向上缓慢移动，在不惊动敌人的情况下，用钳子剪断铁丝网，这可真是一件让人汗流浃背的苦差事。这时夜幕已经悄悄降临，我们可以听到法军在哨所周围走动的声音，却看不到他们。由于只能剪断铁丝网很少的一部分，整个通过过程相当缓慢。终于，我们抵达了敌军阵地障碍区的中央。这时，法军哨兵似乎有些不耐烦，咳了几声，清了清嗓子。他是害怕了呢，还是已经发现了我们？如果他现在朝沟里扔颗手榴弹，那我们三个注定是要归西了！更糟糕的是，我们对此毫无办法，因为我们必须一动不动，更别说自卫了。我们能做的只有屏住呼吸，祈祷着这个紧张的时刻快点儿过去。

等到哨兵再次平静下来，我们就开始撤退，这时的天色已经完全暗了。在回程的路上，我们不小心弄断了几根树枝，这个不经意的举动马上引起了敌人注意，他们瞬间戒备了起来。法军用各种轻武器向阵地的间隙盲射了好几分钟，逼得我们只能紧紧地贴着地面，让敌人的子弹从我们头上掠过。当一切沉寂下来之后，我们才能继续自己的归途，最终总算有惊无险地爬了回去。这次侦察，充分说明了在林地战场突袭敌人的困难程度。

第二天，我开始推演攻击这个阵地的可行性，还把这块阵地命名为"松树瘤"（Pinetree Konb）。我认为利用夜色掩护行动对我们比较有利，因为我们可以沿着长满杂草的小路，悄悄摸到敌人阵地的障碍地带。麻烦的是，这个障碍地带由三道相互独立的铁丝网构成，要剪断它们得花上好几个小时，而且我们必须在距离敌人战壕不到150米的位置上完成这一切。我们又连续侦察了几天几夜，才最终确定了攻击"松树瘤"的两个预定发起点，一处是位于空地中间的隐蔽位置，另一处位于一座岩石台左侧60米处。这两个地方隐蔽性佳，并有利于对周围地域进行观测和射击，更重要的是，我们在这段阵地上很少遭到敌人机枪火力的射击。

除此之外，要在这样完全没有隐蔽的草地上行动，只能选在暗无星光的情况下进行。

接下来的几个昼夜，我们仔细研究了接近"松树瘤"阵地的路线，以及准备攻击的这两个法军前哨卫兵的活动规律。在侦察行动中，我们必须非常小心谨慎，以免让敌军对我们即将发起的突袭行动有所察觉。

最后，我依据侦察结果拟定了行动方案。这次，我不打算再悄悄地溜进敌军阵地，而是想从两个哨所中间的空隙越过铁丝网地带。在进入法军战壕之后，最好是从侧翼，甚至是从后方发起攻击。这次突击大约需要 20 名士兵，因为我们抵达敌军阵地后就得分头行动，还要考虑守军所能采取的反应，必须有充足的人手应对各种情况。我在两个敌军哨所的前方各安排了一个破障小组，他们将用匍匐前进的方式到达铁丝网边缘待命，等到进入法军阵地的突击小组发起行动后，再根据约定的信号彻底破坏铁丝网，并掩护我们在完成行动后撤回。我在战壕里配合作战地图向属下的军官说明了任务，并且一起讨论了这个突击计划。之后，各个任务组开始在阵地后方按计划进行演练。

1916 年 10 月 4 日的天气寒冷而阴暗，强烈的西北风为海拔1000 米高的阵地上空布满了乌云，临近傍晚还下起了暴雨，宛如冰雹般大小的雨点使劲儿地往下砸。这正是我希望老天能赐予的"好"天气啊！在这种情况下，法军哨兵一定会把头缩到大衣领子里，窝在哨所角落里打盹儿，这会大大降低他们的警惕性。除此之外，暴风雨还能掩盖我们行动中发出的各种声响。我向营长报告了我的作战计划，并希望就在今晚执行，他听完之后说："隆美尔，你放手去干吧！"

午夜前3小时，我率领各小组人马在漆黑的暴风雨之夜从阵地出发，慢慢向敌军阵地匍匐前进。很快地，由科马中士和二等兵史提特率领的破障小组分别向左、右两个预定地点爬了过去；夏佛特少尉、派佛中士和我作为突击小组的领队，紧跟在破障小组后头；20名士兵则跟在我们身后，成一路纵队，每个单兵距离3步，匍匐前进，无声无息地向敌人阵地摸过去。狂风夹杂着雨水泼在我们脸上，全身很快就再没有一块干爽的地方。夜太黑了，能见度不会超过5米，我们伸长耳朵，焦急地在黑夜中细听周围的动静。

抵达第一道铁丝网之后，艰苦的工作才刚刚开始。在破障之前，突击小组中的两个人先要分别把准备剪断的铁丝网两端用布缠上，然后从两边向中间拉动铁丝网，使要被剪断的铁丝不会绷得太紧。这之后，第三个人才开始用钳子慢慢地将铁丝剪断。被剪开的铁丝还要向后折起来，以防止后面的人被散乱的铁丝挂住发出声响，暴露我们的行踪。行动之前，这套动作我们已经演练过多次。

整个过程中，我们偶尔会停下来，仔细倾听深夜中的动静，然后再继续这个既危险又累人的苦差事。就这样，法军费心架设的铁丝网，就被我们一点点地剪开了个口子。虽然我们此次只破坏了铁丝网的下半部分，但这样的成果也足够让我们欣慰的了。

剪铁丝网的苦差事持续了几个小时。偶尔发出声响的时候，我们就立即停止工作，并竖起耳朵仔细聆听敌军有无异状。午夜之前，我们已将第二道铁丝网剪断，此处距离敌军战壕只剩下30米了。不幸的是，暴风雨的强度开始逐渐减弱。我们面对的最后一道铁丝网偏偏又是由严密、结实的铁蒺藜组成的，这些铁蒺藜又粗又硬，我们携带的小钳子根本剪不断它们。我们向右爬了几米，企图寻找一个相对薄弱的地方。可是，我们的目的不但没有达到，反而还引起了更大的声响。这些声响此时在我们耳中就像打雷一般，非常令人不安。如果 30—50 米之外的敌军哨兵连这样的声音都没听见的话，那他们肯定是睡死过去了。

我们焦急万分地等了几分钟，生怕有什么三长两短，可是法军阵地上还是一片平静。我放弃了破坏铁蒺藜的念头，因为它们实在太牢固了。经过短时间的搜索，我们发现了一个弹坑，然后就从那里钻过了铁蒺藜。此时，我们和敌人阵地之间仅剩下几米的距离了。

雨又开始下了，我们 3 个人现在位于铁丝网障碍区和敌人的战壕之间。对面的法军显然也饱受积水之苦，我们可以听见水不断从战壕的排水沟流出来，经过一段石壁后流向山谷。我们身后突击小组的士兵开始小心翼翼地从铁丝网下爬到我们身边，不过那些排在后面的人此时还处于第一和第二道铁丝网之间的地方。突然，我们听到左侧战壕里传来了脚步声，几个法军士兵正沿着战壕走过来。缓慢而平静的脚步声在黑夜里回响，他们还没发现我们吗？我们应该袭击他们还是让他们安全通过？我的心里很纠结。这将是面对面的白刃战，悄无声息解决他们的机会非常渺茫，而且我们人手不足，突击小组的其他人还没跟上来。虽然我们有信心将他们全部撂倒，但这恐怕会引起守军的警惕，他们马上会用火力封锁障碍区。在这种情况下，我们的归途将会非常凶险，不仅会损失惨重，而且也不太可能带回任何俘虏。我快速地权衡利弊得失，决定还是让敌人不受打扰地通过。

我把自己的决定告知了两名同伴，也就是夏佛特少尉和派佛中士，让他们先在法军的战壕边寻找隐蔽，最重要的是把脸和手隐蔽起来，因为这两个部位最可能暴露目标。由于铁丝网的妨碍，我们不可能再退回去，只能在法军的战壕边就地隐蔽。如果法军巡逻队恪尽职守，就一定会发现我们，因此我们也做好了随时战斗的准备。决心已定，我们便静静地卧在那里，焦急等待。法军的脚步声似乎并无异常，我感觉时间过得真慢啊！

终于，法军巡逻队没有发现任何蛛丝马迹，直接从我们面前通过并继续前进。听着他们的脚步声逐渐消失在夜幕里，我们大大地松了一口气。

我们继续等待了几分钟，确定他们不会再折返回来，然后就一个接一个地跳进战壕。雨已经停了，只有风还在光秃秃的山坡上呼啸着。当大家小心翼翼地进入战壕时，一些泥土和石块从战壕壁上崩塌下来，向着石壁滚了过去，并发出了很大的声响。这又是一个让人心惊胆战的时刻，好在整个突击小组最终都安全进入了战壕。

我们分头行动，夏佛特少尉带着10个人沿山坡向下，史洛普中士带着10个人走相反的方向，我随同史洛普这一组行动。我们在坑洼不平的战壕里小心翼翼地摸索前进，到我们距离此行的目标，也就是岩石台左侧的哨所只剩下几步之遥的时候，我们怀疑敌人已经发现了什么，并停下脚步谛听。突然，左上方有东西被扔进了右侧的战壕并发生了爆炸，是手榴弹！突击小组的尖兵慌张地退了回来。没过多久，又有一颗手榴弹扔了过来。此时突击小组被困在了战壕里。我们只有两种选择，要么立刻进攻，要么束手就擒！让他们尝尝我们的厉害吧！我们迅速向敌人冲了过去，拼命冲过了他们的手榴弹爆炸区。我的勤务兵史提勒主动要求参加这次战斗，很不幸，他被一个法国人丢的手榴弹炸伤了喉部，诺萨克下士随即用手枪把这名法国人干掉。不久之后，哨所里的另外两名法军也被制服，还有一名侥幸逃到后方去了。

借着手电筒的光亮，我们大致搜索了法军阵地上的两个掩体，发现其中一座是空的，另外一座却塞满了法国人。我右手拿着手枪，左手拿着手电筒，带着奎德特下士爬了进去。在那里，有7名全副武装的法军靠墙而坐，他们经过一番争执之后便扔下了武器。面对这些俘虏，此时最简单的方法就是往掩体里丢两颗手榴弹，不过这是违反《日内瓦公约》的，而且也和我们的命令相违背，因为命令明确要求我们必须把俘虏活着带回去。

夏佛特少尉报告他们也俘虏到2名法军，本身没有损失。正当我们在法军阵地上大打出手的时候，破障小组也没闲着，他们终于在铁丝网中开辟了一条通道。

此行的目的已经达到，我们必须赶在法军增援赶到之前溜之大吉。于是，我下令撤退。还好，敌人并没有在我们撤退时发动阻击，我们带着11名俘虏顺利返回了阵地。尤其让人欣慰的是，除了史提勒被手榴弹碎片擦伤之外，我们没有任何真正的损失。这次行动很快得到了上级的褒奖。

不幸的是，第二天我们就遭到了法军的报复。在一个向来很平静的防御地段，一名法军狙击手一枪就将科马中士撂倒了，这个令人悲痛的损失完全冲淡了我们在突袭"松树瘤"行动中获得的成就感。

没过多久，我们在这里的太平日子也结束了。总参谋部给符腾堡山地营指派了其他任务，我们便在10月底向东线开拔。

# 第七章
## 在史库都克隘道

### 第一节　占领1794高地

1916 年 8 月，德意志帝国在两线同时受到协约国的猛烈攻击。索姆（Somme）河战场，数量庞大的英法联军为了取得西线的决定性胜利，又在凡尔登周围重燃战火，那里的土地都被鲜血染红。俄军在东线发起的勃鲁西洛夫（Brussilow）大攻势，使我们的同盟奥匈帝国的军队损失 50 万人，整个战线也摇摇欲坠。在马其顿（Mazedonien），由萨那里将军指挥的协约国 50 万军队，随时准备向德国发起进攻。在意大利战线上，随着第 6 次伊松佐（Isonzo）战役的结束，我们在戈兹（Görz）建立的桥头堡，甚至戈兹城镇本身都已经拱手让人了。更不幸的是，敌人还准备从那里发动新一波的大攻势。

屋漏偏逢连夜雨，这时候罗马尼亚人也来凑热闹，加入了协约国，让我们原本已经疲于应付的防线，更是雪上加霜。罗马尼亚人相信，他们的加入将会让协约国方面迅速取得胜利，他们则可以以此为资本，从盟友那里得到许多利益回报。1916 年 8 月 27 日，罗马尼亚正式对德国及其同盟国宣战，50 万罗马尼亚军队越过边境，进入了特兰西瓦尼亚（Siebenbürgen）地区。

临近 10 月底的时候，符腾堡山地营也抵达了特兰西瓦尼亚地区。此时，我军已在多布罗加（Dobrudscha）、锡比乌（Hermannstadt）和布拉索夫（Kronstadt）取得了广泛胜利，罗马尼亚军队因此被迫撤回到边境地区，尽管他们仍然没有遭到决定性的打击。几个星期之前，罗马尼亚人还充满着对胜利的幻想，现在却被当头浇了盆冷水，整个战线摇摇欲坠，急得俄国人要跳出来增援他们这位盟友。

符腾堡山地营搭乘的军列只能在普伊（Puy）停车，因为通往彼得罗沙尼（Petrosceny）的铁路已被炸毁了。艰苦的行军就此开始，可是形形色色的部队和难民堵塞了行军道路，使得情况看起来一片混乱。为了保证前进速度，我们被迫采取了一些强硬的手段，营里派出的尖兵班在前面手持上了刺刀的步枪开道，他们驱散那些漫无目的、无所适从的人流，为后面的部队开辟通道。运送辎重的马车全部安排了士兵协助，当牵引车辆的马匹疲惫不堪的时候，士兵们就用手推车。靠着这些手段，部队缓慢而稳定地向前推进。

这一路上，我们看到了不少戴着独特军帽的罗马尼亚战俘。

午夜前不久，我们到达了彼得罗沙尼，部队在学校教室的地板上休息了几个小时。长途行军使我们的脚都起了水泡，尽管如此，第 2 连和第 5 连仍在黎明前爬上卡车，通过卢佩尼（Lupeny），向位于西南方受到威胁的山地战线机动。

大约就在几天前，巴伐利亚第 11 师发起的对武尔坎

（Vulkan）和史库都克（Skurduk）山隘的进攻都失败了。在夺取隘口的苦战中，他们的步兵和炮兵遭到敌军重创，部队被打得支离破碎，现在只有史麦托夫的骑兵军还坚守着边境上的一道山脊。如果罗马尼亚人继续发动攻势，我们微薄的兵力将很难阻止他们。

经过几个小时的汽车行军，我们在赫比卡瑞卡尼（Hobicauricany）下车集结待命。在那里，我们被分配给了该骑兵军下属的骑兵旅。上级命令我们向1794高地方向前进，我们只能步行沿着小径向上攀爬，全副武装外加4天的口粮重量令我们痛苦不堪。

当时我们既没有驮马，也没有冬季山地装备，所有军官也都自己背着背包。大家沿着陡峭的山坡攀爬了几个小时，路上碰到了来自巴伐利亚师的几名士兵和一名军官，该师曾经在山坡的另一侧和敌人苦战。这些人的神色显得很紧张，根据他们描述，该师在大雾中打得很艰苦，很多战友都在和罗马尼亚人的白刃战中阵亡了。幸存者在山地丛林里乱窜，好几天都没有食物可吃，直到穿过边境遇到我们。他们把罗马尼亚人描述得像野兽一样骁勇，声称他们是一群可怕的对手，不过我们还是应该亲自领教领教才行！

下午稍晚的时候，我们到达了海拔1200米的地方，找到了该防区的指挥所。各连队正准备吃晚餐的时候，第5连连长戈瑟勒上尉和我接到了上级的最新命令，让我们率部向1794高地急行军，在当晚到达目的地之后，要占领阵地，并且还要派出侦察兵向南侦察慕契鲁（Muncelul）和普利斯洛普（Prislop）一带的情况。这次侦察行动很重要，因为来自慕契鲁南部的最新情报已经是两天前的，我们连敌人部队的最新部署都不清楚。1794高地上本应该有一个通信班和我们保持联系，可却不见音信。另外，我们和左、右两翼的部队都无法取得联系。

当我们出发上路时，天就开始下雨了。随着夜幕降临，雨越下越大，很快就下得天昏地暗。冰冷的雨水把我们全身淋透，在这种情况下，想在陡峭而布满岩砾的山坡上继续前进已不可能。于是，我们只好在海拔1500米的山地小路两侧露营。浑身都是湿的，地面也是湿的，我们根本没法躺下来睡觉。雨不停地下，大家一点儿办法也没有，只能裹着毯子和帐篷紧紧地依偎在一起，在寒冷的夜晚中不断发抖。

雨势刚刚转小一些，我们就想办法试着生火，可是潮湿的松枝只是冒烟，就是不见火苗。难熬的夜晚缓慢地流逝，午夜之后，雨终于停了，但是随后而来的刺骨寒风，让我们这群穿着湿衣服的人更加难受。几乎快要冻僵的人们被迫爬起来拼命活动，希望以此保持身体的温暖。现在天气已经转晴，我们得以继续向1794高地攀登。很快，我们就到达了雪线。

登上山顶的时候，我们的衣服和背包都已经在背上冻结。高山上的气温在零度以下，凛冽的寒风横扫着尽是白雪的地面。我们找不到阵地，只看见地上有个小坑，大约能容纳10个人，那应该是通信班的栖身之地。在小坑的右边，还有大约50匹浑身颤抖的马。我们到达后不久，一场暴风雪就把这个高海拔区域完全变成了冰雪世界，能见度只有几公里。

戈瑟勒上尉向防区指挥官汇报了情况，并试图说服他，让我们这两个连队先撤回去，可他根本听不进去。我们的随队军医也发出警告说，如果在没有火、没有掩体、没有热食的情况下，继续穿着湿衣服待在暴风雪里，只要几个小时就可能造成大批士兵患病和冻伤，但是防区指挥官严正地警告我们：后退一步，军法严惩！

布特勒中士率队通过慕契鲁向史黛尔苏拉（Stersura）方向寻找失踪侦察部队的下落。留守原地的部队虽在雪地里搭起了帐篷，但还是没法生火。许多士兵开始出现高烧和呕吐的症状，我们就此情况再三向防区指挥官报告却毫无效果。可怕的一夜开始了，夜色渐深，寒气更加咄咄逼人，很快士兵们在帐篷里待不住了。大家只好和昨天晚上一样，不停地活动来取暖，这是一个多么漫长的寒夜啊！当黎明到来的时候，军医不得不把40名病号转送到医院。戈瑟勒上尉安排我到防区指挥官那里报告山顶上的情况，可惜，我只说服他允许我们调整部队位置，却不能撤下来。当我回到1794高地的时候，部队中90%的人都因为冻伤和感冒症状正在接受治疗。戈瑟勒上尉决定不管上级命令，拼死也要将剩余的人马撤下来。幸运的是，指挥官最终接受了我们的请求。中午的时候，接替我们的部队终于抵达了，天气也已经变得晴朗。接防的部队配备有驮马、取暖的木柴，以及其他山地装备。与此同时，布特勒中士率领的侦察班也在南面的一个山头上发现了侦察部队。那儿的海拔是1100米，气温勉强可以接受，不过他们并没有发现罗马尼亚人的踪影。

经过3天休养，部队才恢复元气。我们选择了一个好天气，整理好刚刚配发的山地装备，重新出发攀上了慕契鲁。大家在海拔1800米处宿营休息后，继续向史黛尔苏拉行进。史黛尔苏拉位于武尔坎山脉脚下，武尔坎山脉异常陡峭，它山坡的西北面和北面几乎是上下垂直的。部队在史戴尔苏拉北面1000米处设立了3座前哨阵地，士兵们集中在一个满是树木的山丘上构筑工事。突然，他们莫名变得骚动起来，原来有人发现大约有一个营的罗马尼亚部队正在我们对面很近的地方构筑工事。

接下来的几天，我们和敌人偶有接触却没有伤亡。我们在阵地附近的帐篷里宿营，驮马运输队每天从山脊另一头的山谷里给我们运送补给品。我们可以通过电话和史普约瑟战斗群以及前哨阵地保持联系。我们右边紧临的是阿坎路易（Arkanului）峰，在它陡峭的东南坡上，我们可以看见巴伐利亚第11师所属炮兵遗弃的榴弹炮；在它东面约2公里的另一座山脊上，驻扎着我们营的其他部队。

我们脚下稍低海拔的大平原此时正被浓雾笼罩，特兰西瓦尼亚阿尔卑斯山脉的座座山峰却像一个个挺身刺破云海的勇士，接受着阳光的洗礼。这是多么壮丽的景色啊！

## 战场观察

占领1794高地的教训，充分显示出高原山地气候对部队战斗力的影响。尤其是在装备不适合或不充足，并且补给缺乏的时候，这个问题更加明显。另一方面，我们也看到在异常艰苦的环境和凶猛强大的敌人面前，山地部队所特有的韧性。需要注意的是，在某些情况下，必须为驻守海拔1800米以上的部队供应取暖木柴或木炭。我们在武尔坎山脉南边的山坡上驻守时，就是在帐篷里用铁罐装了木炭取暖的，这让我们的情况相比几天以前有了很大的改观。

## 第二节 对勒斯路易的攻击

11月，罗马尼亚人完成了对从布拉索夫向布加勒斯特（Bukarest）方向进攻德国的准备，他们在普洛耶什蒂（Ploësti）以北的地区集中了大量部队。还好，罗马尼亚人此时并不知道，克约勒将军正在武尔坎至史库都克地区指挥一支新的作战部队，准备强行进入瓦拉齐亚（Walachei）地区，并从西面向布加勒斯特推进迎击他们。

11月初，本营其他部队占领了从普利斯洛普到契皮卢（Cepilul）以及格鲁帕玛瑞（Gruba Mare）沿线的高地。我们的位置位于克约勒将军指挥的作战集群的右翼，我们的任务是保障我军主力部队从山地进入平原时的侧翼安全。我们必须全力以赴，随时准备迎接敌人的进攻，人在阵地在。

平心而论，罗马尼亚人仗打得不错，可是他们的反击最终都被我们击退了，他们的战斗力正在史黛尔苏拉地区被逐渐消耗掉。

11月10日，我指挥的连队（缺少一个排）由后方警戒部队的位置转而机动到格鲁帕玛瑞，加入了克约勒集团的攻势。

我军的攻击发起时间预定在11月11日。我们营的任务是占领并坚守勒斯路易（Lesului），那是一个海拔1191米的制高点，它的南坡属于瓦拉齐亚边境的一部分。

此时，罗马尼亚军队已经竭尽所能，把山顶上的阵地修筑得铁桶一般。我们可以看到，在距离勒斯路易700米的格鲁帕玛瑞与勒斯路易之间，敌军的阵地一个接一个地前后排列在山脊鞍部上。我们营集中了四个半连（其中包括缺少一个排的第 2 连），并配属一个山地炮兵连进行直接火力支援。戈瑟勒指挥的部队将从正面实施攻击，利耶波指挥的部队则从东面迂回包抄敌军阵地。利耶波的特遣分队下辖两个半步兵连，他的包抄行动得手后，正面的主攻部队才会开始行动。

11 月 11 日，我们营又加强了一个机枪排，并且已经运动到罗马尼亚军阵地右翼、距离敌人大约 200 米的地方，随时准备发起进攻。在运动过程中，我们遇到了罗马尼亚军巡逻队，并展开了短促交火，不但没有任何损失，还俘虏了几名敌军士兵。

罗马尼亚军对即将到来的进攻似乎有所察觉，因此整个早上都在用轻、重武器扫荡我们的集结待击区域。只不过该地非常利于隐蔽，所以我们没有任何损失。为了节约弹药，我们没有还击，只是利用这段时间对敌军的阵地进行了更深入的侦察，完成了后续图上作业。就在这段时间，配合作战的炮兵连也进入了位于我们左后侧的阵地，他们安排了几个炮兵观察哨，开始测定打击范围，为即将发起的进攻做好火力支援准备。正午时分，利耶波指挥的部队开始进攻了；与此同时，戈瑟勒指挥的部队也开始行动。

第 2 连发起冲锋之前，机枪排排长格劳少尉在他们地势稍高的阵地上，指挥自己的手下用重机枪先对敌军的阵地扫射了一番。这之后，我们从隐蔽处冲出来，满怀愤怒地向敌军阵地发起冲锋。罗马尼亚军很快就崩溃了，我们把他们从山脊中的战壕里成功地赶了出去。仅仅几分钟光景，部队就已经攻到了勒斯路易。战斗很顺利，可是我们俘获的敌军却很少。因为罗马尼亚士兵素质优异，他们不断从我们手中逃脱，消失在山峦起伏的深谷里，不过这并没能拖延我们对勒斯路易主峰的占领。晚上的时候，我们就地宿营，第 2 连的运气出奇地好，在这次正面攻击中只有一个人受了轻伤。

入夜以后，我们向南面派出了侦察分队，确定敌人的位置，并试图寻找一些食物。直到现在，我们的后勤补给还没有落实。侦察分队在 12 日清晨返回，并报告说没有发现敌人的踪影。幸运的是，他们带回了不少牲口，我们马上在最短的时间内就把它们变成了炖肉，好好打了打牙祭。战地美食配合这 11 月温暖的阳光，令我们彻底忘记了几小时前帐篷里可怕的寒夜。

## 战场观察

1916 年 11 月 11 日发起的进攻，其待击区域的选定，是一个距离敌军阵地不到 200 米的反斜面。敌军犯了一个错误，他们没有及时通过设立前哨阵地占领这个有利地形，反而让我们有机会推进到距离他们主阵地非常近的位置。

部队在这个待击区域等待了几个小时之久，多数时间都处在敌人的火力骚扰下，不过反斜面的地形优势让我们成功避免了大量伤亡。我们机枪火力的有效支援距离是 200 米，这刚好是冲锋发起线到敌军阵地的大致距离。在高原山地作战环境中，机枪是我们可能得到的最主要的火力支援。

分散部署的重机枪火力在攻击发起初期的主要任务是迫使敌军寻求隐蔽、无法射击，以方便突击部队向预定目标发起冲锋；然后再持续压制敌军火力，直到突击部队穿越敌我阵地之间的开阔地带；最后再将火力延伸射击，转移到敌军后方阵地上，对其进行火力压制。在进攻部队成功突破敌人阵地后，机枪组应迅速转移至山脊上的阵地，占领制高点，以确保伴随掩护火力的持续性。敌人虽然在几个小时前就预感到我们将要发动进攻，但是我们的作战方式仍然达到了出人意料的效果。

话虽如此，本次行动仍然存在缺憾。如果我们将正面攻击时间再延后半个小时，利耶波所指挥的包抄部队将会出现在敌人后方，而不仅仅是敌人的侧翼，从而与正面部队形成对敌人的合围。那样的话，我们可能会取得更大的战果。

## 第三节　在库佩鲁到瓦拉利周边的战斗

1916 年 11 月 12 日下午，第 2 连在获得一个机枪排加强的情况下，奉命沿勒斯路易东面山坡下山，去攻占一个名叫瓦拉利（Valarii）的村子。与此同时，本营的其他部队则配合我们，沿西面山坡成二路纵队向同一个目标进攻。此时的勒斯路易阳光灿烂，可是我们在下山路上却深陷在迷雾当中，只能靠指南针摸索前进。不久，我们听到山谷方向有德语传来，这是在下命令吗？

在我们左侧下方不远处，罗马尼亚的炮兵正在向武尔坎隘口射击。为了以防万一，我们在前方、侧翼和后方都布置了警戒兵力，以免在大雾中突然撞上敌人。所有人都保持安静，在草木丛生的山坡上摸索而下。

大雾消散的时候，天要黑了。在距离 1000 米以外的山谷里，我们可以看到一个只有几栋房子的狭长村庄，可这到底是瓦拉利还是库佩鲁（Kurpenul）呢？通过望远镜观察，我们发现村子周边有不少小股的人群，那有可能是罗马尼亚士兵。在距离我们10分钟路程的村子入口处，明显有哨兵警戒。

我认为在没有和侧翼部队取得联系，并且缺乏后续支援的情况下，继续前进或发动攻击都不是明智之举。因此，我决定首先和侧翼部队取得联系，同时做好攻击准备。为了避免暴露位置，我召回了前方侦察组而用望远镜远距离观察。

我命令部队保持待命状态，一旦支援部队在天黑前抵达，就马上发起攻击。我们隐蔽在洼地和灌木丛里，一直待到天黑。随后，我下令建立收缩型防御阵地，并派出警戒部队。这之后，我们就耐心等待。按《野战条令》规定，所有的哨兵在发现支援部队或听到任何可疑动静后，都应该立即报告。大家轮流值勤，没有轮到的人就可以抱着步枪小睡上几个小时。

午夜前不久，我们听到营里的支援部队已经沿着右侧的山坡下来了。于是，我叫醒了手下的士兵，穿过灌木丛，朝着库佩鲁至瓦拉利村的方向前进。重机枪排被部署在我们左翼以提供火力支援。先头部队很容易地就到达了村子边缘，他们回来报告说既没有发现敌人，也没有发现他们的藏身之处。话虽如此，在我们右侧不远的地方却时不时地传来几声枪响。我们小心谨慎地进入村子，然后通知重机枪排随后跟进。

农舍里都住着人。我们走进一间屋子，看到一家子人都裹着毯子和毛皮围在火堆边睡觉。房间里的空气很浑浊，简直让人无法忍受。我们七嘴八舌地解释了很长时间，好不容易才让当地人明白我们对他们没有敌意。据派出去侦察的人报告，当地已经没有敌军活动的迹象。我们放下心来，打算将学校和它边上的两幢农舍作为临时的据点。派出必要的警戒部队之后，大家就开始忙活上了。我带了两名传令兵，跑到村子西边去找营长汇报情况。此时，营里的其他部队已经占据了村子的西边，他们遭遇了零星敌人，不过这些敌军草草放了几枪之后就溜之大吉了！

营长划分了各连负责的防区。我们连被部署在村子的东边，阵地朝南；第3连位于我们的右侧。营里计划天亮后和左侧的第156步兵团建立联系。对于敌人的具体情况，我们目前仍然毫无头绪。

大约凌晨3点，我才回到连部。夜很黑，部队都在教室里睡大觉。我叫醒了手下的军官，让他们和我一起去防区察看地形。我们防区的东面是库佩鲁河，大约30—60米宽，并不是很深。有一座木桥横跨在河上，两岸尽是成排的杨柳。河的两岸都有南北走向的道路，不过地图上显示河东面的道路状况较好一些。靠近桥头的地方有一些农舍，整个村子一直扩展到小溪的西岸，然后又向南延伸了100多米。我们刚刚部署完警戒，浓雾就又像几天前那样笼罩了我们。我们的警戒措施，包括在桥西面通往村子的路上安排一个哨卡，并指定一名士官负责指挥；除此之外，还在库佩鲁东面设置了一个前哨阵地。为了及时得到友邻部队的配合，我还派出了联络小组，以便与右翼的第3连以及左翼的第156步兵团取得联系。天亮的时候，大雾笼罩下的能见度已经不到50米了。

就在我们与友邻部队取得联系之前，侦察组的二等兵布鲁克纳汇报，在前哨阵地东南方向约800米的地方，发现了一个连的罗马尼亚部队。他们已经上好了刺刀，并逐渐逼近村子，不过尚未发现布鲁克纳他们。我刚打电话把这个情况向营部做了汇报，又从桥边的另外一个观察哨得到报告说，一个由6—8名罗马尼亚人组成的侦察班，趁着大雾从他们身边溜了过去，出现在哨位后方 50 米的地方。他们请示我是否可以射击。

我命令全连做好战斗准备，并迅速赶到了那个哨位。罗马尼亚军队独特的高皮帽很显眼，很容易就能发现在哨位后方活动的他们。我命令连里的几位狙击手开火，第一轮射击后，就有几名敌军倒下，其余的则消失在浓雾中。几分钟后，我们的左后方就爆发了激烈的枪战。

据派往村子南面的其他侦察班汇报说，一大股罗马尼亚敌军正从小河东面向我们前哨阵地推进，先头部队距离哨所已经不到 100 米了。我迅速带着一个重机枪班组赶到那里增援，命令他们对道路的两侧进行火力封锁。这招儿的确有效，敌人那边枪响了几声之后，马上又恢复了平静。

截至目前，我们还没有和右翼的第 3 连建立联系。看起来，我们和第 3 连的防御阵地之间还存在着一个数百米宽的缺口，敌人就是利用这个缺口渗透到我们身后的。这时，我们右边也传来喊叫的声音，渗透过来的敌人似乎正向瓦拉利和库佩鲁之间推进。

为了堵上与第 3 连之间的这个口子，我带领部队（2 个排以及 1 挺重机枪）沿着库佩鲁河西岸向南延伸防线，只在东岸留下了前哨阵地上的人马，以及驻扎在桥头附近的重机枪排，用以保护我们的侧翼和后方。我希望在库佩鲁南部边缘找到一处有利于观察和射击的阵地，并尽快和右翼的友邻部队取得联系。

我率领尖兵走在最前面，其他人在我们后面 150 米小心跟进。大雾四处弥漫，能见度只有 30—100 米。尖兵班刚刚抵达村子南部边缘不久，就和一股正在向前推进的罗马尼亚军遭遇了。几秒钟之后，我们与敌人在 50 米的距离内展开激战。我们站着射出了第一轮子弹，随后迅速卧倒，躲避敌人的密集火力。罗马尼亚军

在人数上至少占有 10 倍于我们的优势。我们的第一轮射击虽然
迫使敌人就地卧倒，不过仍然有敌人正在从大路两侧向我们后方
包抄。包抄的敌军利用灌木丛和树木作为掩护，悄悄靠近，边走
边射击。我率领的尖兵队深陷重围，被迫退到大路右侧的一幢农
舍里坚守待援。在这种情况下，是应该命令其他人继续前进支援，
还是让尖兵班后撤呢？回答这个问题之前，首先需要搞明白我们
是否应该在占据强大优势的敌人面前坚持进攻？很显然，及时后
撤是比较正确的选择，尤其是在能见度严重受限的情况下。

　　我命令尖兵班继续坚守农舍 5 分钟，然后沿路的右侧有序后
撤，穿过农田，与后面的部队会合。整个过程中，后面的部队会
从后方 100 米的位置为他们提供火力支援。我首先向后面的主力
部队跑去，幸运的是，大雾掩盖了我的行踪，令罗马尼亚人很难
打中我。成功后撤后我立即命令两个排中的一个排，以及一挺重
机枪向左侧区域开火。尖兵班在火力掩护下顺利后撤，美中不足
的是，受了重伤的二等兵肯特纳被迫留在了原地。

　　在我们右翼，敌人的身影越来越多。没过多久，罗马尼亚人
就变得铺天盖地了。此时，左翼的前哨阵地那里也爆发了激烈的
战斗。我们的左翼已经大门洞开，局势正在朝着不利于我们的方
向发展。很快，右翼距离稍远的地方也传来了枪声。很显然，敌
人打算利用我们与第 3 连之间的防御缺口迂回包抄。由于至今没
能和第 3 连建立联系，如果敌人此刻从右翼迂回包抄的话，我们
很可能会陷入重围。这种情况令我想起了在攀登 1794 高地的途中
遇到的那些巴伐利亚士兵，他们当时的情况恐怕比我们现在也好
不了多少。

　　为了扭转局势，我下令要求第 1 排必须死守阵地，第 2 排负

责掩护第 1 排的右翼，决不能后退一步。带着几名传令兵，我向阵地右翼飞奔而去，试图和第 3 连取得联系。我们在树林里和开阔地上跑了大约 200 米，当我们穿过一片刚刚被犁过的农田时，突然遭到来自右侧大约 50—80 米位置的不明人员射击。尖锐的枪声显然是毛瑟步枪发出来的，这说明对方也是德国人。农田里的犁沟实在太浅，几乎不能为我们提供任何掩护。无论我们如何喊叫或挥手，都无法让这些人相信我们都是自己人。

幸运的是，他们的射击技术很差劲。一段时间的惊心动魄之后，大雾重新遮盖了我们，使我们得以从这种尴尬的处境中解脱出来。于是，我放弃了继续和第 3 连取得联系的任何企图。好在通过这次冒险，我已经差不多了解了第 3 连的布防情况。此时我的手里还有一个排的预备队，足以堵住我们两个连之间这段 250 米宽的缺口。可是战场上的情况瞬息万变，人算不如天算，战况突然发生了出人意料的变化！

回到村子之后，我发现第 1 排和重机枪组根本没遵照我的命令死守阵地，而是离开了阵地去主动攻击敌军。从声音判断，他们已经一路杀到了村庄的南部边缘。尽管这位排长和他手下士兵们的积极性值得赞许，但是在尚未和左、右翼友邻部队建立联系的情况下，就贸然对大雾中的优势敌军发起攻击，这实在吉凶难测。唯一让我欣慰的是，担任预备队的排仍待在指定位置。

村子南边传来的枪声更密集了，我最担心的事情可能已经发生。为了尽可能挽回局势，我迅速向第 1 排跑去。半路上，我遇到了第 1 排排长，他上气不接下气地报告说，第 1 排已经把罗马尼亚人向南击退了 300 米，将敌军赶出了村子，还缴获了不少罗马尼亚人的枪支。不过，第 1 排此时已被距离几米之外的强敌牢牢牢制住，差不多都被包围了。重机枪组遭到敌人火力反击，成员非死即伤，除非马上得到增援，否则第1排就完了！

对事态的发展我实在无可奈何。为什么第1排不按照我的命令留在预定地点呢？我应该像这位排长所要求的那样，用宝贵的预备队增援他们吗？在当前情况下，我们所有人都有可能被优势敌人包围并吃掉，这样的结果会不会导致整个营的左翼防线彻底崩溃呢？虽然我并不情愿让第1排放弃已经取得的战果，但还是决定继续执行原方案。

我命令第1排立即与敌人脱离战斗，沿村里的道路后撤，连队的其余部队则在他们后撤时提供火力掩护。天亮了，太阳渐渐驱散了大雾，能见度提高到了100米，这使得第1排的行动变得更加困难。惊心动魄的时刻到来了，第2排成两路纵队进入位于村子中央的阵地，并向成密集队形正在左翼发起进攻的罗马尼亚军猛烈射击。第1排的剩余部队边打边撤，在他们身后，黑压压的罗马尼亚人紧紧咬着。我们的齐射火力阻挡了敌人的正面冲击，不过从左、右翼迂回的敌人仍在迅速逼近。此时我开始后悔没把重机枪调上来，可是为时已晚。第1排的剩余部队被敌人紧紧咬住，根本不能脱身。我迅速赶到桥另一侧的前哨阵地，发现那里一切正常，于是就把配属给他们的机枪调了出来，部署在村子最关键的地段。

罗马尼亚军尽管蒙受了惨重损失，却丝毫没有退却的意思，依然持续不断地发起进攻。第2连连部人员也已经投入战斗，负责指挥他们的达林格下士头部中弹，倒地不起。好在大雾正在慢慢消散，我们终于有机会仔细观察敌人的实力。与此同时，我们还在为弹药补给担心不已。

在罗马尼亚人的持续攻势之下，我们左翼的防线已经到了崩溃的边缘。

我通过电话向营长汇报了情况，并请求他火速派部队增援。几分钟之后，霍尔少尉带着50名士兵呈两路纵队赶到了，我把他们部署在全连左翼，企图先用这几个班堵住左翼的大漏洞，同时仍然将预备队直接控制在自己手里，以备不时之需。不久之后，第6连也上来增援，而且暂时划归我指挥调度，我把他们部署在左翼防线的后方。这下，我就再没有什么好担心的了。

与此同时，第2连还完成了炮火下的土工作业，修筑好了阵地工事。在我们步枪、机枪的精准火力下，敌人正在逐渐退却。趁着大雾消散、能见度良好，我及时派出侦察兵刺探敌军的情况。不久之后，我们重新占领了村子的南部边缘，并且找到了留在那里的第1排的重伤员。他们的私人物品，比如怀表和小刀之类，早已被敌人洗劫一空，好在罗马尼亚人最后还是饶了他们一命。

随着能见度逐渐好转，我发现村子的南部边缘是个极佳的指挥阵地，于是就把连队转移到了那里。全连剩余人员开始重新编组，并抓紧加固工事，留在村子里的另一个重机枪组也赶了过来。

敌人此时已经不见踪影，不过我们左翼的远处却依然有步枪向我们射击。我们右翼是曾经被第1排打击过的敌炮兵连，不过事后发现，攻打这个阵地的还有营里的其他部队。

由于眼下没发现敌情，我便跟随一组巡逻队过去察看那片敌人遗弃的炮兵阵地。阵地上还摆放着罗马尼亚人没来得及拉走的大炮，炮身上刻着"克虏伯大炮，德国制造"的铭文。这真是绝妙的讽刺。

不久之后，罗马尼亚军重新组成攻击阵形出现在村子南面，并向我们的阵地接近，不过距离尚远，还在 2000 米开外。我们连的阵地已经修筑完毕，可以提供很好的隐蔽。于是，我们就静静地待在掩体里，等着敌人上来。

当第一拨敌人进入 500 米的距离时，我才下令自由射击。面对敌军如此密集的队形，重机枪正好大显身手。凶猛的火力迟滞了敌人的进攻，我们在一边倒的交火中没有受到损失。夜幕降临，敌人撤退下去。连里派出的巡逻队及时清理战场，在阵地前沿俘获了几十名俘虏。各部队都开始为可能发生的夜战做准备，不过派出去的侦察队始终都没有发现敌人。大家难得清闲地待在战壕里，一些士兵四处闲晃，想找头牲畜搞个野外烧烤。

此战过后，全连总共有 17 人负伤、3 人阵亡。大家感到很难过。

与第 2 连接到的任务一样，山地营的其他部队也都被部署在瓦拉利至库佩鲁一线，担任克约勒军团的右翼，死守自己的阵地。在克约勒军团的攻势下，罗马尼亚军伤亡惨重，死伤达到了数百人，其中甚至还有一位师级指挥官阵亡。此战之后，我们打通了通往瓦拉齐亚的公路，并对溃败之敌紧追不舍。令人遗憾的是，我军本可以充分地利用此次胜利去扩大战果，可是我们并没有这么做。两天以后，我们营奉命进入了特尔古日乌（Targiu Jiu）地区。

## 战场观察

11月12日下午，得到加强的第2连在各个方向（前方、侧翼和后方）派出警戒部队后，沿山坡而下。当时的情况很不明朗，随时都可能遭遇敌人。为了让部队得到休息，我们在夜间以高度警戒的方式宿营（缩小防御阵地、枪不离手、前方派出警戒）。

11月13日的战斗，充分体现出战前侦察，以及与友邻部队建立联系的重要性。如果不是及时发现有大股罗马尼亚军在向我军后方渗透的话，第2连及其配属部队很可能会在大雾中被敌人迂回包抄。

1号前哨阵地及时果断地使用重机枪向行进中的敌人射击，这迅速扭转了战局，并让第2连等到了宝贵的时间去填补右翼接合部的口子。

在库佩鲁的南部边缘，前哨部队在浓雾中和敌人遭遇，不过拼刺刀的肉搏战没有发生，双方只进行了步枪对射。我们在人数上处于劣势，刺刀肉搏是占不到便宜的。那样一来，最终的结果很可能是我们被兵力占优势的敌军歼灭；但是几轮步枪的快速、密集射击，却有效阻击了数量大我10倍的敌人。

正是由于其他部队强有力的火力支援有效压制了村子中间的街道和库佩鲁河之间区域的敌人火力，扫清了撤退路线上的障碍，才使得陷入重围的尖兵部队和第1排在大雾中杀出一条血路，回到阵地。

在雾中很容易遭到友军误击。我们在法国布里埃农场的实例说明，即便是叫喊或发信号也无法阻止友军继续干这种蠢事。

我们在村落作战中遭遇了兵力占优势的敌人，为能扭转这种极端不利的态势，最重要的诀窍就是抽调出次要地区的部队，集中兵力防守关键地段，并灵活运用战术。我们成功克服这种极端不利的处境的战例说明，在战场上，部队指挥官必须具备很强的权衡、调配能力。

## 第四节  在1001高地和马古拉奥多贝什蒂

12月中旬，我们行军经过米济尔（Mirzil）、梅雷伊（Merei）、古拉尼斯科普路易（Gura Niscopului）和萨波卡（Sapoca）一带，进入史兰尼克（Slanicul）山谷，加入了阿尔卑斯集群的作战序列。

几支俄国师级部队匆匆赶来，增援退守到平原上的罗马尼亚军，使他们的战斗力大大加强。德国第9军团付出了巨大代价，终于逐渐打通了从布泽乌（Buzau）经雷米利库沙拉特（Rimnicul Sarat）到福克沙尼（Focsany）要塞的道路。阿尔卑斯集群的任务，是消灭在史兰尼克和普特纳（Putna）山谷之间复杂地形内活动的敌人，以减轻那些在平原上陷入苦战的部队的压力，同时防止敌军利用这条山路威胁我们正在进攻福克沙尼的部队。

我们在一种极其糟糕的情况下度过了1916年的圣诞夜。这之后，第2连作为阿尔卑斯集群的预备队，从比索卡（Bisoca）行军途经杜米特雷什蒂（Dumitresti）、德伦科（De Long）和佩特维亚鲁（Petreanu）前往梅拉（Mera）驻防。直到1917年1月4日，我们才又重新回到山地营的建制，和营部人员一起驻扎在辛帝拉里（Sindilari）。同一天下午，我们连增加了一个重机枪排，我安排这个排在克罗泽少尉的指挥下，驻守在位于辛帝拉里西北2.5公里的627高地上。此时，大批罗马尼亚军队占领了马古拉奥多贝什蒂（Magura Odobesti）一带林木茂盛、地形复杂的广大山区（海拔1001米），他们的目的是保证福克沙尼的安全。

我们预定在1月5日向这些敌人发动进攻。按照计划，巴伐利亚近卫步兵团将从南面和西南方向展开攻击，符腾堡山地营则负责从西南方向和西面发动攻击。

我的第 2 连得到加强后，奉命从现有阵地出发，取道 523 高地（辛帝拉里东北方 2.5 公里）夺取 1001 高地。在我们右翼配合进攻的是巴伐利亚近卫步兵团，他们位于 479 高地东南方 6 公里处。我们的左翼是利耶波的加强连，他们正驻扎在通往 1001 高地西面的山脊上，距离 627 高地大约 4 公里。

根据命令，我们在破晓时开始行动，相继穿过几个林木茂密的深谷，在第二天日出的时候抵达了 523 高地。连队隐蔽休息时，我捡到了一架被人遗弃的望远镜，它正好派上用场。我用望远镜仔细观察周围的地形，很快就熟悉了环境，并判断出敌军大致的部署和兵力情况。

不幸的是，由于林木阻挡，我们右翼的视野受到限制，无法确定右侧巴伐利亚近卫步兵团的位置。在我们正面（东北方向）大约 1000 米以外，可看见罗马尼亚的侦察部队正在山谷里巡逻。山谷那边南北走向的 1001 高地，其山脊完全被罗马尼亚军所占领。透过林木的间隙，还可以清晰地辨认出部分正在构筑战壕的敌军阵地。在光天化日下，从正面攻击这些位于开阔地上，而且几乎没有任何隐蔽物的山谷阵地，简直就是天方夜谭！在这片阵地的左侧，罗马尼亚军还在 523 高地的北侧山脊上，部署了一个排级规模的前哨阵地。523 高地的顶上，除了一座孤零零的农舍和一片小树林外，几乎空无一物。敌人在这个前哨阵地上构筑的战壕大致面向西方，也就是我们可能发起进攻的方向。在这种情况下，通往马古拉奥多贝什蒂最理想的一条路线是沿西侧山脊通向山顶。按照计划，位于我们左翼的利耶波加强连将按此路线发起进攻。我决定临时改变计划，率领全连向利耶波加强连靠拢，避开敌人阵地的正面，再伺机发起进攻。之所以这样做，是因为在当前情况下，如果仍然按原计划从敌军阵地正面发起进攻，那几乎毫无胜算可言。不过问题在于，我直到现在仍然没有看到利耶波加强连，只能大致推测他们的位置。唯一可以确定的是，我们连与利耶波加强连的距离大概有 4 公里。

为了分散敌军的注意力，掩盖真正的进攻方向（北面），我派出了几个侦察组，并要求他们在两个小时内归队。我们的行动达到了预期目的，侦察组毫发无损地返回连里。这之后，我们对敌军前哨阵地展开攻击，并顺利地把他们驱逐回了主阵地。

我们取胜后，钻进了一片狭长的林地，然后向之前认为的利耶波特遣队的方向前进了两公里。在马古拉奥多贝什蒂前方，也就是那条南北走向的山脊与自西向东通往 1001 高地的山脊交会处，我转向西方，企图通过那条南北走向的山脊。

我率领尖兵走在纵队的前面，大队人马在后面 150 米的地方跟进。我们成一路纵队通过了稀疏的树林，来到一个大山谷，并开始沿山路向谷底行进。当我带着尖兵来到谷底的时候，我们发现对面陡坡上有人正在走动，那是一支人马混杂的罗马尼亚行军纵队，他们也正在沿山路下到谷底，先头部队距离我们只有 100 米了。尽管距离不算远，我们还是很难判断出敌军的实力。这种情况下，应该如何应对呢？

很显然，敌人到目前为止还没发现我们。有鉴于此，我带领尖兵迅速隐蔽到灌木丛里，并后撤 50 米，形成了一个伏击圈。与此同时，我派出一名传令兵去向后面的部队传达就地伏击敌人的命令。可惜我们的部署还没完成，罗马尼亚军就开始用步枪向我们射击了，尖兵们只好开枪还击。几分钟之后，第 1 排也从后面赶上来加入战斗。山谷里的地形对我们很不利，因为还未下到谷底的敌军可以居高临下向我们开火，而且我们仍然不能确定敌人的兵力情况。一旦战斗陷入胶着状态，我们将无法避免较大的伤亡。为了避免出现这种情况，我决定速战速决，立即向敌人发起攻击。最终的结果出乎我们预料，在我们发起冲锋后，敌人马上就溃散了，我们俘虏了 7 名战俘和一些驮马，而且并没有遭受损失。

我们沿着山坡向上爬，追击溃逃的敌人，爬到山顶时，我们已经上气不接下气了。偏偏就在这个时候，敌人的猛烈火力呼啸而来。在我的左边，勇敢的传令兵艾普勒头部中弹倒下。重机枪排和两个步兵排展开战斗队形后，我们穿过茂密的树林，向北沿山路的两侧前进，试图消灭这股敌人。我们的推进速度相当缓慢，而且根本看不到敌人，只有呼啸而过的子弹声在耳畔无休无止，告诉我们敌人就在眼前。我们越向前推进，敌人的火力就越强。最后，我们发现自己已然深陷险境，在距离我们 250 米处的地方，稀疏却高大的树林里隐蔽着敌军的坚固阵地。敌人的抵抗相当顽强，在我们和敌军阵地之间还有一片妨碍行动的洼地，我们想要发动进攻很困难。除此之外，我们正好处在面向敌人阵地的山坡正面，这对我们也很不利。

为了避免不必要的损失，我命令士兵们在重机枪排的掩护下，撤到后面的山头，命令立刻被执行了。我们随后发现，刚才向我们开火的敌人的准确位置就在距离我们 400 米的小丘陵上。后来，枪声逐渐平息，几乎彻底销声匿迹了。

由于和两翼都无法联系，我们决定集中兵力组成紧凑的环形防御阵地，将预备队和重机枪排部署在防御阵地中央，大家接到命令就开始挖掘工事。夜幕降临，我们抓紧时间掩埋了艾普勒，他是我们在这次战斗中唯一的牺牲者。

在天色完全变黑之前，我们在左侧大约700米处一片林中空地的边缘发现了利耶波加强连，并立刻和他们建立了电话联系。

我先和利耶波中尉讨论了战况，然后又向营里报告说，目前的情况，就算用我和利耶波的两个连对罗马尼亚军的坚固阵地进行正面攻击，成功的把握也不太大。不过要是改为从东南方迂回合围敌人，成功的可能性就会大大提高。战机稍纵即逝，必须马上下决心。

当天夜里，史洛普中士率队对敌人阵地的南侧进行了详细侦察。他们向东北方搜索前进，穿过一个深谷，在没与敌军遭遇的情况下，艰难地到达了敌军阵地后方的山脊上，又横穿了一条敌军活动频繁的公路。考虑到山地作战的特殊性，这个任务的确非常艰巨。黎明前几个小时，中士带回了极有价值的情报。

我把侦察的结果向营长做了汇报，并奉命率领两个半连的兵力迂回包抄敌人，攻击发起时间定于明日拂晓。利耶波加强连的任务是在我连攻击开始后，在敌人阵地正面实施佯攻。

屋漏偏逢连夜雨，我们刚刚接到命令，大雪就纷纷扬扬地落了下来。

新的一天是在大雪的陪伴下来到的，10厘米厚的积雪掩盖了高地。负责增援的第6连此时也来到我们阵地后方，我把约格尔的步兵排留在原阵地上，命令他们在阵地正面用火力牵制住敌人，分散他们的注意力。这之后，我带领1又2/3个连和1个重机枪排往东运动，下行进入了一个很深的山谷。史洛普中士在前面带路，这条路线他昨晚已经走过一次。

约格尔已经在阵地上开火了，并引起了一直就在担心我们会发动进攻的罗马尼亚军的猛烈还击。趁着这个当口儿，我们偷偷沿东北方向穿过了山谷，历尽艰辛地爬上了山脊。在那里，我们发现了一条罗马尼亚部队刚刚在雪地里清理出的小路。

伴随大雪而来的大雾使能见度降低到不足 40 米，我们随时可能会在大雪中与敌军相遇。我命令第 2 连扔掉背包，展开攻击队形，随时准备战斗。按照计划，第 2 连和重机枪排担任攻击的第一梯队，第 6 连则跟在我们后面，随时听候我的命令。在我们左侧，来自约格尔方向的枪声逐渐变得稀疏起来。

我们小心翼翼地通过山脊上的道路，穿过寒冷的树林，向敌军的后方迂回。突然，我们听到前方的大雾中传来一阵说话声，我命令大家停下脚步，并示意重机枪排待命射击后，才率领部队继续谨慎地向前推进。不久之后，我们来到了一片敌军营地的边缘。当时，营区里的篝火还在冒烟，可是罗马尼亚人却已经不见踪迹。接下来的情况又会如何呢？

我们继续前进，直到来到了树林中的一片开阔地，在那里，几个毫无戒心的罗马尼亚人正在四处闲晃。那里到底有多少敌人呢？我不知道我们面对的究竟就是这几名敌军，还是一个整营。可是无论敌人的情况如何，我们都必须做好准备。于是，我命令重机枪排必须对大雾中任何移动的人影都进行扫射。几秒钟准备之后，整个连队高喊着向敌军发起了冲锋。

事实证明，我们的担心是多余的，那里的确只有几名罗马尼亚士兵，而且他们选择了溜之大吉，根本没打算留下来英勇战斗。我们甚至都没理睬他们，继续沿路向西推进。几分钟之后，我们遭到来自不明方向的射击，也听到了利耶波加强连越来越清晰的叫喊声。此时我们必须很小心，以免在大雾和树林的遮蔽下误击利耶波的部队。幸运的是，我们最终避免了这个恼人的问题，并消灭了夹在我们两个连之间的敌军。罗马尼亚人逃命的速度倒是挺快的，我们的俘虏少得可怜，总共只有26名。逃跑的敌军最终也没能跑掉，3天后，当我们的部队在普特纳建立防线时，一个整营总共500名士兵集体放下武器从树林里走出来，向一支运送后勤补给的队伍投降了。

毫发无损地完成这次攻击之后，利耶波加强连继续朝1001高地前进。我也命令部队捡起先前丢弃的背包，与他们一起前进。此时雪越下越大，雾也变得更浓了。

在接近1001高地顶部的时候，利耶波加强连碰上了罗马尼亚人的二线部队，随即展开攻势。我们的部队顽强战斗，很快就取得了战果。罗马尼亚军在遭受了一些死伤之后，就头也不回地放弃了山头阵地，他们再没能夺回这块被积雪覆盖的阵地。

冷风横扫1001高地，飞舞的雪花打在脸上像针扎一样。在这样的天气里，我们被迫把部队带到史基图塔尼塔（Schitul Tarnita）修道院暂避一时。修道院位于高地东面的山坡，距离山顶有一小段距离。在这个过程中，敌人并没有对我们进行干扰。虽然修道院无法为我们提供热饭和舒适的床铺，但至少让我们有了个歇脚的地方。可惜，欢乐时光总是过得很快！

1个小时之后，巴伐利亚近卫步兵团所属部队陆续抵达此地，并声称修道院是他们的地盘。巴伐利亚近卫部队在军中的地位比我们高，大家只好忍气吞声，把地方让给他们。利耶波勉强给他的部下在修道院里找了一个角落，所有军官中资历最浅的我只能和士兵一起，窝在修道院附近低矮的茅舍里吹冷风。这一夜如此痛苦与难熬，我必须尽快在山谷里找一块宿营地，将部队转移过去才行。

## 战场观察

利用望远镜远程观察可以及时了解敌军的部署。通过望远镜了解的情况，与直接侦察所获得的情报一样重要，二者都必须在部队行动之前完成。

在树林密布的山谷里，山地部队的积极进攻，弥补了由于所处地形所造成的劣势。

入夜之前，我们在罗马尼亚坚固阵地前不到250米处发起的攻击遭受挫折。为了避免损失扩大，我命令隐藏在山坡上一片稀疏树林里的步兵排，在重机枪排的掩护下，撤退到更为有利的阵地，从而避免了伤亡。在类似的情况下，或许也可以利用烟幕，烟幕可以持续吸引敌人的火力，这时候将是摆脱与敌人缠斗的最佳时机。

史洛普中士在寒冷的冬夜里，出色地完成了对敌阵地的侦察行动，使我们有机会在1917年1月6日顺利穿插到敌人后方。由此可见，部队即使在休整期间，也应该进行必要的侦察活动。

为了对被包围之敌进行欺骗和牵制、分散敌人注意力，机枪火力支援必须具有一定的持续性。

在合围的最后阶段，我们对大雾中敌人的兵力部署并没有完全掌握，不过将重机枪排靠前布置的做法还是很好地掩护了我们的冲锋行动，消灭了来自山脊的敌人。

当时山上的积雪很深，罗马尼亚军的预备队因此还滞留在1001高地上的一个隐蔽所里。由于大意，他们并没有派出警戒哨，所处的位置又使他们失去了和前方及时联系的可能，没能及时发挥自己应有的作用。因此，我们最终得以不费吹灰之力地突袭成功，并将占据优势的敌军击溃。

## 第五节　在加杰什蒂

1917 年 1 月 7 日一大早，我向普特纳山谷至加杰什蒂（Gagesti）一线两侧派出了骑兵侦察队。天很冷，地上还有 30 厘米厚的积雪，而且浓雾弥漫。接近 10 点，派弗勒报告他们已经向山谷方向行进了 4 公里，可是并没有发现任何敌军的踪影。在这个过程中，他听到从山谷方向传来很多支队伍行进的声音以及喧闹声。大雾妨碍了观察，不过这显然说明敌人正在撤退当中。

我立即用电话向营长汇报，并请求让我指挥得到加强的第 2连去开辟一条通往加杰什蒂的路线。

1 个小时以后，我们呈一路纵队下行，穿过稀疏的树林向山谷出发。大雾把能见度降至在 80—100 米。我们的警戒部队由前卫和侧卫组成。前卫部队有 1 个班，由杰出的约格尔中士率领，在本队前方约 100 米行进。重机枪排被安排在队伍中央，机枪绑在马背上驮着。

我们花了 30 分钟才从树林里走出来，发现自己来到了一条狭窄的小路上，小路两侧是长着密密麻麻小树苗的苗圃。我走在队伍的前面，此时，雾渐渐地散了。

突然，我们听到约格尔那里枪声大作。随后，约格尔派人回来报告说，他们在小路上遭遇了罗马尼亚军的侦察队。他抢先开枪，击毙带头的，剩下的 7 个人就投降了。听完汇报，我马上命令全连展开战斗队形，随时准备战斗。我们必须非常小心，因为这些人身后很可能还有敌军的大队人马。约格尔继续率队前进，几分钟后，他又汇报说，他已经到达苗圃的东侧边缘，发现在 100 米之外大约有 1 个连的敌军，正在靠近我们。我立刻命令先头排沿苗圃的东侧边缘，在小路两侧展开，并阻击敌人。敌人立刻对我们还以颜色。这时，重机枪排排长报告说，他们那里出了问题，由于天气太冷，机枪已经结冻，拉不开栓了。形势看起来非常不妙，我们遭遇了人数占优势的敌军，而且还失去了机枪火力的支援。我命令机枪排去一块小凹地里暂时隐蔽，并抓紧排除故障。敌军火力打得低矮的小树嚓嚓作响。重机枪排无法及时投入战斗真是糟糕，如果敌人趁机从左边或右边包抄，我们的选择只有撤退。目前唯一的办法只有命令第 2 排和第 3 排，必须在这两个方向上死守阵地。

等到终于有 1 挺机枪排除了故障并完成射击准备时，一切为时已晚，因为敌人已经不见了。

原来就在刚才，敌军趁着浓雾边打边撤，和我们脱离了接触，也使我们失去了围歼他们的机会。我们的一通乱射只是徒劳地浪费子弹，这对于补给困难的山地部队来说，尤其显得得不偿失。

在重机枪排的火力掩护下，我带着一个排向一个地势稍高的小山丘推进。山丘上有一个带篱笆的葡萄园，还有一幢小房子。我们看到山丘对面光秃秃的山坡上，有很多罗马尼亚人像没头苍蝇一样四处溃逃，便向他们挥舞手帕。很快，就有 20 名俘虏跑了过来。罗马尼亚人显然已经对这场战争厌倦透了，俘虏们非常配合地向自己的战友喊话，劝说他们放下武器。连队的其他人也跟了上来，由于我们的位置不佳，敌人可以从各个方向打击我们。因此，我们建立了环形阵地，并在各个方向距离 500 米的地方派出了警戒哨。

没过多久，更多的俘虏就送上门来。二等兵布鲁克纳在葡萄园的一幢建筑物里突袭了 5 名罗马尼亚士兵，并迅速解除了他们的武装。为了寻找一个更合适的观测点，以便全面了解敌人的部署，我和豪瑟尔少尉深入了前沿地区。当时的气温是 -10 摄氏度，我们开始感到饥寒交迫，要是能有个地方避避寒就好了，可是我们周围并没有发现可以取暖的农舍。阵地中央的小房子是方圆几公里内唯一的建筑物，我们在其中一个没有取暖设备的房间里，发现了一名被同伴遗弃的罗马尼亚重伤员。兰兹军医尽其所能地抢救他，但是他被救活的可能性看起来很渺茫。连队暂时休息，随后准备继续前进。

深深的山沟延伸向下，指向加杰什蒂方向的山谷。那里的地形比较平缓，北部和东部大约有 100 平方米左右的开阔地，其他方向则是连绵不断的稀疏灌木。地面上时不时飘过成团的雾气，能见度大约只有 200 米。这时，我们听到左侧山坡那边传来了喧哗声。兰兹医官和我弯着腰朝那个方向摸了过去，我们走了大约 800—1000 米，发现了一支罗马尼亚部队，他们大约有一个营，正在果园后面的开阔地里休息。这片很小的地方聚集了几百名士兵，还有马匹和车辆，营地到处有营火闪烁。

浓雾使我们得以更加靠近敌人而不被发现。我决定暂时不对他们发起攻击，因为这儿的地形让我们的武器无法发挥最大效能。

现在是 14 点，距离天黑尚有一个半小时。严寒使我们无法在开阔地上宿营，可是加杰什蒂究竟在哪儿呢？我们真希望能在村子里找到一些房子过夜，而不是再回到史基图塔尼塔那个令人厌恶的地方！除此之外，我们还迫切需要食物，大家早已饿得不行。不过饥饿衍生出的痛苦，反而激发出士兵们破釜沉舟的战斗决心。

我和兰兹军医一起来到连队阵地的东侧，那个地方位于那条山沟的左边。派弗勒中士带着三四个人并排走在我们右侧 50 米的地方。

走了不到 300 米，我们发现山沟北面一栋小房子附近，有一大群罗马尼亚人正在休息。这是不是他们的前哨阵地呢？尽管我和兰兹军医手上只有 1 支毛瑟步枪，旁边的派弗勒他们也只有 4 支步枪，不过我们还是向敌人的方向继续前进，并挥舞手帕高喊着要他们投降。罗马尼亚人没有反应，但也没有开火，我们已经走到距离他们不到 30 米的地方，想掉头逃走已经不可能了，我开始担心起来。罗马尼亚人站了起来，向一起集中，不过并没有拿起摆放整齐的枪。他们好像互相讨论了一阵，还时不时地相互做着手势。可以感觉到，这些人并不想开火。最后，我们走了过去，并解除了他们的武装。我向他们说战争对于他们已经结束了，然后就把这 30 名俘虏交给了派弗勒的侦察班。

我们几个人继续朝东往山谷里走，走了大约 150 米后，我们在雾中发现了一片完成部署的连级阵地。敌人虽然就在 50 米之外的地方，但是我们决定冒个险！大家边走边喊，并挥舞着手帕，劝他们投降。指挥那个连队的军官们似乎并不想这么做，他们高喊着"开火，射击"，并用力抽打他们的士兵。但是士兵们显然更乐意放下武器，犹犹豫豫地不愿开火。此时的我们处在最危险的境地，敌人已经瞄准我们，射击命令也已经下达。我们被迫赶紧趴在地上，然后迅速向后撤退。兰兹军医的勤务兵在撤退之前还对着罗马尼亚守军乱放了几枪，这是很不明智的，好在大雾很快便隐匿了我们的踪迹，使我们免受敌人的精准射击。一股敌人冲出阵地开始追捕我们，其他人则向雾中乱射一通。

我们被敌人紧追不放，一直来到了派弗勒他们看守俘虏的地方。我发现那30名俘虏仍然没有被控制起来，他们甚至就待在自己的武器旁边。我们赶紧驱赶着他们钻进山沟，脱离了追击者的火力范围，然后成二路纵队返回我们的连队。如果敌人沿着山沟追赶并射击的话，我们将不得不放弃山沟这条路线。还好他们并没有卖力地追赶我们，射击水平也不怎么样，才让我们得以带着所有俘虏安然地返回连队。

我们返回后不久，连队的火力就阻击住了沿着山脊追击我们的敌军，我们和敌军在100米的距离内展开对射。还好有重机枪排在，让我们拥有了可观的火力优势。我应该发起命令让全连出击吗？不！在这种情况下，派士兵出去冒险是不明智的。夜幕渐渐降临，战斗逐渐平息下来，只剩下零星的枪声证明交战双方仍然存在。在如此寒冷的天气里，想要找到一间舒适的房间并享受一顿热食的希望非常渺茫。第3连的霍尔少尉骑马赶来，了解了我们这边的情况，他协助我们将80名战俘押解到后方，还向史基图塔尼塔方面报告了我部准备向加杰什蒂方向夜间行军的决心。

在过去的1个小时里，能见度明显变好了，不过寒风却更加凛冽。星星在空中闪烁，灌木和树林在白雪的衬托下只能看到黑黝黝的轮廓。我们在和敌人脱离接触之前，还用步枪和重机枪好好地向他们致意了一番。这之后，我们沿着山间小路悄悄地向西北方向运动，行军过程中仍然派出了前卫和两翼部队负责安全警戒，重机枪排还被部署在队伍的中央。我们吸取了上次战斗的教训，重机枪用毯子和单人帐篷包裹起来保温，以免再次结冻。

前进了500米之后，我们转向北方。由于能见度良好，所以我们可以根据北极星辨别方向，免除了使用指南针的麻烦。我们有意沿着黑色的荆棘树丛前行，因为这些树篱可以让我们不至于在到处是雪的环境中显得引人注目。为了避免暴露目标，大家都紧闭着嘴，一句话也不说。殿后的部队报告说有一股罗马尼亚军正跟踪着我们，我随即命令部队在灌木丛前停下，并架好重机枪。这个行动后来被证明是多此一举，因为后卫部队的指挥官早就在一个合适的地点主动伏击了他们，而且还不费一枪一弹就把他们全部俘虏了。那总共是25名罗马尼亚士兵！不过他们对我毫无用处，于是我决定派人把他们押送到史基图塔尼塔去。

我们继续向北行军，走了大约800米后，又向东转向。出发之前，我已经仔细研究过地图，要想最终到达目的地，我们必须从加杰什蒂北口沿直线钻出去。连队静静地展开战斗队形，3个排并肩前进，我则始终跟着部署在中间位置的重机枪排，这里的地势稍向普特纳山谷方向倾斜。全连在灌木丛里摸索着前进，走走停停，不断用望远镜观察周围的情况，保持警戒。

月亮高高地挂在我们的右侧。我们左前方的山谷里，隐约有火光闪现。很快地，我们就发现在600米外有几十名罗马尼亚士兵围站在一团篝火前取暖。在更远的地方，还有一股敌军正在行进，初步判断是前往加杰什蒂方向的。敌军占据的是山谷里的一个村子，整个村子被一道狭长、光秃的山丘所遮蔽。望远镜里只能看到一簇簇树丛，右半边的视野被成片的果园遮挡住了。

我们如同饥饿的群狼一样，在寒冷的冬夜里悄悄接近敌军。我应该先向山谷左侧山丘上的敌人进攻呢，还是迂回绕过他们直取加杰什蒂？

第二个行动方案显然是正确的。3 个排的队伍悄无声息地紧靠着树丛，缓慢而谨慎地进入了距离山丘 200 米的区域，那个山丘最高点离我们头顶大约有 30 米。在我们左侧 300 米，有大约 50 名罗马尼亚士兵围着火堆坐着，我的几名士兵还报告说，在我们前面的树丛里，也发现了有人活动的迹象，但是我用望远镜无法确认这个情况。

我们沿着树篱，悄悄地到达了山丘较低的部分，这是一个从山丘顶上观察不到的死角。在部队集结的过程中，我向山顶方向派出了侦察兵，他们在距离我们 100 米的山顶上发现了罗马尼亚哨兵。现在，第一个问题出现了：我是否应该等重机枪排上来才发起突击呢？这看起来似乎没什么必要，因为我们面前只有几名敌军，杀鸡焉用牛刀！我们完全可以靠突击的方式夺取这个山头。如果可能的话，甚至可以不费一枪一弹。最重要的是，这种攻击模式也不会惊动估计有重兵把守的加杰什蒂北部。

下级指挥官收到我的命令后，大家就静悄悄地冲了上去。没有吹哨音，没有冲锋号，当然也没有呐喊声！当我们在罗马尼亚哨兵面前突然出现的时候，他们似乎觉得我们就像刚从地里钻出来的一样。这一切都发生得太突然，以致于敌军哨兵根本来不及开枪示警，就自顾自地跑下山逃命去了。

山头的制高点现在处于我们的控制之下。在我们前方和右侧，加杰什蒂的屋顶在月光的照耀下闪闪发光。村子方圆有 1 公里左右，离我们最近的农舍在大约 200 米以外，海拔略低于我们 30 米。村子的房屋之间有相当大的间隔距离。

我们占据山顶不久，加杰什蒂方向就开始响起警报声，驻扎在村里的士兵们冲上街道，迅速完成集结。我预判敌军准备用密集队形向我们发起攻击，夺回他们失去的山顶制高点。我命令重机枪排占领阵地，待命射击，步兵也同时进入长约 200 米的阵地。一个排担任预备队，由我直接掌管，部署在全连的左翼后方随时待命。

时间一分一秒地过去，奇怪的一幕发生了，村子里又恢复了平静。由于我们没有开火，所以刚刚完成战斗集结的敌军士兵并不准备找我们的麻烦，最后又回到了他们温暖的窝里。那大概是他们最不愿意离开的地方！我们几乎不敢相信，竟然没有半个罗马尼亚士兵试图夺回失去的阵地。很显然，他们更喜欢待在山下那些农舍里。

这时已经是晚上 10 点了，我们饥寒交迫，却眼巴巴地望着加杰什蒂温暖的房舍。必须采取行动，不然部队只能坐以待毙！我下定决心，准备把村子最北边的那些农舍从敌人手里抢过来，然后在那里固守，让大伙儿暖和暖和，吃顿热饭，休息到天亮。

我派约格尔率两个班从右翼出击，攻击村子里的一个农场。他们将沿着树丛前进，如果受到射击的话，将马上予以还击。然后在部队主力的火力支援下，与左翼部队配合，一起占领那个农场。各战斗小组明确了自己的任务之后，约格尔就出发了。

突击部队在进入距离农场 50 米以内的范围时，遭到了敌人的阻击。连里的所有火力立即开始还击，左翼部队也高声呐喊着冲向村子，试图分散敌人的火力。就这样，部队冲进了村子，约格尔在罗马尼亚人还没来得及从屋里冲出来之前就发动了进攻。连队的其他部队则拼命叫喊着，试图让敌人以为来袭的是营级规模的部队。为了避免误击在村子里的己方部队，重机枪排必须转移到右侧阵地，从那里压制农舍里的敌人。

战斗出奇地顺利，双方只是零星地开了几枪，罗马尼亚军便投降了。我带着另外一个排和重机枪排向村里飞奔而去，在我们到达目的地之前，超过100人的战俘早已排好了队伍。更令我高兴的是，在这次交火中，我们没有任何人员伤亡。农场的周围已经听不到任何枪响，只有我们的重机枪偶尔向右侧扫上一梭子。既然这里的战斗一切顺利，我就率领连队乘胜攻击右侧的另一座农场，俘虏了驻扎在那里的所有罗马尼亚部队。他们没有抵抗，只是坦然接受了自己的命运。

我们依旧采取了环形阵地的部署方式，将俘虏和一个排的兵力安置在阵地中央。这之后，一部分部队开始沿着村子里的道路向南搜索前进。我们已经抓了200名俘虏了！这个数目还在迅速增加中。我们的部队到处搜索，找出了更多的俘虏。当我们抵达教堂附近的时候，俘虏的数目已经是我们本身数量的3倍，总共360名。

村子的教堂坐落在一块小高地上，教堂东面是一个陡坡，陡坡一直延伸向200米外的村子，一群建筑物呈半圆形环绕在教堂周围。这里对我们而言是既可以安顿部队，又可以安全地度过剩余的夜晚时光的最理想场所了！很快，俘虏们就被关在了教堂里，部队则在周围的房舍里宿营。我们对高地下面的村子进行了侦察，却没有发现任何罗马尼亚士兵。依我看，刚才的战斗恐怕已经迫使他们转移到普特纳的东侧去了。后来，我遇到了当地的村长，他通过一位会说德语的犹太人对我们表示欢迎，希望我们接管这里。盼望着德国部队到来的村民们，已经准备了 300 条面包，杀了几头牲畜，还预备了几桶葡萄酒供部队享用。我只接受了够我们吃的份额，然后就派人给我们在教堂附近宿营的部队送去。全连全部抵达教堂的时候，已经是午夜以后了。大家在哨兵的保卫下，好好地睡了一觉。

此时我们已越过己方防线 6 公里，而且得不到两翼部队的掩护，因此我觉得夜间只有待在加杰什蒂才是安全的，天亮之后再采取进一步的行动。基于这样的考虑，我打算在天明之前占领加杰什蒂东部作为制高点的一个高地。这样的话，等到天亮之后，我们就可以准确了解敌军的部署。

部队在用过餐之后休息。我抓紧时间写了一份战斗简报，并在凌晨 2 点 30 分的时候，派了一个传令兵把它送到位于史基图塔尼塔的营部去，同时还给利耶波带去了一桶 3 升的上好红葡萄酒。夜晚剩余的时间就这样平静地过去了。天亮之前（1 月 8 日），我带人来到教堂东面的高地上观察敌情。天大亮之后，我们已经确定周围除了积雪之外，并没有敌军的踪影，不过我们发现远处的敌军部队正在普特纳东侧挖掘战壕。我回到教堂附近的旧宿营地，并向四周增派了警戒哨。

清晨，我朝着奥多贝什蒂方向骑马巡视了村子。与此同时，派弗勒军士长骑马也带上连队的一部分人跟在我身后，向奥多贝什蒂方向搜索前进，试图与右翼驻守在普特纳以西的友军部队建立联系。天亮之前，我们已经摸黑将连里的驮马全部送回史基图塔尼塔，因为它们的嘶叫声很可能暴露出我们向加杰什蒂进军的企图。

当我们骑马在村子里闲逛的时候，甚至没有听到半声枪响。在凉爽的清晨骑马实在是人生的一大享受，我禁不住纵马飞奔。这时我的注意力完全集中到了马身上，却忽略了周围的情况，派弗勒和他的手下被我远远地甩在身后。当我离开加杰什蒂大约1000米的时候，突然发现前面的路上有人影在移动。我抬头查看才惊讶地发现，他们竟然是罗马尼亚军的一个侦察班，大约有15人，手里端着的步枪还上着刺刀，他们就这么真真切切地站在我面前。此刻掉头逃命肯定为时已晚，掏枪自卫恐怕枪还没掏出来，自己已被打成筛子。于是，我横下一条心，故作镇定地迎着他们走过去，还友善地和他们打招呼，劝说他们主动投降，并且告诉他们加杰什蒂的教堂那儿有400名他们的同胞。我真怀疑这些人是否听懂了我的话，不过我的态度和语气似乎起到了很好的说服效果。这15名士兵同意放下武器投降，并到指定的地方去集合。这之后，我又硬撑着向前策马跑了100多米，离开这些人的视线之后立刻沿最短的路线返回了连队。下一次，我大概不会这么好运气，再碰上头脑这么简单的敌人了。

午后，奉命配合我们作战的步兵第1连和第3机枪连按时抵达，并划归我暂时指挥。这样一来，我的特遣队现在的兵力就达到了两个步兵连，外加一个重机枪连。豪瑟尔少尉成了我的副官。

我们派出去的侦察部队陆陆续续地带回了更多的俘虏。接近9点，战斗再度打响。罗马尼亚炮兵，或许还有俄国炮兵，从普特纳东边的高地上，对加杰什蒂进行了一连串的扰乱射击。在这种情况下，大部分处于危险地带的士兵都被及时撤了下来，再加上广阔的村子里到处都有隐蔽物，所以炮击才没给我们造成太大的损失。

敌军炮火在下午的时候变得更加疯狂,这让我们回想起在西线作战的时候。村里到处都有炮弹落下,有一些还直接从指挥所的屋顶飞过,明显是想把我们的指挥系统连锅端。类似这样的情况以前也发生过,很可能是来来往往的传令兵暴露了指挥所的目标,这才引来敌军的炮击。后来,情况变得让人越来越担忧,部队开始在加杰什蒂外围周边挖壕据守,准备应对敌军在炮火准备后可能发起的进攻。

在炮击最猛烈的阶段,营长史普约瑟少校骑马来到了加杰什蒂,并把营部摆在了奥多贝什蒂—维德拉(Vidra)公路沿线。敌军炮兵毫不留情的炮击持续到了天黑。我们认为敌军很可能会趁机发起夜攻,因为这是罗马尼亚人最擅长的战术。于是,我命令部队特别加强了相对薄弱的两翼防线。

## 战场观察

前卫部队和罗马尼亚侦察班之间发生的是一场典型的遭遇战。这时候,往往谁先开枪,谁就最有可能获得最后的胜利。因此,在可能随时与敌人遭遇的情况下,必须让武器始终保持待击状态(子弹上膛、打开保险,机枪时刻准备射击),这点非常重要。要记住,谁能抢先一步开火,并能在瞬间发挥出最猛烈的火力,谁就可能是最后的赢家。

需要注意的是,在这么关键的时刻,重机枪竟然因为结冻而发挥不了作用,重机枪排不得不撤到火线后方几米的地方,用酒精加热把枪上的冰融化。在以后类似的作战环境中,应该注意把重机枪用毯子包起来保暖，避免这种情况再发生。

幸运的是，敌人在短暂交火之后主动脱离了战斗，我们也因此得以全身而退。

我们在有月光照明的情况下，依靠重机枪排强有力的火力支援，采用双方向分进合击的战术，对加杰什蒂北部雪地里的敌军实施夜袭。在双方近距离交火之后，重机枪排仍然以超越射击的方式，为推进中的步兵提供支援，压制远处农舍中的敌人。尽管这样的射击方式命中率不高，却对敌人产生了很大的心理震慑，以至于他们没怎么抵抗就举手投降。

我们在加杰什蒂的战斗可以说是大获全胜。

## 第六节　靠近维德拉的战斗

午夜时分，阿尔卑斯集群的部队奉命前来接替了我们的防务。在明亮月光的陪伴下，我们越过山谷，沿公路向北机动。大家前进了大约 10 公里，有时候甚至就从罗马尼亚人和俄国人新建的阵地前方 1000 米的地方经过，却都没有遇到敌人的阻击。当然，我们在这种情况下肯定也会尽量避免与敌军发生接触。黎明时分，符腾堡山地营的营部人员和我的特遣队一起抵达了维德拉。在那里，我们几天以来终于第一次有了舒适的宿营地。

我刚想好好放松放松，营部的命令就到了。命令内容如下："敌军已突破我军在维德拉北部山区的防线，隆美尔特遣队应做好准备向维德拉北部的 625 高地运动，并于到达后配属给第 256 后备步兵团协同作战。"

　　这个命令简直是挑战人类体力的极限。我的部队在极度艰难的条件下和敌人苦战了4天，刚刚夜间行军至此，已经累坏了的士兵们正准备好好休息一下，却马上又要赶到维德拉北部白雪皑皑的山区去战斗。

　　尽管很不情愿，我还是把部队集合了起来，向他们通报了新任务，随后就向北开拔，进入了山区。我和副官豪瑟尔少尉、连军士长派弗勒，还有一个传令兵一起骑马走在队伍前面。战马不知疲倦地驮着我们，很快便穿过了广阔而且满是积雪的山间草地，进入了危险的作战区域。

　　由于第256后备步兵团的预备队很充足，所以我的部队并没有被安排立即投入战斗。我们在深深的积雪中围着篝火度过了一个寒冷的夜晚之后，又收到营里的命令，要求我们返回维德拉。部队兴奋异常地向维德拉那舒适的宿营地开拔，从家里寄来的信件正在那儿等着我们！

　　可是就在途中，我们又收到了命令。命令说，从现在开始，符腾堡山地营直接由总参谋部指挥。我们原地休整了一天。第二天晚上，部队再次开拔，穿过加杰什蒂方向的敌军阵线重新回到奥多贝什蒂。接下来的几天里，我们行军通过了雷米利库沙拉特—福克沙尼的要塞（这个要塞在几天前落入我军手中），最后到达了布泽乌（Buzau）附近。

　　尽管猛烈的暴风雨导致铁路运输中断，但我们最终还是挤上了向西进发的军列。遗憾的是，这些车厢没有取暖设备，我们在里边窝了10天，简直冻得要死。下车之后，部队作为陆军总预备队，在法国孚日（Vosges）地区驻扎了几个星期，然后继续向史多兹怀尔—门希贝格—莱查克寇夫（StoBweiher-Mönchberg-

Reichsackerkopf)一线机动。

在温澄海姆（Winzenheim），我仍然负责指挥山地营1/3的兵力（2个步兵连、1个机枪连），并带领他们担任军团的预备队。营长史普约瑟少校指示我，必须利用这段休整时间，将部队战斗力恢复到原来的水准。这个命令获得了大家的普遍赞同。在之后的几周里，全营所有连队都在我的指挥下接受训练。训练的内容丰富多变，一切都是按照部队的实战要求设计的，包括夜间警戒、夜间行军、配合进攻等等。

1917年5月，我接管了位于希尔森山脊上的一块阵地的防务。6月初，法国人对着我们的阵地足足炮击了两天。在这次炮击中，我军花了一年多时间构筑的阵地，竟然在几个小时之内被夷为平地。不过敌人随后展开的步兵攻势并没有讨到什么便宜，我们的防御火力让他们吃足了苦头，敌人始终无法越雷池一步。

我们还没来得及修整被摧毁的阵地，营部就接到了新的命令，大家怀着建功立业的豪情离开了孚日高地。此时的山地营已经处于巅峰状态。山地营最喜爱的歌曲——《皇帝的猎人》，再一次在温澄海姆的崇山峻岭间回响。

# 第八章
## 对科什纳山的首次行动

## 第一节　向喀尔巴阡山的前线进军

俄国爆发的革命削弱了协约国在东线的实力，不过在 1917 年夏天的时候，德国仍有很多兵力被牵制在东线战场。只有彻底在这条战线上击垮敌军，才能让德国摆脱两线作战的窘境，集中兵力对付西线的敌人。为了达到这个战略目的，按照计划，部署在司瑞特（Sereth）河下游与福克沙尼西北 30 公里处山脉边缘两地之间的第 9 军团将从南面向俄国—罗马尼亚联军防线的南翼发起攻势。该军团左翼与敌军在山区接触的葛洛克战斗群，将负责从西面发起攻击。

酷夏时节，我指挥的部队（包括第 1、2、3 连）搭乘军列从科尔玛（Colmar）出发，途经海尔布隆（Heilbronn）、纽伦堡（Nürnberg）、开姆尼茨（Chemnitz）、布莱德斯劳（弗罗茨瓦夫）（Breslau）、布达佩斯（Budapest）、阿拉德（Arad）和布拉索夫，在一个星期之后（1917 年 8 月 7 日）到达了贝瑞兹（Bereczk），我们是营里倒数第二批抵达目的地的。在火车站下车之后，我被告知葛洛克战斗群预定于 8 月 8 日清晨对欧兹托兹（Ojtoz）山谷两侧的高地发起进攻。

我指挥的 3 个连队奉命只留下武器和口粮，扔下背包轻装前进，在 3 个小时之内，乘坐卡车穿越欧兹托兹山隘道路，向位于匈牙利—罗马尼亚边境的索斯梅雀（Sosmezö）运动。我们的辎重随后将在车站完成卸载，然后再运往索斯梅雀。

在索斯梅雀我们遇到了营部派出的小分队，他们是在下午早些时候步行到达这里的。由于和营部无法取得直接联系，一位后勤士官向我口头转达了营部的命令：隆美尔特遣队应尽快通过哈雅（Harja），经 1020 高地到达位于伯洛汉（Bolohan）山脉的 764 高地，然后跟上营本队。

此时，作为我们盟友的奥地利人、匈牙利人和巴伐利亚人已经完全控制了山谷。许多榴弹炮部署在山谷公路的两侧，其中不少是大口径火炮。在这种情况下，我认为我们不必在辎重到达之前就急着向山区运动。因此，我命令部队暂时宿营，等待后续物资的到达。

奥地利身为我们的盟友，此时却表现得非常不友好，他们居然派出卫兵，拿着上了刺刀的步枪，防止我的士兵跑到当地指挥官的马铃薯田里偷马铃薯。不过这种做法倒也可以理解，因为部队的粮食补给确实已经出现短缺。

夜幕降临，营里的军乐队在营火映衬下搞了个 1 小时左右的战地音乐会。去年冬天在罗马尼亚的作战经历，令大家对未来的战事充满信心。

营火在晚上 10 点熄灭，部队也进入了梦乡。对于我们来说，充足的休息是绝对必要的，因为在接下来的几天里，大家将会面对严酷的考验。

睡眠仅仅持续了几个小时。午夜时分，我们的装备抵达了。装备抵达不久之后，我叫醒了大伙儿，每人分发了 4 天的口粮，并要求连队立刻完成开拔准备。由于所有机动车辆都被留在了索斯梅雀，所以营里每支连队和配属部队都分配了几匹驮马，用来运载弹药、口粮和其他装备。做好准备之后，部队途经哈雅向着目的地出发。队伍在晴朗而温暖的月夜中悄无声息地行进，我希望尽量能在天亮之前，通过 1020 高地以及部分山谷地段，因为这些地方都在敌人的严密监视之下。破晓时分，各连队终于有了展示自己战斗力的机会，大家就徒手把一个配合作战的奥地利加农炮连拉进了阵地。

整个上午，双方的炮兵你来我往，互不示弱。山地营目前被配属给了巴伐利亚第 15 后备步兵旅。尽管行军速度已经很快，但我们到达 764 高地的时候也已过了中午，大家都很担心赶不上突破敌军阵地的行动。

部队原地休息的时候，我用电话向营长报告了我们当前的位置，并接收了最新命令。这个命令要求我部担任全旅的预备队，转移至 672 高地待命，我们的营部也在那个高地上。到达目的地之后，我奉命指挥第 6 连；后来，又有 3 个重机枪连划归我指挥。出于对作战态势的关心，我们了解到巴伐利亚第 10 后备步兵团经过短暂的激战后，已在温古雷尼（Ungureana）夺取了罗马尼亚人的一线阵地。罗马尼亚军据说表现得很英勇，他们以非凡的勇气坚守每一条战壕、每一座碉堡。正是由于这个原因，我们对敌军纵深阵地的后续进攻才没能实现。

不久之后，命令传来，要求我们率领所属部队继续向温古雷尼（779高地）以西的一个阵地进发。接到命令时部队正准备过夜，帐篷已经搭好，士兵们正在做晚饭。可是军令如山，营长率领营部人员先行出发，我带着4个连随后跟进。大家成一路纵队，沿着一条漫长、湿滑的小路吃力地在树林里穿行。树林里一片漆黑，照明弹就从我们前面的山脊上空缓缓落下，周围不时响起机枪扫射的声音和炮弹爆炸的声音。我们很快就抵达了目的地。我立刻向营长报到，随后得到命令，准备在大路北边的洼地里宿营。

我刚刚给下级指挥官们布置了任务，多数部队还滞留在狭窄的小路边上，炮弹就开始在我们周围到处爆炸。这是罗马尼亚人的火力急袭！炮弹爆炸的闪光照亮了夜空，弹片四处横飞，炸起的泥土和石块从天上落下，驮辎重的马匹惊恐不安。士兵们就地卧倒，足足忍受了敌军10分钟的炮击。幸运的是，这次炮击并没有造成什么损失。

炮击过后，部队迅速按命令宿营。经过白天的千辛万苦之后，尽管天公不作美地下了一场突如其来的大雨，大家还是裹着大衣和帐篷，倒在草地上呼呼大睡。

## 第二节    1917年8月9日对公路关节点的攻击

敌军炮兵新一轮的炮火打击，像起床号一样把我们从睡梦中惊醒。那天夜里，我和我的副官豪瑟尔少尉在一片洼地旁宿营，几发炮弹就在那块洼地里的驮马周围爆炸了。受惊的驮马直接从我们头顶跨了过去，消失在夜幕中。炮弹不断落在我们周围，有几发差点就送我们上了西天。等到炮火稍稍减弱之后，我们马上冲进洼地，因为那里可以为我们提供更好的掩护。

还好，敌军的炮击没有持续多久。这次短暂的炮击造成几个人负伤，兰兹军医又有的忙了！

天亮时，我一路来到营部。一杯热咖啡让我从夜间的惊恐中恢复了过来。临近凌晨5点，我们奉命上山，前进到温古雷尼山脉的南坡，支援巴伐利亚第18后备步兵团的进攻行动。

一路上，我们利用交通壕和敌人炸出的弹坑，冒着炮火穿过温古雷尼的西坡。直到我们来到山坡上地形比较缓和的林地之后，大家才感到一阵轻松。这之后，我得到命令，要求我指挥第1和第2连，把驻守在温古雷尼主峰南侧800米处一片被树林覆盖的台地上的敌军赶出去。

行动之前，我先和右翼的巴伐利亚第18后备步兵团取得了联系。该团前天晚上已经在我们上方100米的地方掘壕据守。无奈的是，我们已经没有时间向台地方向派出侦察组，所以也就无法获得任何关于罗马尼亚军阵地部署的情报。我只能从远处用望远镜观察这片将要进攻的地区，并仔细研究了地图。实话实说，当地的地形对我们很不利。在我们与台地之间隔着深深的山谷，山谷两侧是茂密的树林和灌木丛，部队很难从正面发起强攻。

为了保险起见，我还是派出一名下士带着10名士兵以及一部电话，前去侦察敌军的部署情况。15分钟后，我意外地得到汇报，说在台地构筑有坚固的阵地，不过已经被敌人放弃了。

一得到这个情报，我马上命令两个连沿侦察组铺设的电话线成一路纵队挺进，占领了那座阵地，并立即组织了环形防御。因为敌军很可能迅速组织行动，从各个方向发起进攻，以夺回这个设施完备的坚固据点。这之后，我向营长汇报了当时的情况，这时距离我接到进攻命令只不过30分钟而已。

占领阵地之后，我们上午的主要活动就是对南面（欧兹托兹山谷）和东面几乎无路可走的树林地区进行了一次侦察，结果还很幸运地抓到了两名俘虏。中午的时候，从西面过来的匈牙利步兵接收了我们的阵地。根据营部命令，我的特遣队将向北穿过树林，运动至位于温古雷尼东南400米的山脊高处的阵地。为了保险起见，我们在行军中采取了足够的警戒措施，并提前派出一个实力很强的侦察班，携带电话前去侦察。到达目的地之后，部队仍然采取环形布防。此时的我们缺少两翼部队的掩护，所以必须特别小心，避免任何悲剧的发生。据我们所知，离我们最近的敌人目前就在温古雷尼东侧或东北方向800米的山脉主峰上，而且构筑有非常坚固的工事。

按照计划，15点左右，短暂的炮火准备之后，我军即将向这些阵地发起攻击，目的是将敌军驱逐至温古雷尼东侧约1400米的山地公路的交叉点位置。此次战斗中，巴伐利亚第18后备步兵团将沿山脊进攻，山地步兵营将在该团的南面配合发起攻击，我的部队担任全营的前锋。

部队在一条隐蔽的山沟里休息用餐时，我抓紧时间向下午将要进攻的敌军阵地派出了几组携带电话的侦察队。派弗勒中士带着10名士兵，作为行动路线最靠南的侦察小队，主要目的是确认敌军是否已经占领位于交叉点南面的山脊，以及他们的阵地部署和兵力情况。

从敌人在温古雷尼主峰南侧800米坡地上构筑的阵地情况判

断，我认为敌军根本没有足够的时间构筑更多的坚固阵地。在我看来，敌人的阵地很可能只有高地上和山谷里的比较坚固，其他的则不是那么完善，这些阵地就是敌军防线上的弱点。对进攻一方的部队而言，这些阵地无疑就是天上掉下来的馅饼！

不久之后，派弗勒侦察队报告说，高地上发现了设有铁丝网的敌军阵地。除此之外，他们还在出发后半个小时之内接连俘获了 75 名罗马尼亚士兵，外带 5 挺机枪。这怎么可能？因为自从他们出发之后，我们根本就没听见枪响！派弗勒通过电话进一步详细汇报说，他们发现，在特遣队营地东南 500 米的山谷里，敌人防线有一个明显的缺口。他们渗透进敌人后方不久就遇到了敌军。不过这些人一点儿警惕性也没有，枪都架在边上的草地里，根本就没随身携带。他们悄悄地围拢过去，用步枪指住了他们。敌军没有别的选择，只好投降。

我向营长汇报了派弗勒的好消息，并建议在全营向山顶发起正面攻击的同时，由我带领特遣队，利用这个缺口，去攻占南边山坡上孤立无援的敌军阵地。如果我的计划成功的话，我们就从公路交叉点部位向山脊推进，进而从后面包抄温古雷尼东侧敌军的阵地，迫使他们撤出防御。营长将我的建议上报旅部，旅部批准了我的方案，命令我指挥第 2 和第 3 连对山坡上的敌军阵地发起攻击。可惜的是，上级并没有装备给我重机枪支援火力。

接到命令后不久，我就率领部队沿着派弗勒小队铺设的电话线前进，侦察队现在成了我们的尖兵。一路上，派弗勒再没有发现其他的敌军阵地。我们沿山谷而下，穿过一片长满落叶树木和灌木丛的森林。那里的坡度很陡，可是我们仍然紧跟在派弗勒身后，由他带领着下行了 350 米，进入欧兹托兹山谷。

在距离欧兹托兹谷底公路北面 100 米的树林里，我赶上了派弗勒，并命令他向东北方向的山脊交叉点部位攀登前进。豪瑟尔少尉和我带着几名传令兵走在大队人马的前面。很快，前方有了动静，我赶紧跑上前去了解。派弗勒用手指着前方大约 100—150 米的地方，他告诉我说，树林中那块树木比较稀疏的地方有罗马尼亚军的哨兵，在他们身后就是他们的阵地。此时，敌人的注意力完全集中在谷底公路两侧的开阔地上。我们还不想惊动他们，于是就沿着一条狭窄的小路悄悄地穿过树林，开始向着山脊交叉点处陡峭的西坡攀登。

由于在攀登的过程中很可能会碰上敌军，我命令前卫部队，除非敌人首先开火，否则就不要主动开枪。在与敌人遭遇的情况下，首先应该寻找隐蔽，吸引敌人火力，尽全力掩护后面的部队继续前进。我的意图是尽量误导敌军，让他们相信自己遇到的只不过是一支侦察部队而已。我们则可以借此争取时间，完成攀登，并为接下来的攻击做好准备。我希望通过这些小花招，可以达到对敌人发起突然袭击的效果。

在谷底上方 150 米的地方，前卫部队遭受了远处山坡上一处阵地的敌军射击。按照我的命令，他们迅速寻找隐蔽，并没有还击。我则抓紧时间将部队带到待击地域，做好战斗准备。我计划安排第 3 连和第 2 连分别从左右两翼发起攻击，这样一来，进攻路线上浓密的灌木就可以为进攻部队提供掩护，并且可以隐藏我们的进攻意图。

经过深思熟虑，我最终下达了攻击命令：第 2 连越过狭窄的小路发动佯攻，在尽量避免伤亡的前提下，用步枪火力和手榴弹牢牢牵制住敌人；第 3 连担任主攻，从右翼对敌人阵地发起攻击；

我跟随第 3 连一起行动。

就在这时，一支罗马尼亚侦察小队闯进了我们的集结区域，打乱了我们的部署，迫使我们不得不在彻底完成攻击准备之前就投入战斗。这支侦察小队很容易地就被击退了，我命令两个连队乘胜发起攻击。第 2 连遭遇到位于他们上方 50 米山坡处的敌军阻击。当他们与敌军展开手榴弹战、交火正酣的时候，我和第 3 连向东穿过茂密的灌木丛，向山上攀爬了 100 米，绕到了敌人的侧翼，而且没有遭遇任何阻击。阵地上的敌人大约有 1 个排，他们的注意力已经被佯攻的第 2 连所吸引，忽略了自己的身后和两翼。正如事先计划的那样，我们的攻击迫使他们放弃了阵地，并沿山坡向上撤退。由于复杂的山地丛林地形阻碍，再加上能见度的限制，我们无法及时追击这股敌人。而且在当时的情况下，如果我们进一步推进，就很可能撞上第 2 连的火力网，发生误击友军的事件。基于上述两个原因，我放弃了继续追击的念头。

第 2 连采取节节阻击的办法牵制撤退之敌。当他们无法有效阻击当面之敌时，就主动后撤，重新建立阵地，然后继续阻击敌人，如此循环往复。第 3 连则与第 2 连配合，不断从右翼包抄被阻击的敌人。这样的前后夹击使得撤退中的敌人几乎没时间停下来利用预设阵地，组织像样的反击。在 8 月的艳阳下进行这样的持久战，是对部队体能的一大考验。士兵们背负着沉重的背包，在陡峭的山坡上战斗，有好几个人真的被累垮了。

用这样的办法，我们连续把敌人赶出了 5 座预设阵地，这些阵地一个比一个坚固。当被赶出阵地的罗马尼亚人穿过灌木林向后撤退的时候，我们就趁机向他们射击，杀伤敌人的有生力量。在投掷手榴弹时，我们特别注意避免将它们扔在自己的追击路线上，产生不必要的伤亡。我们就这么一路前后夹击，使敌人完全没有立足的机会，从而彻底击垮了他们的纵深防线。

离开这段防线之后，林木变得稀疏起来，坡度也开始减缓。我们来到了一块林间空地，空地的右侧与一片广袤的山坡草甸相连。在草甸的那头，我们发现有两个连的罗马尼亚军正朝着东北方向的山脊撤退。在他们右边，一个罗马尼亚山地炮兵连和他们的驮马也正在向后方撤退。我们凭借灌木丛的掩护向撤退之敌开火。幸运的是，慌乱之中的他们根本无法准确判断我军的兵力，只是一个劲儿地撤退。当敌人消失在附近的树林里时，我命令豪瑟尔少尉带着一部分人马继续追击。

当我们沿着树林边缘继续前进的时候，有一个距离我们400米、位于林间空地西北角的罗马尼亚炮兵连，竟然用榴弹炮对我们实施瞄准射击。如此近的距离内，弹雨横扫了整片树林，迫使我们躲到山毛榉树下寻求隐蔽。不久之后，第2和第3连的后续部队上气不接下气地爬上了山坡，我命令他们先躲到右侧的一个洼地去，至少那儿还可以为他们提供一点儿隐蔽。

此时我们距离最后的攻击目标，也就是山脊交叉点部位附近的山脊只剩下800米了。敌人沿陡峭的山坡仓皇撤退，激励着我们的士兵不顾疲惫继续追击。就在这个过程中，温古雷尼方向持续传来低沉的枪炮声，我想巴伐利亚部队和营里的其他部队肯定也已经得手了。

遗憾的是，我们进一步的行动被敌人的步枪、机枪火力所阻止。敌人的指挥官利用这个短暂的间隙，重新编组部队，稳固阵地，建立了一条新的防线。

更遗憾的是，我手上的这两个连都没有重机枪，这给我们的战斗带来了很大麻烦。失去机枪火力支援的我们，只好巧妙地利用地形作为隐蔽，逐步向山顶之敌接近。敌人似乎也已经意识到了死守阵地的重要意义，我们只要稍一露头，就会引来步枪、机枪的猛烈射击。布特勒中士就是一个倒霉的例子，他是在我身边不远处执行观测任务时腹部中弹的。

好在逐渐降临的暮色帮了我们大忙。天黑前不久，我们已经占领了罗马尼亚人山顶阵地西侧高地上的侧翼阵地，那里的阵地曾经给我们造成了不少麻烦。这之后，我派出一部分兵力占领了距离罗马尼亚军主阵地机枪堡 60 米处的一个小鞍部，那个地方正是敌军机枪火力的死角。其他部队则对位于北面和东面的敌军阵地形成正面攻击的态势，还有一部分人被安排在西侧紧挨着我们的橡树林里，掩护侧翼的同时，以火力支援正面的进攻。

罗马尼亚军当然也想发动反攻将我们逐出阵地，不过在激烈交战之后，他们又被迫退回了原位。这之后，我们成功推进到了山脊的边缘，彻底切断了罗马尼亚军阵地与东西两翼的联系。就在这个时候，通信偏偏出了问题，我们与营部的电话联络中断了，大家只好点燃篝火作为信号，通知营部我们已经抵达目标。

夜幕降临之后，我及时将部队部署完毕，以防止敌军可能来自某一方向的反攻。部队按我的命令加固工事，并向前沿派出警戒哨。为了以防万一，我保留了一个排作为预备队，并将他们部署在橡树林里靠近我的指挥所的位置。

此时我们已经和营部通信中断，营里其他部队下午发起的正面攻击显然没取得预期成果。在山脊交叉点部位（我们正在它东面 500 米的位置）和温古雷尼之间，双方的恶战仍然如火如荼。在侧后方包抄的我们，目前正被隔离在敌军战线后方大约 1 公里的位置。

部队完成部署后，我又下达了夜间灯火管制的命令。阵地上不能泄露任何亮光，否则马上就会引来敌军射击。我窝在一个帐篷里面，凭借着手电筒微弱的灯光，向豪瑟尔少尉口述了当天的战斗报告。在今天的战斗中，山地部队的士兵们表现出了超凡的勇气。例如第2连的二等兵舒马赫和他的另一位战友，他们用单人帐篷将受伤的布特勒中士送到了欧兹托兹山谷（海拔落差有350米）。晚上，又是他们把中士从当地抬到了索斯梅雀的一位医生那里。医生立即为中士动了手术，也因此救了他一命。考虑到极端复杂的山地地形，以及他们在暗夜里所走过的路程（直线距离13公里），这真是一个相当了不起的成就，也是一名士兵忠于职守的最佳典范。

8月10日黎明，在完成作战报告之前，我仍然对当时的作战态势极度担忧，不过现在这种担忧已经烟消云散，因为我们向西面派出的一个侦察小队已经成功地和巴伐利亚第18后备步兵团取得了联系。下午，巴伐利亚后备步兵团与山地营的其他部队，在炮兵的支援下，再次对敌军发动了正面攻击，却依然没有取得大的进展。敌人非常英勇地坚守着阵地，不过从当时的战场态势来看，我军占据着明显的优势。担心被我们前后夹击、分割消灭的罗马尼亚军，在夜色的掩护下，最终悄悄撤出了温古雷尼和山脊交叉点部位之间的阵地，向东北方向的山脊撤退，这条山脊一直通向史兰尼克山谷。

午夜之前，一名传令兵将我的战斗报告送往了位于温古雷尼的营部。同时还按照我的命令，在我们与营部之间重新架设了一条电话线。夜间的山上天气很冷，我穿着被汗水浸透的衣服感觉更冷，凌晨 2 点，我不得不爬起来，踱步取暖。

临近天亮的时候，我和豪瑟尔少尉到前沿观察对面的敌军阵地。当时的敌军阵地距离我们大约有 60—80 米远，位于一片被树林覆盖的小高地的东侧。

由于后勤补给困难，我命令士兵们节省子弹，不做不必要的射击。于是，对面的敌人就表现得很随便。哨兵在哨所外大摇大摆地晃来晃去，完全看不出一点儿正在作战的样子。随着东面的天际逐渐变亮，这些目标也越来越明显。这时要干掉他们简直易如反掌，不过我决定还是再等一等。天完全亮了之后，我们清楚地看到了东面罗马尼亚人绵延不断的阵地，从佩泰（Petrei）山峰向北一直延伸至橡树林。

## 战场观察

罗马尼亚炮兵在8月9日的夜晚，对我部预备队所处的阵地进行了炮击，并造成了一定的伤亡。如果部队当时挖掘了工事的话，伤亡就可以减少一些。

8月9日，侦察队被派出去进行战斗侦察，并在行动过程中架设了电话线，随时与我们保持联系，这的确为后来的行动提供了不少方便。身处后方的指挥官可以在几分钟内获得最新的情报，并及时向侦察队下达命令。必要的时候，后面的部队还可以将电话线作为路标，迅速跟进，提供支援。在山地作战中，由于地形限制，使用传令兵传达命令通常很浪费时间，因而较少被采用。相比之下，架设电话就要经济、迅捷得多，不过采用这个办法的先决条件，是要拥有充足的电话线。

在对位于陡峭山坡的敌军实施攻击的过程中，我们使用各种办法从正面牵制、吸引敌军，让他们对我军的主攻方向产生误判，并诱使他们将预备队投入到错误的方向。与此同时，负责侧翼包抄的部队则趁机穿插到了敌人的侧后方，形成前后夹击的局面，致使敌军防御迅速崩溃。我们就用这种方式，一鼓作气，接连夺取了敌军的5处阵地。在整个行动过程中，敌军始终处于被动挨打、节节后撤的境地，根本没时间重新编组部队，组织像样的防御。

尽管敌军在数量和装备上占有优势，特别是机枪和山地炮的数量都多于我们，但我军仍然利用当地的复杂地形，成功地夺取并守住了位于敌人战线后方1公里处山顶上的高地。由于担心被我们和主力部队前后夹击、分割消灭，敌军被迫于夜间主动放弃了阵地。

攻击成功后，我部迅速加固工事，并组织了环形防御。如果没有坚固的工事，在敌军随后可能的炮火打击和反击中，我们将会蒙受严重的损失。

我部本次战斗的损失是：2名阵亡，5名重伤、10名轻伤。

## 第三节    1917年8月10日的攻击

8月10日清晨6点，与营部的电话联系终于恢复了。我从值班军官的口中得知，营长已经收到了我的作战报告，而且正带着营里其他部队赶来增援。

大约 1 个小时之后，也就是早上 7 点，营长率领部队顺利到达。由于我部在 8 月 9 日的作战中表现十分出色，营长给予了我们极高的评价。

这之后，我特意去了防线东侧侦察情况。即使在大白天，那儿的罗马尼亚哨兵也表现得漫不经心。在佩泰峰（海拔 693 米）和橡树林之间，一些罗马尼亚士兵甚至爬出战壕，躺在阵地边上享受日光浴。我们的部队则令行禁止，不随便暴露自己的位置，也不胡乱射击。

敌军阵地从佩泰峰光秃秃的西坡顺着山脊延伸，到达橡树林之后，地势逐渐升高。山脊上只有几丛灌木提供隐蔽，并不构成实质性的威胁，不过橡树林里的阵地却好像被着重加固过。这片阵地由小型的单兵掩体、较大的碉堡和据点所构成，各个火力点能相互支援，组成交叉火力，可以完全控制他们前方无隐蔽的山坡。敌人在橡树林北部还有一块附设阵地，它从布满灌木的山脊一直向着史兰尼克深深的山谷方向延伸。

早上 7 点之后，旅里的命令来了。根据命令，山地营将要发起后续攻势，夺取 674 高地以西 350 米处的公路拐弯部。我们必须再次将敌人从他们现有的阵地上赶走，而且这次进攻将在没有炮火支援的情况下进行，因为炮兵没有足够的时间跟进并变换阵地。营长详细地为我讲解准备工作及进行这次作战行动的各种注意事项，并将步兵第 1、3、6 连以及重机枪第 2、3 连交我指挥，这可是一支相当庞大的部队（对一名中尉而言）！

我的攻击计划是这样的：临近中午的时候，首先用重机枪火力打击毫无戒心的敌人，迫使驻扎在橡树林南面 400 米处的敌人转移到橡树林北面 300 米的地方寻求隐蔽，并将他们牵制在那里。

同时，使用部分部队在橡树林一带突破敌人防线，将其分割、压制在橡树林的左右两翼，并阻断他们的退路。这一系列行动成功后，我才会把主力部队投入最后的决战，一路杀到 674 高地去。

备战工作令人疲惫，而且很耗费时间。整个上午，我亲自安排了 10 挺重机枪的作战部署。为了避免被敌军发现，我们绕了个大圈才把它们送上阵地。一些重机枪被部署在前沿阵地后方有林木覆盖的高地上，其余的则部署在南坡上的小溪边和山坳里。我给每挺重机枪都划定了目标和射击范围，并为它们制订了攻击前、攻击中、攻击后所需遵守的射击时间表。预定的攻击发起时间是中午 12 点。

临近 11 点，部队已经完成攻击准备。我选择橡树林的南边作为主要突破口，突击主力部队（由第 1、3、6 连和 1 个重机枪连组成）静静地隐蔽在橡树林南面 80 米的一片洼地里。

12 时整，我向主力和佯攻部队（第 3 连一部）下达了攻击命令。

几秒钟后，10 挺重机枪一起开火，各自射击橡树林阵地上的预定目标。为了误导敌人，并造成他们指挥的忙乱，在机枪射击的同时，负责佯攻的第 3 连左翼的一个排开始高声呐喊，并将无数手榴弹投进橡树林的西北角。罗马尼亚军毫不犹豫地对我们还以颜色。

在震耳欲聋的喊叫声中，佯攻部队利用手榴弹爆炸后的烟雾，趁机向前突进了 100 米，从山脊后冲到了橡树林的西南角，然后猛烈射击，吸引敌人火力。部署在前线后方的重机枪扫射了一阵之后，就按照我的时间表转移至阵地的左右两翼，将中间狭窄的自由射击区留给了主攻部队，避免己方火力误伤。我带领部分人员紧跟在主攻部队的后面，决心督促他们尽快完成任务，第3连其余的部队和1个重机枪排跟在我们身后作为预备队。这时，我们四周响起了爆炸声和枪声。

开火大约2分钟后，重机枪仍在扫射，我们左翼的佯攻部队也仍然在与敌人激烈对射。与此同时，主攻部队突进了橡树林，并在敌人的战壕里遭遇到比较具有威胁的抵抗，不过这也没能拖延我们多久。每当我们前进受阻的时候，我们就放弃掩蔽，在重机枪排的火力支援下向敌军阵地发起冲锋。其他重机枪排此时已经在橡树林的南部边缘建立了阵地，他们迅速架好机枪，将主攻部队面前的敌人打得抬不起头来。这期间，我与死神擦肩而过，一名罗马尼亚士兵在我左侧15米的地方瞄准了我，不过一个传令兵把他一枪击毙，救了我一命。

我们占领橡树林不久，罗马尼亚军就发起了一连串的反击。这时，位于部队最前面的重机枪因位置不利于射击，无法发挥功效。部署在攻击发起阵地的重机枪，射程范围却覆盖不了东北方向的反斜面。发动反扑的敌人很快冲到了手榴弹投掷距离，激烈的枪战和手榴弹战随之爆发，连非战斗人员都不得不参加战斗。虽然敌人在数量上占优势，我们却顽强坚守着已经被我们夺取的阵地。几分钟后，我们的一挺重机枪终于转移到了合适的阵地，并迅速开始射击。战场态势很快变得对我们有利起来，我及时整顿部队，协调了各方面的指挥。

此时，担任佯攻的第3连一部和1个重机枪排确保了橡树林南面和北面防线的安全。我命令其他部队（第1、6连以及攻击成功后跟进的2个重机枪连）向674高地方向的山脊实施突破。一部分重机枪负责将我们面前的敌人压制在橡树林阵地的两翼，其他重机枪则用火力封锁住进攻部队攻击路线的两侧，保证他们对山脊的攻击不受敌军干扰。674 高地是我们志在必得的目标。攻击部队以连为单位组成纵队前进，第 1 连在前面担任前锋。

主攻部队一路上没遇到任何抵抗，第 1 连的先头部队很快就到达了 674 高地西面 400 米的一个小山丘。当他们和紧随其后的我正要穿过一片洼地时，一阵机枪火力从右侧扫射过来，迫使我们迅速卧倒，扫过来的子弹因此只在草皮上打出一些弹孔。从弹着点判断，这些机枪火力应该是从 674 高地东南 800 米的山坡上打来的，距离我们约有 1200 米。我躲在一个弹坑里，准备等敌人的机枪火力稍间断时就向前冲。突然，一颗子弹从后面击中了我的左臂，鲜血随之喷涌而出。我环顾四周，发现一支罗马尼亚小分队正从后方 80 米处的灌木丛那里，对着我和几位第 1 连的士兵射击。为了摆脱这块危险区域，我采取"之"字形跃进向那个小山丘冲去。

由于敌人的火力阻击，最早冲上小山丘的几名第 1 连士兵已经被迫孤军奋战了大约 10 分钟。直到我们冲上去，并用肉搏战打退罗马尼亚部队，他们才从这种危险的境地中解脱出来。小山丘上负责指挥罗马尼亚部队的是一名法国军官，他口中一直不停地叫喊着："杀死这群德国狗！杀光这群德国狗！……"直到一颗子弹要了他的命才闭嘴。

真正激烈的战斗是在我们占领小山丘后才开始的。失去阵地的罗马尼亚军从最初的惊恐中回过神来，企图投入预备队实施反击。多亏山地营士兵超凡的勇气和军官们充沛的精力，我们才最终掌控住了局面。

这之后，第 1、6 连成功夺取了 674 高地，而且没有遇到进一步的抵抗。与此同时，兰兹军医给我的手臂绑了绷带。简单治疗过后，我命令部队整顿建制，巩固阵地。我的命令是这样的：第6连加强配属阿汀格重机枪排，防守674高地，其余部队占领674高地以西350米偏北的草地，负责协防。

我忍着伤痛和大量失血后的疲倦继续指挥部队，并通过电话向营长报告了我们攻击成功的消息。

就在这时候，我们发现从科什纳（Cosna）山方向有一支长长的队伍正沿着山脊向我们推进，我马上命令部队做好防守准备。其实这时根本不用我下命令，士兵们已经主动加固起工事来了。我紧急联系炮兵，要求他们向正在接近的敌军进行炮击，却无法如愿，因为所有的炮兵连目前都在向前转移阵地。敌军恐怕也正是得到了这个情报，才如此大胆地向我们反扑。

幸运的是，戈瑟勒上尉带着山地营的其他连队及时赶到了，我们马上重新调整了指挥权。由我负责指挥第5、6连和阿汀格重机枪排，由戈瑟勒负责指挥第1、4连和第1重机枪连，这两支部队担任第一梯队。除此之外，第2、3连和第3重机枪连担任我们的预备队。戈瑟勒上尉的部队部署在674高地以西300米处，在山脊稍微偏南的地方掘壕固守。

出乎意料的是，从科什纳山方向赶来的罗马尼亚部队并没有向我们发起反击，而仅仅是对我们的阵地进行了各种试探，很轻易地被我们击退了。这之后，罗马尼亚军占领了第5、6连正对面800米外的那道山脊。这块阵地是南北走向的，长约两公里。在这种情况下，我们还没有必要动用预备队增加一线的防守兵力。此时，第5、6连的阵地合起来有600米的正面防线，整个防线呈正月牙形。第6连阵地的最南端与戈瑟勒的部队邻接，我手下的其他部队则可以为第 5 连的北翼提供掩护。这样一来，我们阵地的南北两翼就可以高枕无忧了。除此之外，我们的阵地还拥有相当大的纵深，从而进一步增强了防线整体的防御能力。

大约 15 点，罗马尼亚军从佩泰峰西面延伸线上的阵地，穿过橡树林撤退到了史兰尼克西面。这样一来，我们终于可以和左右两翼的友邻部队取得联系了。不过，罗马尼亚军随后展开了猛烈的炮击。我们的电话线很快就被炸断，连传令兵也无法活动，猛烈的炮击还切断了我们各块阵地之间的联系，我与第 5、6 连之间的电话联络因此变得断断续续。修复这些线路对于通信部队而言，是个艰巨又危险的任务。时间流逝，敌人炮击的力度却没有半点儿减弱，并且持续了整个下午。可喜的是，我们一线和二线的部队并没有太大的损失。下午晚些时候，轮到奥地利炮兵展现他们的威力了。值得一提的是，有一颗 305 毫米口径的炮弹恰好命中了科什纳山的峰顶，一群人当场血肉横飞（后来得知是一群罗马尼亚和法国的军官）。承老天眷顾，到目前为止，我的部队的伤亡率仍然很低。

双方炮击如火如荼的时候，我在 674 高地以西 350 米的一个斜坡上，草拟了一份关于这次战斗的简报。敌军的炮火一直持续到天黑才停止。这之后，我们的后勤部队才终于把口粮和弹药送了上来。

手臂的失血让我感到很疲惫，裹紧绷带的手臂和脖子上挂着的三角巾妨碍了我的一举一动。我曾考虑先将指挥权移交给别人，不过部队目前的处境很危险，我必须咬牙苦撑下去才行。

此时营长正在指挥更多的部队，他将指挥所安排在了 674 高地西南 2 公里的一片橡树林里，那儿也是我们战斗群的总预备队

（巴伐利亚第18后备步兵团的一部）以及炮兵观测所的所在。

夜幕终于降临了。

## 战场观察

1917年8月10日，我部在没有炮兵以及迫击炮火力支援的情况下，对罗马尼亚军的坚固阵地发起攻击。虽然我们只有重机枪火力，但是整个攻击行动相当成功，伤亡也很小。之所以取得这样的胜利，主要原因有：

第一，我们对主攻和佯攻部队的预定突破口，事先都用重机枪火力进行了集中扫射。第二，我们的重机枪火力，在攻击发起前、中、后阶段，都成功对敌人进行了有效压制。

8月10日，罗马尼亚人没有重犯前一天的错误，他们主动放弃了山坡上的阵地，退守到山顶。我们要从半山腰向敌人的阵地发起仰攻是白费功夫，因为那里地形开阔，敌人居高临下，还可以轻易地从周围的高地上，用重机枪进行交叉火力封锁。因此，我们必须沿着山脊从背后包抄敌军。

这次战斗充分显示了战场侦察的重要意义。在8月10日夜间和次日凌晨的最初几个小时，我军对敌方阵地进行了详细侦察，并在后来发起的进攻中发挥了巨大作用。通过侦察，我们准确摸清了敌军前沿阵地的兵力配置、驻防部队的作息规律。为了不引起敌人的注意、打草惊蛇，我们并没有派出侦察队，而是主要采用望远镜远程观察的形式了解敌人。相比之下，敌军的前期侦察却做得很不充分，这是一个致命的错误。他们不但没有对我们的前沿阵地进行有效的侦察，而且战斗准备也是一塌糊涂（例如暴露在明处的哨兵、士兵爬出阵地晒日光浴等等）。在这样的情况下，我们的攻击对他们来说，确实起到了迅雷不及掩耳的效果。

进攻过程中，配属主攻部队的几挺重机枪为其在敌人阵地上打开了一条通道。重机枪的火力首先对预定的突破口进行密集的火力压制，部队冲上去之后，又将压制火力转移到攻击路线两侧，这样就有效避免了误击的发生。在后续战斗中，这些重机枪更以令人赞赏的射击水准，准确射击突击部队前方近在咫尺的敌军，有效配合了攻击行动的最终完成。

负责干扰敌军的佯攻部队，在主攻部队左侧同时发起佯攻。他们投掷手榴弹并大声呐喊，以吸引敌军注意，分散他们的防御火力，迷惑他们将预备队投入到错误的方向上。这次佯攻出色地协助主攻部队达成了预期的目的，而且佯攻部队本身也没有任何伤亡。这真正算得上一次完胜。

当我们在橡树林突破成功后，敌人迅速从东北方向发动了反攻。山地营部队在此次防御战中将他们全数击退，再度证明了我部优良的战斗力。

罗马尼亚军的预备队被部署在前沿阵地后方一座高地上，这显然是错误的。由于我方机枪火力的压制，他们在我们的整个攻击过程中显得一筹莫展，被困在掩体里不知所措。尽管有小股兵力在我们突破成功后试图进行阻击或反攻，但马上就被占据优势的山地营轻松化解。此次战斗，充分体现了集中优势兵力的好处。我方以5个连的兵力担任主攻，不断向前突进，他们身后还有戈瑟勒指挥的4个连步步紧跟。尽管我们在总人数上逊于罗马尼亚军，但却在局部战场对敌人形成了压倒性的优势。

夺取目标后，我军迅速转入防御。完成攻击的一线部队在良好的隐蔽条件下挖掘工事，攻击中的二线部队派出了警戒兵力，掩护阵地的南、北方两个侧翼。此时再向敌人那边派出侦察队是不明智的，因为他们可能很容易被已经提高警惕的罗马尼亚军击毙或俘虏。从另一方面说，敌方情况其实早已被我们摸透了，再派部队侦察也没有必要。攻击完成后不久，部队全部撤离了橡树林和674高地之间的山脊，转移到占领的敌军阵地上来，并迅速在凹凸不平的地形上加固了工事。当天下午，敌军曾经对我们进行了猛烈的炮击，却几乎没有造成任何损失。

此次战斗，再次体现出侧后方迂回包抄战法在山地战中的有效性。由于我们的迂回包抄，敌军只能被迫放弃预先构筑的坚固阵地向后撤退。

此次战斗中，敌军的作战指挥并不是特别积极主动，反而有些畏首畏尾。更令我不解的是，他们手上明明握有许多预备队和炮兵火力，为什么却只是被动防御而不坚决反击？何况当时战场上的地形明显更利于防守反击的一方。

## 第四节　1917年8月11日对科什纳山的攻坚作战

当天夜里，前线都很安静，罗马尼亚军甚至连侦察队都没派过来。临近夜里10点，营长通知我说，旅里决定于8月11日11点，在炮兵火力掩护下，向科什纳山发起攻击。他就此征询我的意见。

我认为，就这座山的地形而言，从西面和西北面发起攻击最为有利。因为那儿的山脊最高处几乎没有树木覆盖，步兵可以更容易获得炮兵和重机枪的火力支援。此外，山脊北面的坡地上有不少小土丘，可以在进攻过程中为部队提供隐蔽。这显然是最佳的攻击路线。

尽管我已经负伤，营长还是要求我再坚持一天，继续负责指挥攻击部队。在这次行动中，划归我指挥的部队有第2、3、5、6连，第3机枪连，以及第11后备步兵团的第1机枪连。此外，戈瑟勒上尉负责指挥的南方佯攻群下辖第1和第4连，第1机枪连和巴伐利亚第18后备步兵团的第2、3营。他们将从南面和东南面经过347、692高地向科什纳山配合主攻部队发起攻击。这个崭新而且充满挑战性的任务深深吸引了我，我决定留下来继续战斗。

那天晚上我几乎没闭眼，一部分原因是手臂的伤口还在隐隐作痛，另一部分原因是因为我还在为白天的战斗兴奋异常。不过更主要的原因是，我的注意力已经完全被第二天的任务吸引住了。天亮之前，我叫醒了豪瑟尔少尉，我们一起前往被部署在第一线的第5和第6连。在清晨阳光的照耀下，我们仔细观察了地形，并拟定了行动方案。

敌人的阵地横跨整条山脊，就在距离我们阵地前沿以东800米的地方。敌军明显已经接受了昨天的教训，他们的哨兵全部隐蔽在树后或灌木丛里。在公路以北，我们发现了敌军一条新构筑的、相当紧凑的防线，敌军正在那里完成集结。不过双方士兵好像有默契似的，并没有开枪去打破黎明时分的这份宁静。当然，我们的阵地隐蔽良好，敌军很难发现目标，也是他们没有轻易开枪的一个重要原因。

预定的攻击路线比我想象的要困难得多，正面和南面山坡上的草地无法为我们提供掩护以躲避敌军的火力。相比之下，山脊北面600—800米位置的地形就要好得多。在山脊和皮西欧罗（Piciorul）之间的山坡草地上，散布着相当茂盛的灌木丛。位于山脊北面1.5公里、第5连侧翼的皮西欧罗（海拔652米）那里，还覆盖着大片的落叶林。

在熹微的晨光中，高耸的科什纳山峰（海拔788米）依稀可见，它俯视着周围的一切，这就是我们8月11日要攻击的目标。我们能成功吗？我们必须成功！我已经忘却了手臂受伤的疼痛。现在，我手里有6个连的兵力可以用来对付敌人。我充满自信和力量地去迎接这个艰巨但重要的任务。

按照我的计划，在早上8点，部署在前沿阵地上的连队开始用火力压制敌人，阻滞他们向阵地西北方向的山谷转移。中午之前，主攻部队要运动到皮西欧罗的南面，并利用当地浓密的灌木隐蔽接近敌人，进入攻击位置。一切准备就绪后，我们将于11点，在炮兵火力的掩护下发起攻击，一举突破敌军阵地，然后向科什纳山挺进。与此同时，位于674高地上的部队将同步发起伴攻。

我授权荣格少尉指挥第5、6连和阿汀格机枪排，担任主攻部队的前锋，并让豪瑟尔少尉向他传达了我的作战计划，以及进攻科什纳山时他应该采取的攻击阵形。为了确保和史普约瑟战斗群的联系，保证与炮兵部队协同作战的顺利，我不得不把豪瑟尔少尉留在荣格少尉的编组里协同指挥。

凌晨6点，我率领其余4个连队跟在先头部队后面，穿过浓密的灌木向北进发。在这之前，我已经与荣格少尉率领的前锋部队建立了电话联系。前进了大约600米后，我将队伍转向东面，爬上一道浅浅的山沟，接近了 674 高地和皮西欧罗之间的山脊，山脊上稀疏地分布着一些独立的树和灌木丛。大家不时停下来观察周围的情况，我惊讶地发现，敌人已沿着山脊部署了前哨阵地。这些阵地位于主阵地的正前方，就在第 5 连的左侧。可是不论第 5 连还是我们派出的侦察队，之前竟然都没有发现。在这种情况下，从西北方向敌军阵地发动突袭似乎已不可行。如果我们硬冲上去，这些前哨阵地就会为主阵地提供预警，我们攻击的突然性将大打折扣，也将大大降低战斗胜利的希望。

面对这个难题，我命令大家先停下来原地隐蔽。经过一阵思考之后，我决定利用四周的地形智取面前的敌军前哨。我们沿原路后撤，走了一段不太远的距离之后就转向北面，到达了皮西欧罗西北山坡上茂密的森林地带。这一路上，我们并没有遭遇任何敌军。进入森林后我们再次转向东面，利用森林中茂密的灌木作为掩护，朝着敌军前哨阵地迂回前进。

为了安全起见，我命令部队拉开较长的队形。走在最前面担任尖兵的是第 3 连一位特别优秀的中士，我跟在他身后几米的地方，通过手势和低声呼叫来传达命令。为了保证这位中士行动方便，我甚至命令他的排长胡梅尔少尉亲自替他背包。我的身后还跟着另外 10 名士兵，与我保持 10 步的间距。在这 10 个人后面，4 个连队与他们保持 150 米的距离，成单人纵队前进。之所以采取这种相对松散的队形，是为了在确保部队成员之间不失去联系的前提下起到化整为零的效果，因而不会在行进中发出太大的声音惊动敌人。平时的严格训练此时得到了充分体现，这支长达 800 米的队伍始终保持着静默，每位士兵都避免发出任何声音。大家清楚地知道，我们正在敌人的眼皮底下行进，一旦被发现，后果不堪设想。

我们跟在尖兵身后走走停停。经过仔细侦察，大家终于成功地确定了两个罗马尼亚军哨所的位置。在我们一步步接近敌军哨所的过程中，可以听到敌军哨兵正在谈天说地，时不时还清清嗓子，咳嗽咳嗽，或者吹两下口哨。敌军两个前沿哨所相距约100—150米，由于茂密的灌木遮蔽，我们看不到它们的全貌。我带领部队打算从两个敌军哨所之间摸过去，所有人都屏住呼吸，生怕惊动敌人，好在左右两边的敌人并没有发现情况异常。部队顺利通过之后，我们和荣格少尉率领的先头部队之间的电话线也架通了。后来，这条电话线还直接连到了史普约瑟战斗群的指挥所。我们的行动如此顺利，从反面说明附近的敌军相当麻痹。

部队向西下行穿过灌木丛之后就抵达了皮西欧罗东北面的山坡，那里是敌军前哨阵地的后方。这些人此时仍然只是警戒着来自西面的威胁，却没有想到我们已经绕到了他们身后。按照我的计划，此时已经穿插至敌人右翼的荣格的先头部队准时开火。

就在这个当口上，我们却遇到了意外情况：一条深深的山谷赫然横在我们与罗马尼亚人的主阵地之间。大家不得不先从山谷的一侧爬下去，然后再爬上来，越过这个事先没侦察到的天然障碍。我们在谷底连续横穿了几条小路，所幸没有遭遇到任何敌人。在山谷右侧上方靠近674高地的地方，罗马尼亚炮兵正猛烈地炮击荣格的部队。他们显然已经认定我们打算从那儿发起进攻，因此实施炮击，企图阻止我们。

顶着8月炽热的骄阳、背着沉重的背包在陡峭的山坡上攀爬（重机枪射手们的背包几乎有50公斤重），简直让人精疲力竭。当我们到达谷底的时候，已经临近11点了。我们稍事休息，马上又开始攀登山谷另一面的陡峭山壁。那一侧的山坡上怪石嶙峋，植被很少，只有稀疏的高大松树。由于地形的严重限制，我们前进的速度相当缓慢。按照计划，我军炮兵准时在 11 点实施炮火准备，可是效果看起来并不大，而且多数炮弹也没有落在我们预定要进攻的区域。荣格少尉率领的第 5 和第 6 连也开火了，不过敌军的炮兵马上就对他们还以颜色。

这时我们还在竭尽所能地攀爬。我受伤的手臂此时严重妨碍了我的行动，在某些特别陡峭的地方，还得劳驾勤务兵帮我渡过难关。

接近 11 点 30 分，我们的炮兵已经停火。走在前边担任尖兵的中士，遭到了来自一片矮树林的火力射击。按照我的命令，他没有立即还击，而是就地隐蔽起来。我立刻命令已经爬上山坡的部队停止前进，就地展开战斗队形，掩护剩余部队继续攀登。不久之后，我们来到了距离山谷顶端 50 米的一片山坡上，那里有一片不大的空地，但是隐蔽条件很好。我暂停下来，用电话通知荣格少尉，我将在半小时内发动攻击。除此之外，我还试着和营长取得联系，请求进一步的炮火支援，可是通往营部的电话线已经被切断。再后来，我们与荣格少尉的联络也中断了。很显然，驻守在皮西欧罗的罗马尼亚部队发现了我们的电话线，而且已经将它们切断。

在即将发起总攻的关键时刻，与史普约瑟战斗群、营部、炮兵、我们的尖兵以及荣格部队的通信全部中断，这让我非常不悦。要想立刻恢复联络几乎是不可能的，因为这得花上好几个小时，我只好默默接受这个现实。

由于无法获得新的情报，我们只能猜测所要进攻的敌军阵地的所在。不过我有理由相信，它们就在我们的尖兵受到敌人哨兵射击的区域附近。幸运的是，那片山坡的地形以及上面覆盖的茂密植被，使我们得以在发起攻击前运动到距离敌人很近的距离内集结部队。不过在仰攻的情况下，使用重机枪为攻击部队提供火力支援很困难。由于联系中断，荣格的作战部队恐怕也不能及时为我们提供火力掩护，但我仍然希望他能按照之前的计划行动。

发起攻击前，我把第 3 连的一个排以及格劳重机枪连，部署在约 100 米宽的攻击发起阵地上，第 2 连被部署在他们右侧以形成梯形配置。第 3 连的其他两个排，以及第 11 后备步兵团的第 1 重机枪连，则被部署在他们左后方，构成另一个梯队。

我的攻击计划是：以信号为令，一线部队（第 3 连的一个排和格劳重机枪连）穿过植被茂密的山坡，向山坡上的敌阵地隐蔽前进。如遭遇敌人射击，格劳重机枪连必须用全部机枪扫射敌军阵地，并按照我的信号，在大约 30 秒后停止射击。此时，第 3 连的那个排，以及其他跟进的部队立即突进敌军阵地。原地留守的部队则要在主力部队冲锋的过程中，用火力封锁住突破口的两侧。进攻的初期目标是夺取山脊，以利于继续向东南方向推进。为了误导敌军，使其对我军预定突破口的位置产生误判，并分散他们的防御火力，我还派了几个班，携带大量手榴弹同时攻击突破口两侧的敌军阵地，顺便消灭这些敌人。

所有关于攻击计划的讨论和传达，都是在距离敌军阵地前沿100 米的地方悄悄完成的。由于我已经把副官豪瑟尔少尉派往第 5 和第 6 连，因此只好一手包办了所有的谋划和指挥工作。

正午之前几分钟，我们一切准备就绪。在这个过程中，罗马尼亚人并没有试图打扰我们，这可真是帮了我们一个大忙。准备就绪后，一支排级规模的罗马尼亚部队正好从皮西欧罗东坡上我们刚刚走过的小路穿过，这是发起进攻的理想时机。于是，我发出了信号。

部队立即沿山坡而上，发起仰攻，但却马上遭到附近敌军阵地的火力射击，格劳的重机枪连按计划迅速对敌军还以颜色。我们卧倒在地，准备再次发起冲锋。安排在进攻路线左右两侧的几个班也纷纷把手榴弹投向敌军阵地。重机枪火力已经将正面的敌人压制住，只剩下左右两侧的敌人还在胡乱放枪。这时，我发出信号要求机枪停止射击，重新率队沿山坡向上猛冲，并且毫发无伤地突破了敌军阵地，还抓住了几名俘虏。突击部队好像一把利剑割开了敌军阵地，然后又向右席卷了半个敌军防御阵地。这一切就像平时演练的一般分毫不差。

在敌军阵地上突击了一段距离之后，灌木开始变得稀疏。我们向着阵地右侧一处微微突起的山坡前进了大约 100 米，就被敌人的机枪火力所阻挡。这挺机枪被布置在 500 米外有树木遮掩的山顶，和我们隔着一大片草地。

敌人的火力越来越猛烈，第 3 连的那个排和格劳的重机枪连相继加入战斗。走在后面的第 3 连余部和第 11 后备步兵团的重机枪连则向敌人阵地左侧展开，为我们的后背提供掩护，并尽可能消灭那里的敌人。不久之后，已经被压迫到树林边缘的敌人得到了增援，又有几十挺机枪投入了战斗。尽管情况异常险恶，可是我们必须继续前进，穿过那片无遮无拦的草地干掉敌人。如果继续僵持下去，一旦敌人发动反攻，以我们现在的实力，将很难保住已经取得的战果。

怕什么来什么。敌人在炮兵火力的支援下，开始从树林里向我们发起反击，主攻方向在我们防线的左翼。大家近乎绝望地趴在地上，向敌人猛烈开火。出乎意料的是，敌人真的被击退了。

后来，又有越来越多的机枪向我们开火，伤亡率开始急剧升高。我们已经到了山穷水尽的地步，而且状况还在持续恶化中。我和第3连一起，在防线的右翼苦苦支撑。在我的左侧，亚伯瑞希特的重机枪排正和敌人展开激烈的对射。只有待在右后方灌木丛里担任预备队的第2连，暂时还没有受到敌军火力的打击。此时此刻，我是否应该投入预备队呢？预备队的加入能否扭转战场态势呢？答案是否定的！那么，我是否该下令撤退呢？答案同样是否定的！如果那样的话，我们负伤的战友就会落入敌人手中，我们也将被赶回山谷，最终被敌军轻松歼灭。局势看起来很严峻，可是我们必须重新夺回主动权，否则就只能坐以待毙。

这时，我突然发现在我们右下边的山坡上有几簇灌木丛。我灵机一动，因为这些灌木正好可以用来掩护我们，于是，我下令投入最后的预备队，利用这些灌木，对正在左翼压制我们的敌军发起突袭。这个行动将决定我们的命运。

我向周围的士兵发出指示，大家匍匐前进。几秒钟后，第2连和我开始迅速向南移动。大家明白，这次行动生死攸关。我们绕到了一小股躲在灌木丛后面的敌军身后，他们还没来得及反应过来就被我们干掉了。然后，大家又在极短的时间内运动了100米；这之后，转向东面。在这个过程中，我一直祈祷留在原地的部队不要放弃抵抗。

就在我将要率领大家对敌人侧翼发动攻击的时候，荣格少尉所属的部队突然出现在第2连的右后方。很显然，荣格少尉一直没放弃执行今天早上赋予他的任务，正准备跨越山脊对敌人发起进攻。他们的到来，使得一度僵持的战局朝着有利于我们的方向发展。因为敌军的主力都被用来攻击第3连和配属的两个重机枪连，已经没有剩余兵力抵挡我们对其侧后方的攻击了。这样一来，原本占据优势的罗马尼亚军只得匆忙撤离高地，有不少来不及带走的机枪被抛弃在战场上。

令人遗憾的是，在674高地以东600米处的树林边缘，英勇非凡、被连队官兵奉为表率的荣格少尉不幸腹部中弹，为国捐躯了。

敌军惊慌失措地沿着山脊穿过洼地向后撤退。在这个过程中，第3和第2连，以及机枪连的一部持续向他们射击。与此同时，我指挥第5和第6连从山脊的南面穿过山脊最高处向敌人实施追击。在电话被切断的情况下，我依靠传令兵传达命令给其他部队，要求他们沿相同的路线尽快跟上。

不久之后，第6连占领了科什纳主峰以西800米的山头，我们戏称它为"司令部山头"。同时，第5连在山脊西面和南面的敌军阵地上抓获了200多名俘虏，并缴获了几挺机枪。但是到目前为止，科什纳山和我们之间仍然隔着一条宽阔的山谷。

撤退下来的大批罗马尼亚军沿着西面的斜坡向山下逃窜，他们马上就遭到了第6连的攻击，并被消灭。不过仍有大批罗马尼亚军队盘踞在科什纳山那里，而且开始用猛烈的步枪、机枪火力朝我们射击，这给我们造成了一定伤亡，其中就包括我的得力助手——豪瑟尔副官，他的胸部中弹了。

没过多久，各支连队接二连三地抵达了"司令部山头"，他们几乎都已经精疲力竭了。这可以理解，大家从早上6点就开始行军，还要攀登险要地形并发起攻击。休息对我们来说就是一个奢侈的梦。

尽管我们已经取得了一定的胜利，但是敌军仍然控制着高耸陡峭的科什纳山及周边阵地。部队已经筋疲力尽，根本不可能马上再次发动进攻，于是，我命令部队暂时休整。

在休整过程中，由第2连担任警戒，第6连则派出侦察部队，带着电话前去侦察攻击科什纳山敌人阵地的可能路线。驻足"司令部山头"的我们，可以看到提古欧咖（Tirgul Ocna）就横卧在山谷的西北方，直线距离只有4.5公里，还可看到列车频繁进出繁忙的提古欧咖火车站。

大约13点，史普约瑟战斗群的参谋人员和预备队（第18后备步兵团的第2、3营）一起抵达"司令部山头"的西边。按照计划，营长将在我部对科什纳山发起攻击后，带着他原本设在橡树林中的指挥所随同我们向前跟进。

到目前为止，戈瑟勒的部队还没有消息，不过我们决定仍然按原计划行动。针对这次行动，我提出了自己的看法，建议在1个小时之后，继续向科什纳山的敌军阵地发起攻击，并要求集团军中的两个巴伐利亚营从"司令部山头"给予我们必要的火力支援。这个方案基本上就是早上那场战斗的翻版，营长同意了我的建议。

到达预定攻击时间后，巴伐利亚第18后备步兵团的第2营开始用机枪对敌军山头阵地进行扫射。我则率领着部队（第2、3、5、6连，第3机枪连，以及第11后备步兵团的第1机枪连），从"司令部山头"北边100米的地方向东机动。我们循着第6连侦察队架设的电话线前进，穿过茂密的灌木，从非常陡峭的斜坡下行。不久之后，我们就到达了对面的山坡，并追上了第6连的侦察队。

炎热的天气让被迫爬上爬下的我们感到特别吃力，大家恐怕得花上数个小时才能爬上山顶。

为了以防万一，我们尽可能藏身在灌木丛和小山沟里，向着敌军阵地蹑足前行。山顶上的敌军正忙着和"司令部山头"的巴伐利亚第18后备步兵团第2营交火，双方的子弹就在我们头上呼啸而过。

罗马尼亚军的一个前哨阵地，就在"司令部山头"巴伐利亚部队阵地对面200米的地方。当我们逐渐接近它的时候，为了避免误击，巴伐利亚部队的机枪便停止了射击。有意思的是，敌军也投桃报李地停了火，他们显然没有发现正在接近的我们。

我命令部队为这次突击做好准备。负责第一拨攻击的是2个步兵排和6挺重机枪，紧跟在后面的第二梯队和左右两翼的掩护部队各有2个步兵连。这种攻击模式同之前的一样：首先是尽可能地接近敌人阵地，然后以重机枪和手榴弹火力撕开口子，并在攻击路线两翼进行掩护，转移敌军注意力，最后由主攻部队发起冲锋。

当东南方向传来清晰的步枪射击声时，我们的攻击准备尚未完成。我判断这肯定是戈瑟勒的部队所为，于是立刻下令部队发起攻击。经过短暂却激烈的交战之后，部队突破了敌军在山顶上的阵地。几分钟之后，部队又扫荡了科什纳山西面山坡上的敌军。敌军对我们的进攻毫无防备，彻底乱成了一锅粥，竟然无法在阵地上的任何一处抵挡住我们的攻击。现在，山头已经落入我们手中，而且伤亡微乎其微。数十名敌军沦为俘虏，好几挺机枪成了我们的战利品。唯一遗憾的是，守军的多数有生力量却趁乱从科什纳山的东面山坡往下逃走了。当我们向他们发起追击的时候，部署在科什纳山东面500—600米处692高地上的敌军机枪火力从山岭南北两个方向齐射过来，子弹打在东面光秃秃的山坡上，阻止了我们继续追击。敌人的这些阵地构筑得很好，前沿上的障碍物很多，要想吃掉他们，就必须有强大的炮兵和重机枪火力支援。于是，我们只好暂时满足于已经取得的战果。毕竟，站在这座山峰上，已经可以眺望罗马尼亚的田野风光了。

这之后，我们很快与戈瑟勒部队的一部分（第1连）取得了联系。他们从科什纳山南面的788高地攀登陡坡与我们会合，我暂时将该部划归在我的管辖之下。我们和第1连一同在山岭道路南面的陡坡上构筑了工事，第5、6连则被部署在山顶上。我将第11后备步兵团机枪连配属给处于阵地前沿的3个连，第2连作为预备队被部署在防线正后方，由我直接掌握，第3连和第3机枪连则被安排在防线左翼的后方。

在我们夺占科什纳山主峰后大约1个小时后，营长带着2个巴伐利亚营抵达了。此时我们很关心戈瑟勒指挥的其他部队的进展情况，听说他们在占领罗马尼亚军位于347高地附近的阵地后，就遭遇到来自东面的大批敌军及伴随炮火的猛烈攻击，死伤惨重，被迫从科什纳山南边撤退到东面的山坡固守待援。对面史兰尼克山谷的左边，驻守着我们的友军——匈牙利第70师。由于目前距离尚有好几公里远，我们还没能和他们取得联系。在傍晚的几个小时里，我们从科什纳山上看到史兰尼克山谷北面双方的炮兵正在交手，并观察到敌军步兵在772高地附近活动。

关于夜间的行动，我做了不少指示，除了派出侦察部队与戈瑟勒的部队尽快取得联系外，还有许多工作要做。然而此时，我已经累到无法亲自撰写作战报告的程度了。于是只好在新任副官舒斯特少尉帮助下，用口述的方式简述了今天的作战经过。

　　尽管已经疲惫不堪，我在晚上还是翻来覆去地睡不着。午夜前的1小时，第6连的阵地方向传来了手榴弹爆炸声，步枪和机枪也开火了。我没等上级命令，立刻指挥第3连朝受威胁的方向实施攻击。不过在第3连赶到之前，第6连已经控制了局面。

　　第6连阵地上究竟发生了什么呢？原来，罗马尼亚军的突击队打算对第6连实施突袭，却被哨兵发现，然后被大家击退了。在这次交战中，第11后备步兵团机枪连的几名机枪手还抓了几名俘虏。

### 战场观察

　　8月11日攻击计划的制订，是以一个早晨的仔细观察为基础的。通常来说，在开阔地上，凭借炮兵和机枪火力的掩护，横跨山脊的攻击计划都会遭到否决。因为居高临下的敌军很早就会有所察觉，攻击一方往往也会伤亡惨重地退回原点。

　　罗马尼亚人已经从前几天的战斗中得到了教训，他们学会了部署前哨阵地来确保主阵地的安全。这是我们通过最近战斗的亲身经历而得到的结论。

　　完全是因为平时严明的纪律要求，我才敢在白天带着部队从敌军的前哨阵地之间穿过执行任务。

　　在山地作战中，经常会遇到意外的困难，特别是与敌人的不期而遇，往往会带来极大的危险。

　　由于电话线在关键时刻被切断，要实现与炮兵部队协同作战的计划变得不切实际。为了以后不再出现类似的情况，有必要寻找更好的步、炮协同联络方式。

山地战中，利用地形特点，分兵渗透到敌人阵地的后方，迂回包抄，然后与正面部队前后夹击，往往可以起到事半功倍的效果，从而迅速扭转战场态势。在此次战斗中，迂回包抄的荣格少尉的部队虽然由于种种原因姗姗来迟，但他们的战术价值却是毋庸置疑的。

尽管我们的电话线曾被敌军切断，但是在大部队暂停休整时，前往科什纳山敌军阵地对攻击路线进行侦察的部队仍在自己身后架设了电话线。随后的事实证明，电话在战斗中实在是一种极为有用的装备。

在下午突破敌军阵地的战斗，以及随后突破敌军主峰阵地的战斗中，我们都没有得到后方阵地炮兵和机枪火力的支援，能够依靠的仅仅是配属在阵地前沿的机枪。敌军的机枪火力再次被我们的佯攻部队吸引，主攻部队的损失因此微乎其微。

溃逃的罗马尼亚部队仍在向追击的我军开枪，并且成功阻击了我军。而且两次战斗后溃逃的敌军部队，很快就在后方阵地重整旗鼓，投入阻击作战，最终迫使我军的追击功亏一篑。

## 第五节　1917年8月12日的作战行动

午夜过后不久，天气转晴，一轮满月俯视着大地上的一切。派出搜寻戈瑟勒部队余部的侦察班回来报告说，该部的左翼部队正位于科什纳山主峰东南800米的地方，他们遭受了严重损失，要求紧急支援。与他们对峙的敌人就在500米外，而且构筑了坚固的阵地。

凌晨 1 点，我带着下属的一些军官前去侦察，顺便观察一下阵地前方的地形。我打算用 1 个连的兵力赶在天明前封锁战线右翼和戈瑟勒部队余部之间留下的空当，同时把战线向前推移，到达可以对科什纳山以东敌军阵地发起突击的距离之内。

遗憾的是，营长不同意我这么做，理由是我的部队已经相当疲惫。他转而命令 2 个巴伐利亚营在黎明时突破科什纳山东北方向的敌军阵地，并由我指挥山地营一部担任第二梯队随后跟进，尽量向尼可瑞斯提（Nicoresti）方向扩大战果。

天还没亮，我们就遭到了来自西北方向敌军的密集炮击。也就是说，敌人正从我们左后部炮击我们。此时，敌军的炮兵阵地部署在史兰尼克山谷另一侧的高地上，他们发射的榴弹杀伤威力有限，却在松软的土地上炸开了不少直径 6—8 米、深约 3 米的弹坑。与此同时，大块的泥土在炸点周围 100 米的区域内纷纷落下。这种情况下想要睡个安稳觉已经不可能了。为了躲避炮弹，大家只好不停地变换位置。后来，东面和北面的敌军炮兵也来凑热闹。敌军的炮火越来越猛烈，主峰周围阵地上的情况简直糟糕透了！

拂晓前不久，配属给营长的 2 个匈牙利营到达了主峰。其中的一个营尽管没有接到任何作战命令，却在抵达后的第一时间进行了战斗部署，攻击东面的敌军阵地。他们最终不但遭受了重大损失，还招引来敌军更加猛烈的炮火。

当我带着部队离开这片危险区域时，不禁大大地松了一口气。此时，我指挥的部队包括：第 2、3、5 连，第 3 机枪连，1 个匈牙利步兵连，1 个匈牙利机枪连。另外，有两个巴伐利亚后备步兵营已经比我们先行出发，去执行拂晓时分突击科什纳山东北敌军阵地的任务。一旦突破成功，通往平原地区的道路将向我们敞开，并导致欧兹托兹山谷南北两侧山区内罗马尼亚军防线的全面崩溃。

我们从主峰下行了大约 600 米，成一路纵队穿过科什纳山的西坡，还不时遭到敌军各种口径炮弹的骚扰，这些炮弹毫无预兆地在我们周围爆炸。话虽如此，清晨凉爽的空气仍然令我们精神抖擞。我们在山坡上稀疏的灌木丛中穿行了半小时，经过 788 高地抵达了科什纳山主峰北侧与 491 高地之间的山脊。山脊的东北坡上满是高大的杉树，左下方小片而连续的杉树林一直延伸至山脚的位置。透过杉树林，我们可以俯视科什纳山东北面的罗马尼亚军阵地，那正是巴伐利亚后备步兵营所要突破的防线。这些阵地拥有完备的战壕，阵地前方设置有各种各样的障碍物，无数的交通壕穿过光秃秃的山脊通向东坡上的树林。他们所处的位置和敌军阵地之间有一条小山沟，这条山沟越往西越宽，山沟里长满了低矮的树木。

此时，那些阵地还没被我方占领。在我们北面 1200—1500 米的地方，我们发现巴伐利亚部队已经占领了敌军阵地前一条宽阔的山沟，并和对面阵地上的敌军展开了激战。

后来，我们遇见了一群第 18 后备步兵团的伤兵，他们众口一词地告诉我们说，前方的战况不佳。他们的前卫营突袭敌军阵地，敌军的轻武器火力造成了他们大量伤亡（大约有 300 人负伤），突破敌军阵地的计划因此严重受阻。

听了这些报告，我命令部队暂时散开休息，然后利用我们在前进时铺设的电话线，向营长汇报了科什纳山北侧目前的情况。鉴于巴伐利亚后备步兵营的失败教训，我建议必须有强大的炮兵火力作为支援，才有机会夺取位于科什纳山东北部的这些敌军坚固阵地。后来，我们得到确切消息说，当天上午就可以获得炮兵支援。由于前线这时没有炮兵观察员，我自告奋勇充任此职，从我们现在的阵地（一个很好的观测位置），为炮兵火力支援指示目标。

在进攻路线方面，我们考虑了下行穿越洼地攻击对面敌军阵地而不被敌人发现的可能性，却没有发现任何隐蔽的接近路线，因为那儿的树木实在太稀疏了，不过这却是我们此时唯一的选择。上午 11 点 30 分，我首次发出了炮火校射指令。部队伴随着炮火以多路纵队开始下行，单兵之间保持 20 步的距离。我的打算是，在短暂而猛烈的炮火准备后强行出击，突破科什纳山主峰东北方 500 米的敌军阵地。

炮火校正是个费工夫的细活儿。最后，我终于将一个奥地利榴弹炮连的弹着点修正到了敌军的阵地上。然而令人泄气的是，由于 8 月 12 日炮兵开始变换阵地以及弹药短缺的原因，炮击偏偏在这个节骨眼儿上停止了。这时，我的部队已经冒着敌军的猛烈炮火抵达了洼地的东南部。敌军显然已经发现了这支 700 人的前锋部队，不过我们已经到达了距离敌人前沿障碍物大约 300 米的地方，而且周围有不少灌木丛可以干扰敌军的视线。在往下攀爬的过程中，只有一名士兵受了轻伤。后来，待在最后的我循山坡而下与部队会合，一路上发现他们已经架设好了电话线。

此时的情况不容乐观。我们不可能在缺乏炮火支援的情况下进攻已经有所警觉的敌人，何况他们阵地前的铁丝网异常坚固。反之，在大白天翻过科什纳山东北坡后撤的行动方案也一样让人提不起劲，因为敌人可以非常清楚地看到我们的一举一动，我们将成为敌军炮兵和重机枪的活靶子。特别是上山的时候，部队的行军速度还将放缓。当然，待在原地不动也不是个好主意，敌军随时可以使用野战炮和重迫击炮对洼地来个炮火覆盖。那样的话，巨大的伤亡将无可避免。

反复权衡之后，我决定在没有炮火支援的情况下强攻敌军阵地。我们已经身处险地，冒险拼一下或许还有出路，而且我知道我的士兵可以完成这个任务。经验丰富的侦察队首先被派了出去，他们仔细侦察了敌军设置的各种障碍，以及其后的敌军阵地。为了缩短在敌军炮火下突进的时间，我命令部队借助灌木隐蔽，前移至距离敌军阵地200米内的位置，并在一条小山沟里完成进攻准备。配属的两个机枪连被部署在我们右侧山势较高的阵地上，以便提供火力支援。侦察队的汇报没让人失望，当时没有迹象表明敌人已经注意到了我们的进攻意图。大喜过望的我正在督促机枪连进入指定位置，营长通过电话向我传达了这样的命令：俄国人已经突破了史兰尼克山谷北侧，将会出现在我们后方，隆美尔特遣队和2个巴伐利亚营应该向科什纳山以西800米的山脊撤退。

据营长说，史普约瑟战斗群的指挥部已经开始向那儿移动。我被要求将此命令转达给巴伐利亚第18后备步兵团的第1营和第3营，并掩护他们撤退。

这简直太糟糕了！

很显然，大白天在敌人的眼皮底下从洼地撤退是很冒险的。因为一旦敌人发现我们，就会用炮火或机枪火力进行袭击，那样的情况下损失将无可避免。相比之下，我还是希望能把那块阵地拿下来，先不去理会那些俄国人。那样一来，即便俄国人真的从后面掩杀过来，我们也可以占据优势阵地将他们击退。遗憾的是，我必须执行命令。

2个匈牙利连在山地营的维纳少尉指挥下，沿科什纳山的东北坡（正处在阴影里）向主峰前进。我则亲自带领撤下来的 4 个连，在灌木丛里先朝着 491 高地，尔后转向"司令部山头"摸索前进。在我们抵达 491 高地之前，敌军的机枪火力造成了几名士兵轻伤。

刚一到达 491 高地附近区域，我就派出第 3 连占领了山脊的较低处（位于 788 高地和 491 高地之间），并试图与 2 个巴伐利亚后备步兵营取得联系。我曾派出一名军官向这两个营转达了来自史普约瑟战斗群的命令。不幸的是，在撤退过程中，我们和他们的电话联系中断了，因此无法继续了解他们的情况。但是，通过一个偶然机会，我从电话里侧面打听到了关于 491 高地的消息，那是指挥部传达的最新战报。据他们说，目前西面的作战态势似乎比半小时前要乐观一些。

这之后，我立即命令第 2 连沿最短路线，朝着一处从"司令部山头"向北延伸出来的山脊运动。该连将暂时驻守在"司令部山头"以北 500 米处的山脊，并向史兰尼克山谷方向担任警戒和侦察任务。除此之外，我命令除第 3 连以外的其余部队向"司令部山头"运动。我留在第 3 连断后，并掩护撤下来的巴伐利亚后备步兵营。一个小时之后，他们成功与敌人脱离了战斗。

完成掩护任务后，我随即指挥第 3 连向科什纳山出发，同时仍将第 1 连和第 6 连留在科什纳山主峰。敌军逐渐增强了炮击力度，把我们的阵地炸得坑坑洼洼，到处都是大小不等的弹坑。我把第 3 连留在主峰担任防线的预备队，自己则返回"司令部山头"报告情况，并请求长官允许我前往野战医院治疗。此时的我已经精疲力竭，左臂上的伤从早上到现在都没换过药，我感到无法再继续指挥下去了。于是，我被解除了指挥权，并留在指挥所暂时休息。夜幕悄悄降临，那是一个温暖的夏夜。

# 第九章
# 对科什纳山的再次攻击

## 第一节　1917年8月14至18日的防御战

午夜前不久，营长把我召到指挥部，那儿已经聚集了一大批军官。营长告诉我，当前的势态相当不利。据报，匈牙利第70师有一些部队已被包围，其中包括：枪骑兵第3连、第1连，以及第1步兵连。该师发来报告说，下午的时候，占优势的俄国和罗马尼亚部队在史兰尼克山谷北侧及周边区域突破了他们的防线，并准备向科什纳山和温古雷尼之间的山脊南进。据我们推测，这样一来，最坏的情况可能是史普约瑟战斗群将被敌军分割包围。我们在温古雷尼附近地区没有部队，敌人很可能会利用这个缺口穿插渗透。我被要求谈谈自己的看法。

我认为敌军对科什纳山—温古雷尼一线发动夜间攻击是最不可能的，最早的攻击将会发生在4个小时之后的破晓时分。凭本战斗群5个营的兵力，想要坚守科什纳山—温古雷尼一线并不困难。而且守住这条防线，对战局总体来说至关重要。总而言之，不论在何种情况下，我都不主张仅仅依据一些片面的不利报告，就轻易放弃耗费大量资源和官兵鲜血才夺取的阵地。

有鉴于此，我建议部队立即重新编组，并做出如下的布局调整：由山地营负责科什纳山、"司令部山头"至674高地一线的防御，战斗群的其他部队则应占领并固守674高地至温古雷尼之间的山脊，所有部队的侦察和警戒部署都应该尽可能向史兰尼克山谷方向推进。

具体到山地营的部署，我建议由一支加强了重机枪的排级部队建立几处前哨阵地，前突到科什纳山的南坡。建立前哨阵地时应注意避开主峰上满是弹坑的地方。与此同时，我们还应该向东和东南方向派出侦察队。另外，派出一个排和一个重机枪排占领"司令部山头"，防止敌军由此攻占科什纳山主峰。位于科什纳山和674高地之间向北延伸的两条山脊，则各由一个步兵连防守，并由他们向北部派出侦察队并设置前哨阵地。其余所有的部队作为预备队，在"司令部山头"西南侧集结，由指挥官直接控制。

营长接受了我的建议，并坚持认为既然是我攻占了这些地方，那么我就应该肩负起守卫它们的责任。基于对战局严酷性的判断、对山地营未来的担忧，以及这项任务本身的挑战性所带来的乐趣，我接受了这个重担。

战斗群所属部队重新编组的命令随即发出并被立即执行。按照命令，由我负责指挥第1、2、3、5、6步兵连，山地营第3机枪连，第11后备步兵团第3连及其配属的6挺机枪，承担科什纳山一带的防御任务。

此时，战斗群的指挥部已后撤至温古雷尼东北1500米的橡树林。我和手下的连长们详细讨论了整个战局，尤其是山地营面临的任务，然后我迅速向各支连队下达了以下命令：第3连立即从科什纳山向"司令部山头"运动，并抽调一个排的兵力，不带背包，在第11后备步兵团第3连的6挺机枪支援下，接替科什纳山上第1连的防务。这支加强排应该占领有树林覆盖的南部山脊，并向科什纳山东侧的敌军阵地派出侦察部队。如果敌人发动攻击，该排应依托现有阵地进行梯次抵抗，以争取时间。只有在可能被包围的情况下，才可以向"司令部山头"方向撤退。该排排长在领受任务后，需要到我这里报告，由我向他详细传达此次任务的细节。

第3连的另一个排和亚伯瑞希特重机枪排，在"司令部山头"构筑工事，用火力掩护科什纳山主峰上弹坑遍布的地段和西面山坡。该排的任务是阻止敌军白天通过科什纳山没有设防的地段，以防威胁到战线左翼的前哨阵地。

第2连负责占领"司令部山头"以北600米的小山头（后来被我们戏称为"老毛子高地"），并向史兰尼克山谷方向派出侦察队，同时借助侦察队与科什纳山上的前哨阵地保持夜间联系。该连应该在科什纳山西北侧的山坡上尽可能多地点燃营火，并持续通宵，以误导、分散敌军的炮火。

第5连的一个重机枪加强排，占领674高地东北800米处的山头，构建环形防御工事，然后向史兰尼克山谷派出侦察队，并和第2连以及其他驻守在674高地和皮西欧罗区域的友军部队保持联系。为误导、分散敌军炮火，要求该连在"司令部山头"东北800米的洼地里点燃营火，并持续通宵。

第3连剩下的一个排、阿汀格重机枪排，山地营的第1连和第6连、第11后备步兵团第3连，集结在"司令部山头"西南坡距离山头400米的位置担任预备队，并向葛罗塞斯堤（Grozesti）方向派出警戒和侦察部队。具体细节将以书面命令的方式传达。

我部指挥所安排在"司令部山头"以西50米。通信排负责完成指挥所至各前哨阵地、第2以及第5连的通信线路架设。

下级军官们分别领受了自己的任务，大家开始忙碌起来。山地营其余的各连也开始跟随巴伐利亚营和匈牙利师的部队向后撤退。总之，今晚谁都别想睡觉了。为了避免纸上谈兵，各项命令执行情况需要实地检查。我们花了3个小时才视察完所有新阵地，一切还算顺利，科什纳山上和"司令部山头"西北洼地里的营火正在熊熊燃烧，各部队之间的电话线也完成架设，进入阵地的部队都在努力挖掘工事。预备队则可以趁机打个盹儿，派出的侦察队也没有发现任何异常。

我的指挥部主要由两名军官组成，舒斯特少尉是我的副官，维纳少尉是值日官。接近17点，包括匈牙利军的柴德勒少尉在内的炮兵观测人员按时抵达，我和他们一起前往科什纳山上的前哨阵地。当太阳从地平线冉冉升起的时候，我们恰好到达了第3连阿高尔的排。根据命令，阿高尔排被部署在科什纳山主峰向南延伸的陡坡山脊上，阵地的侧翼是788高地以南200米一片浓密树林的边缘。透过晨雾，我们可以从这里看到罗马尼亚人的阵地，这些阵地纵深大约有100米，大多分布在距离700米以外毫无隐蔽物的山脊上。双方距离很近，近到可以看见敌军钢盔的反光，不过他们并没有向我们射击。我们的部队一晚上都没休息，现在多数人已经躺在刚刚挖好的散兵坑里睡着了，只有哨兵密切注视着敌方的一举一动。该排阵地正面的山坡是向东倾斜的陡坡，山坡上满是低矮的灌木，山脊本身和西侧山坡上却都是高大的树木，很少甚至没有可以提供隐蔽的低矮植被。

我正和炮兵观测人员讨论对敌人实施炮火覆盖以及干扰射击的时候，多名哨兵同时报告说罗马尼亚部队离开了阵地，正成散兵队形向科什纳山前进。不久之后，罗马尼亚军的机枪火力对山脊一线展开猛烈射击，密集的炮火也开始落到"司令部山头"上。我接通了我方炮兵，要求他们对科什纳山以东的罗马尼亚阵地进行扰乱炮击，因为越来越多的敌军部队正从那儿向我们推进。就在这时，又有报告说一股优势敌军正从右侧陡坡向山脊攀登，随后从那个方向传来的一连串手榴弹爆炸声和清晰的步枪、机枪射击声证实了这个消息。由于忽视了对东面陡坡的防御，我们付出了代价！通过电话，我命令第3连的预备队排和阿汀格机枪排，成两路纵队紧急前去增援。随后，我又要求炮兵对那里实施炮火覆盖。

我在前线转了一圈，发现罗马尼亚人已经在山脊上取得了据点，并正在从侧翼向我们的前哨阵地射击。好在敌人所有的正面攻击都已被击退，我们炮兵重创了在毫无遮掩的山坡上攀爬的敌军。左侧"司令部山头"上重机枪和步枪组成的火网阻止了罗马尼亚人越过科什纳山主峰及其西北侧山坡，也支援了左翼的前哨阵地。

我命令阿高尔中士不惜一切代价坚守阵地，直到增援部队到达，然后又跑回去督促增援部队加速行动，此时的"司令部山头"仍处在敌人猛烈的炮击之下。在那里，我碰到了正准备出发增援的两个排，我带着他们一起以两路纵队向前急进，枪声和爆炸声越来越激烈，我希望阿高尔能挺住。

　　在科什纳山和"司令部山头"之间的鞍部，我们碰到了配备给阿高尔排的第 11 后备步兵团第 3 连的几个机枪兵。显然，前方的战况已经把他们吓坏了。我对他们一点儿也不留情面，命令他们即刻跟上我们的队伍一起前进。

　　在鞍部以东 100 米的地方，我们看到阿高尔排已经全体撤了下来。阿高尔报告说大批罗马尼亚部队正沿山坡向上推进，并得到了右侧猛烈的火力支援，所以他只能放弃阵地。

　　在我的计划中，压根儿就没想过要将科什纳山拱手让人。于是，我很快组织部队发起反攻。阿汀格少尉带着两挺重机枪，进入位于右侧树林中的阵地，守住了仍然被阿高尔排掌握的山脊。同时，我们隐藏在茂密的植被中向山脊攀登，最终来到敌人面前。我们突然向敌人发起冲锋，杀得他们四处溃散。这之后，我们乘胜沿山坡向下追击逃敌，顺便把右侧的小山丘也夺了过来。

　　尽管遭受重创，但罗马尼亚军也表现得很顽强，他们并没有就此溃退，而是很快停下来重整旗鼓，我们可以清楚地听到下面山坡上敌军指挥官发号施令的声音。不久之后，激烈的手榴弹战在多处展开。事先有所准备的敌人看到我们投出手榴弹，马上就卧倒在我们下方距离 30—40 米的地方。由于山坡太陡，我们的手榴弹根本就炸不着他们，而是直接落在了他们身后。大家只好用步枪射击他们，可是想要打到他们，就意味着必须从战壕里探出身子，暴露头部和肩部。近战中，这是个极其不利的姿势。我们的伤亡开始增加，兰兹医官在前线忙碌起来。

　　尽管伤亡惨重，可是山地部队仍然凭借非凡的勇气与敌人展开激烈战斗。很多伤员轻伤不下火线，简单包扎完伤口后就重新投入战斗。部队向逼近的罗马尼亚军发起反攻，很快就拔除了敌人在山脊上的所有立足点。激烈的战斗持续了几个小时，伤亡不断增加，弹药也开始短缺，可是敌军炮兵对"司令部山头"的炮击强度反而增强了，连与前哨阵地之间的电话线也被炮火炸断。如果想继续坚守前哨阵地的话，我就必须马上向他们补充弹药，并派遣增援部队。在电话线被炸断的情况下，我只好亲自回去搬兵。于是，我将指挥权暂时交给第3连连长史泰勒瑞希特少尉，命令他在我回去组织增援时，要不惜代价死守阵地。

在"司令部山头"上，我遇到了第3连的一个排和亚伯瑞希特重机枪排。在刚才的战斗中，他们几乎打完了所有弹药，他们的对手已经进入了科什纳山上遍布弹坑的区域，并威胁着前哨阵地的左翼。我的预备队（山地营的第1、6连以及第11后备步兵团的第3连）主动出击，占领了"司令部山头"的南坡。因为他们得到情报，正有大股敌军从葛罗塞斯堤方向通过山谷朝着"司令部山头"攀登。我正打算命令预备队准备增援，却收到报告称，正有大批罗马尼亚军从南北两个方向朝"司令部山头"和科什纳山之间的鞍部前进。前哨部队已经放弃了科什纳山，并正向"司令部山头"撤退。在接下来的几分钟里（我依然无兵可用），战火已悄然逼近了"司令部山头"，情况危急！在优势敌军的压迫下，小山头上的第3步兵连也被迫撤退。撤退的他们没有忘记带上阵亡和负伤的战友（包括胡梅尔少尉），因为他们不想让任何战友落入敌手。他们的手榴弹和机枪子弹已经消耗殆尽，步枪子弹也不足了。占据优势的敌人可以从左右两翼的任何一侧将他们包围消灭。

罗马尼亚军如潮水般地对"司令部山头"发动攻击，让缺乏弹药的我们难以招架。打光子弹的重机枪射手不得不用手枪和手榴弹去守卫他们的阵地，我指挥所的几个传令兵，也被派到危险地段去填补减员留下的空缺。激烈的战斗在整条战线全面展开。就在此时，我发现在"司令部山头"西北侧600米有林木覆盖的洼地里，突然有大批罗马尼亚军出现。我立即用电话将情况通知给第2连和第5连，这股新出现的敌人很可能对他们的侧翼和后方造成新的威胁。

战斗已经进入白热化状态，我们和敌人死死纠缠在一起，想要撤退也根本不可能了。如果"司令部山头"上的弹药耗尽，会发生什么后果呢？如果敌军占领了战线上所有的关键节点，那么全营将陷入无法想象的险境，我们整条防线也将全面崩溃。我们决不能让这种情况发生！好在与战斗群指挥所的电话仍然保持畅通，我报告了当前面临的危机，并要求立即得到包括武器、弹药和人员在内的增援。我反复强调必须要快，不能再浪费一点儿时间。

在接下来的半个小时里，我内心难以形容地沉重。终于，在最后一刻，巴伐利亚后备步兵团的第11、12连，还有一个重机枪排抵达了。我将第12连和重机枪排部署在"司令部山头"的阵地，第11连则留在"司令部山头"以西300米的山坡上担任预备队。预备队的位置也是我的指挥所，从这里可以清楚地掌握整个战场的情况。

这之后，我命令预备队向前沿阵地输送子弹和手榴弹，所有尚未直接参战的人员都被派去加强工事。对于驻守"司令部山头"和山脊的人来说，敌人部署在科什纳山上俯视他们的机枪阵地是个很大的麻烦。我把阿汀格重机枪排从一线撤下来，安排在我指挥所附近的防区，让他们暂时休整。此外，我及时开设了弹药补给点，努力维系整个后备补给系统的运作。

"司令部山头"和"老毛子高地"的战斗持续了数个小时之久，敌人反复投入有生力量攻击我们薄弱的防线。罗马尼亚炮兵则对"司令部山头"以西的山坡实行密集火力打击，试图阻断我们与前线的通信联系。但是，前方的巴伐利亚部队和山地营依然坚守着阵地。我方炮兵在白天的表现也可圈可点，他们向受到威胁的防线提供了紧急炮火支援，炮弹命中了以密集队形卧倒在攻击发起线的罗马尼亚部队，导致敌军大量伤亡。

为了消灭正在"司令部山头"西北方800米洼地周围撤退的敌军，我协调指挥几个炮兵连对他们进行密集射击。炮击持续了数分钟，效果很好。尽管我们目前与炮兵的协同非常紧密，但却依旧缺乏前线炮兵观测人员，以及与炮兵射击指挥所及时沟通的专线。

接近正午时分，"司令部山头"前面罗马尼亚士兵尸横遍野。不过第18步兵团所属的第12连也损失惨重，我不得不派出第11连的一部进行补充。后来，又不得不从第11连派出部队补充第2山地连的缺员。

我对"司令部山头"和"老毛子高地"的布防采取了前轻后重的方式。阵地前沿只部署少量的防御部队，强大的二线部队在易遭敌人突破的区域附近集结待命，以便随时打击突入的敌军。应该说，这种布防设计充分利用了当地的地形特点。

下午，第18步兵团第10连赶到了战场，他们是额外的增援部队。我命令他们挖掘一条连接"司令部山头"和指挥所的交通壕。此时，罗马尼亚军已把主攻方向转向了"老毛子高地"。约格尔正利用那里原有的罗马尼亚军阵地组成环形防御阵地，抗击来自北侧和东侧 10 倍于他们的敌人。敌军多次试图夺回这块他们耗费几个星期才完成的阵地，但他们对约格尔排的攻击都被部署在指挥所附近的阿汀格重机枪排有效压制住了。与此同时，第 2 连也英勇地死守着每寸土地。

白热化的战斗毫无间断地持续到傍晚，我连续 3 次命令对前线进行弹药补给。透过我方炮弹爆炸形成的烟幕（我们在防御中使用了口径 305 毫米的火炮），可以看到越来越多的罗马尼亚生力军正从科什纳山的山坡上攀缘而下朝我方前进。第 2 连汇报说他们的损失严重，不得不从"老毛子高地"撤退，我立即派遣第 18 步兵团第 10 连的剩余部队前去支援。与此同时，我命令两个重机枪排做好准备，以便对"老毛子高地"展开毁灭性的射击。重机枪排完成准备后，我命令第 2 连尽快撤出"老毛子高地"。如我所料，敌军以密集队形蜂拥而上，拥挤在赤裸裸的山顶。就在这时，重机枪排趁机向他们开火，敌军就像被割稻子一样地倒下，幸存的残敌以最快速度撤离了这个死亡山头。第 2 连借机重新占领阵地，并获得了一个喘息的机会。

这之后，位于"司令部山头"西北 800 米处洼地里的敌军，开始在山头南侧沿山坡向上攀爬。事实上，他们一直处在我们的监视之下。看到他们采取行动，我便要求之前已经测定好目标的炮兵进行炮击。炮击取得了良好的效果，把敌人又赶回了洼地底部，第 2、5、10 和 12 连为这些敌军准备的步枪、机枪火力甚至没来得及用上。

整个战斗期间，从前线传回的情报不断涌入指挥所。我的副官和值日官忙于应付各种火力支援的要求，保证弹药、装备和口粮供给充足，并向史普约瑟战斗群指挥部随时通报最新战况。不辞辛劳的通信兵，在危险的前线与史普约瑟指挥所之间架设了一条电话线，并随时保持线路畅通。在敌军虎视眈眈之下，还要冒着几乎不曾间断的敌军炮击，这可真是一项最危险的任务。

尽管罗马尼亚军遭受了很严重的损失，但他们却持续向我们进攻直到天黑，可惜他们只是白白辛苦，没能占到半点儿便宜。战场的喧嚣声在入夜之后沉寂下来，前线那里传来的尽是伤员的呻吟和哀号声。我们的卫生队试图用担架救护这些不幸的士兵，但却遭到敌人射击，只好无功而返。

我判断敌军将故技重施，在明天（8月14日）重复今天的作战模式，使用强大的炮兵和新赶到的步兵部队向我们发起攻击，可是我们却没办法再次承受类似今天这样的损失了。因此，我命令部队趁夜色强化阵地，并重新编组。由于新补充上来的一些连长、排长缺乏这样的实战经验，我特地在地上画图，为他们做了说明，并讲解了工事所应采用的构筑方式。我要求前线的射击范围必须在夜间完成清扫，而且在选定火力点时必须要顾及到一个重点，那就是科什纳山上的敌人，因为他们可以在居高临下的阵地上用火力压制我们。新配属给我指挥的第233工兵连赶在天黑之前来增援，他们担负起了"司令部山头"上繁重的工事作业。

新的防线部署在午夜前才分配完毕，各部队立即着手执行。我回到指挥所时已经精疲力竭，但是一顿热食令我恢复了元气。睡觉对我来说根本就是幻想，眼前还有很多伤员必须照料，弹药也必须在破晓前运到前线各连队及弹药补给点，还有口粮补给、与炮兵指挥所之间的电话线架设、战斗报告的撰写和上交……

凌晨4点，终于完成所有工作的我打算打个小盹儿，可是天气实在太冷，我只好放弃了这个念头。感觉精疲力竭的我，带着维纳少尉在晨曦中检查大家一个晚上的工作成果。整整 5 天，根本没机会脱下军靴睡上一觉，我的脚肿胀得很严重。我也没有机会更换左臂上的绷带，换下身上带血的大衣以及同样沾满血渍的裤子。虽然我几乎就要瘫掉了，但是重大的责任压在我身上，让我根本想不起来要去医院的事。

一个匈牙利步兵连携带机枪，于 8 月 14 日破晓抵达，我命令他们去接替第 1 和第 3 连。随后，我将这两个撤下来的连部署在指挥所西侧担任预备队。此时，第 18 后备步兵团第 11 连和第 12 连已经分别接替了"司令部山头"及山脊另一侧的阵地。第 18 后备步兵团第 10 连，则奉命留守"老毛子高地"西侧 300 米处树林里的原阵地，并尽可能向史兰尼克山谷北方及西北方派出警戒部队。我们为即将到来的战斗做好了准备，也预感到大战将至。

整个上午，罗马尼亚炮兵对"司令部山头"及"老毛子高地"的山脊展开了非常猛烈的炮击，但成效不大。所有防区的士兵都在忙着强化阵地和工事，为中午敌军可能发起的全线攻击做准备。

不幸的是，"老毛子高地"上的第 2 连在敌人的炮击中损失严重，炮击他们的敌军阵地位于 1500 米外的开阔地上。由于我们防区内根本就没有炮兵观测员，用电话联络炮兵指挥所指示目标也没能成功，我们只好任由这个敌炮兵阵地继续嚣张下去。敌军显然利用夜间强化了他们在科什纳山西面山坡上的阵地，却根本没有顾及留在我们阵地前的己方伤员。此时，这些倒霉的家伙依然在我们阵地前面哀号。

我们在 8 月 14 日的损失不大，15 日过得也还算平静。我利用这两天的作战间隙，找人绘制了科什纳山的地形要图，并标定了坐标。地图的比例尺为 1 比 5000，目标描绘得非常详细。战斗群的炮兵指挥官和炮兵观测人员收到了地图副本，并复制了很多份分发给每个炮兵连。

地图上的坐标方格大大简化了山地和树林地区的炮火校正。例如，我通知炮兵："向65、66号方格发射紧急弹幕。"如果弹着点落在区域之外，为了迅速让炮火修正到指定区域，我只要说"方格65、66的紧急弹幕落在74、75方格了"。这种做法也大大加快了本部和战斗群的目标情报交流速度，比如说"罗马尼亚炮兵位于234a号方格"。

8月15日晚，费勒少尉的迫击炮连抵达后立即着手实施夜间侦察并构筑迫击炮阵地。戈瑟勒上尉暂时代替我指挥，因为我已经一个星期没休息了，不过我仍然是这支部队的最高指挥官。下午，增援的第4连顺利抵达。这样一来，我指挥的部队增加到了十六个半连，实际上已经超过了一个团的编制。

第11后备步兵团此时驻防在我们右翼，不过我们左翼的战线仍不稳定。旅部竭尽全力想稳定防线，但是苦于兵力不足，巧妇难为无米之炊。毕竟，想对史兰尼克山谷陡峭而林木茂密的山坡进行防御需要大量的兵力。

8月16日，一阵令人窒息的热浪之后下起了大雷雨。雷声在山谷里隆隆作响，大雨从低垂的云层中倾泻而下。指挥所的参谋人员和预备队，都跑到指挥所西侧的旧阵地上寻找躲雨的地方。可是不久之后，我们就因为阵地积水被迫撤出。大家站在开阔地里，浑身湿透，四周到处是滚雷闪电。突然，各种口径炮弹的呼啸声盖过了雷声，猛烈的步枪、机枪火力伴随着手榴弹的爆炸声在前沿阵地响起，罗马尼亚军企图在暴风雨中对我们发起突袭。当时我已经无法确定前沿阵地是否仍在我军手中。雨点毫不留情地打在我们脸上，能见度降到只有几米。我应该先等待前线传回报告然后再决定下一步吗？不！我必须立即采取行动而不是等待。

我认为，"司令部山头"将是这场战斗的关键所在。于是，我们在几分钟内赶到了"司令部山头"以西的某处，跟随在我身后的是步枪上了刺刀、随时待命出击的第6连。我们呼唤炮兵，对罗马尼亚军采取密集队形攻击的区域实施炮火覆盖，并用电话保持与各部和友军的联系。敌军的进攻再次以失败收场，夜幕的降临结束了双方在倾盆大雨中的混战，损失惨重的敌军从我们的阵地前沿撤退了。

战斗结束后，我返回了指挥所，却发现原先架设的帐篷已经被炮弹炸翻了。在这种情况下，我只好将指挥所向右移动了250米。罗马尼亚战俘替我们生起了火堆，大家围着火堆烤干身上的衣服，重新精神抖擞起来！


## 战场观察


符腾堡山地营在8月13日领受的任务，是担任科什纳山部分地区以及西面延伸高地的防御，这被证明是一项艰巨的任务。我们和两翼的友军没有任何联系，还必须同时面对来自正面和两翼的敌军攻击。裸露山脊的两侧尽是茂密的树林和不规则的地形，有利于敌军隐蔽并缩短了攻击距离。此外，罗马尼亚炮兵成半圆形围住了我们的防区。在这种情况下，实施大纵深防御并保留相当数量的预备队是比较明智的选择。

我们在天亮之前分别向南、东和北面进行了必要的战场侦察，以便确认敌人的攻击企图。同时，我们还吸取教训，针对阵地前方不便勘察的区域，采取了一些措施，比如派遣警戒哨等等。以往的经验告诉我们，敌军往往会在我们认为最不可能的地方冒出来。

前哨阵地的战斗进行得很激烈。要知道，敌军火力的覆盖范围包括从突起的科什纳山脊到敌人所控制的开阔地之间的广阔区域，只有我们阵地正前方那片陡峭而林木茂密的山坡才是敌军火力鞭长莫及的地方。事实证明，前哨阵地的警戒措施做得很不充分。罗马尼亚军曾经就在他们眼皮底下完成了大规模的昼间攻击准备，可他们却丝毫没有察觉。

来自"司令部山头"的我方步枪、机枪火力，压制了裸露的科什纳山主峰，以及有小树林覆盖的西面山坡。在相当长的一段时间内，他们为前哨阵地的左翼提供了掩护，只是在"司令部山头"部队的弹药耗尽之后，敌军才勉强地登上了科什纳山。

在重机枪排迅速而有组织的火力支援下，我们才得以在没有太大死伤的情况下，重新夺回前哨阵地的最后一道防线。在这次战斗中，"火力"和"快速运动"可以说配合得天衣无缝。

前哨阵地一线及"司令部山头"的战斗，充分证明了在战斗的关键区域，弹药的消耗是何等迅速。在这种情况下（尤其是在山岳地区），弹药的再补给措施必须及早完善。此外，营部必须提前储备一些近战武器和弹药，第一线部队的弹药数必须及时地汇报给营级补给点，以利于其及时进行弹药的再补给。在8月13日的战斗中，我方弹药的补给工作可圈可点。

在8月13日的战斗中，预备队起到了至关重要的作用。可以说，没有预备队，我们的阵地就不可能守住。激战中的兵员损失，一次又一次地从预备队得到补充，除此之外，预备队同时还担负了武器弹药的运输任务。一个预备队连还及时挖掘了一条从营指挥所到"司令部山头"的交通壕，这也起到了关键的作用。如果没有这条战壕，敌军从科什纳山居高临下的阵地射击的火力，铁定会使后勤补给的运送损失惨重。

在防御战初期，符腾堡山地营就很有远见地构筑了大纵深防御阵地，为持续抵抗做好了准备。第5连和第2连以及部署在"司令部山头"的部队，形成了掎角之势，可以用火力相互支援。在战斗最激烈的阶段，处于交战中心（"司令部山头"以及"老毛子高地"）的预备队加大了防御纵深。把所有部队都部署在一线将是一大错误。在敌人第一次火力打击之后，前线部队的损失通常是最惨重的。把更多的部队放在一线，往往只会造成更大的伤亡，而且线性的防线通常也是最容易被攻破的。

8月13日，我们和炮兵的协同作战非常圆满。当然，如果炮兵派出联络组或观测人员到我们的前沿阵地，那么很可能会取得更大的战果。我们在防御战间隙绘制的坐标化地形简图，被证明非常具有实用价值，它们的功能等同于现在炮兵部队使用的目标方格板或图板指示器。

## 第二节　1917年8月19日对科什纳山的再次攻击

经过几天的激战，我们的左邻（匈牙利第70师）成功地向史兰尼克山谷以北推进，并预定于8月18日在宽广的正面阵地沿欧兹托兹，以及史兰尼克山谷两侧继续进攻。按照计划，我们将再度向科什纳山实施攻击，并占领其东侧阵地。指挥部希望我们能够有所斩获。

为了完成任务，第22后备步兵团的马德隆战斗群被部署在战线右翼，史普约瑟战斗群（符腾堡山地营以及第18后备步兵团的第1营）被部署在战线左翼。8月17日，我奉命完成本战斗群的一线攻击准备工作，还奉命向马德隆战斗群的团、营级指挥官，针对本次攻击中将面对的地形特点进行了实地解说。因此，我带着大家从早上一直走到天黑。回到指挥所后，我仔细分析了情况，判断罗马尼亚人在猛烈的炮火准备后，正在从史兰尼克山谷向皮西欧罗（Piciorul），也就是我们阵地的左后方发起进攻。虽然他们遭到了巴伐利亚第18后备步兵团的阻击，但从战场上传来的声音判断，罗马尼亚人还是取得了相当的进展。在这种情况下，我军的侧翼和后方均受到威胁。我担心敌军会把我们从集群中分割包围。为了以防万一，我命令一部分预备队（2个步兵连、1个机枪连）成两路纵队尽快赶到674高地附近区域，隐藏在灌木丛里待命反击，并及时建立与指挥所的电话联系。幸运的是，战斗群指挥部后来通报说巴伐利亚人已经成功抵挡住了敌军的攻击，我的预备队才因此没有投入战斗。

预定对科什纳山的攻击被推迟了一天。8月17日晚至18日凌晨，防区右翼阵地上我指挥的连队被其他部队接替，随后转移到了二线阵地。

8月18日，第2连随同第18后备步兵团的部分部队，消灭了"老毛子高地"以北500米处山脊上的罗马尼亚部队。趁着当天的大雨，我和德、奥两军的炮兵观测员一起勘察了"老毛子高地"附近的地形，并做好了8月19日攻击科什纳山北部的炮兵火力支援计划。

8月19日破晓前，史普约瑟战斗群所属的攻击部队在"司令部山头"西北的洼地里集结并重新编组。我指挥的特遣队下辖第1、4、5步兵连，第2、3机枪连，1支陆军突击队以及1个工兵排。戈瑟勒上尉负责指挥第二梯队，下辖第2、6步兵连以及第1机枪连。此外，史普约瑟战斗群指挥部手上还握有第18后备步兵团的第1营担任预备队。

我的特遣队在"老毛子高地"以西的灌木丛和小树林里完成集结。史普约瑟战斗群的其他部队，则在更西面的地方集结。敌军在科什纳山主峰西北与491高地之间的山脊上，构筑了连续而系统的战壕工事，并在战壕前面设置了各种障碍。通过望远镜仔细观察，我们可以看到灌木丛之间显露的部分阵地和障碍物。

根据指挥部的命令，我们将在1个小时的炮火准备后攻占这片阵地。攻击得手后，再进行1个小时的炮火准备，然后再由我们夺取科什纳山主峰以东800米的另一处坚固阵地，这也是我们在日前（8月12日）与敌军反复争夺的阵地。在实际执行命令的过程中，我打算攻占敌军阵地后，趁着第二轮炮火准备的空当稍微向前推进一点儿，以便尽量缩短攻击距离。

8月19日的天气很好。清晨时分，在科什纳山地区并没有发生战斗，我方攻击部队都躲藏在灌木丛里待命。接近凌晨6点，我指派第5连的中士弗利德率领10名士兵以及一个通信话务班，组成一支侦察队前去侦察。我向他说明了我的行动方案，并交给他以下的任务：弗利德侦察队应该在灌木以及洼地的掩护下，从"老毛子高地"出发，沿山沟向东朝着预定突破地段穿插进入该处的鞍部（我手指处），随后对阵地前面的障碍物进行侦察；侦察队应随身携带圆锹，并通过电话随时与指挥所保持联系。借助高倍望远镜，我向弗利德指出了预定要突破的地段，以及到达该处的路线。

半个小时以后，我看到弗利德正率领侦察队在科什纳山的西坡向上攀爬。与此同时，我也确定了预定突破地段附近战壕里罗马尼亚哨兵的位置。指挥部和弗利德的电话联络一直保持畅通，我可以向他通报头顶上敌军阵地的最新部署，也能随时告诉他与敌军阵地之间的距离，并引导他向预定突破地段前进。不久之后，他们就抵达了敌军设置的障碍区。

通过望远镜观察，战壕里的罗马尼亚哨兵神情紧张（他们显然觉察到了侦察队的行动）。我命令侦察队从障碍区后撤200米，并同时命令费勒少尉的迫击炮连从后方阵地向预定突破地段开火。炮弹随即在敌军哨兵周围爆炸，敌军不是趴在地上，就是被迫撤出炮击区域。费勒用迫击炮大造声势的时候，我命令弗利德在距离炮击区域50米处开辟一条通道。这项任务迅速地被完成了，而且并未受到敌人干扰。

第一轮炮火准备预定于上午11点发起。9点，部队沿着弗利德所走的道路向前出发，一路上将他们铺设的电话线作为路标。"老毛子高地"和东侧山沟之间的山坡此时正处在阳光的照射下，那里的灌木并不足以掩盖我们的行踪，罗马尼亚军很快就发现了我们。我们加大了行军间距，并尽可能加快步伐，可是罗马尼亚军的机枪火力还是给我们造成了一些伤亡。与此同时，处于圆拱形状的科什纳山西面山坡的进攻部队却不在敌军的火力范围之内，敌军根本就看不到他们。

当我和先头部队抵达弗利德所在位置时，敌军的障碍区只剩下最后几道铁丝网还没有剪开。留在"老毛子高地"持续观察敌军动态和反应的费勒少尉，在部队前进时不停地向我通报敌军阵地上的部署调动情况。在我的要求下，他时不时地打上几发迫击炮弹去扰乱敌军，转移守军对我们的注意力。

我命令部队推进到距离突破口 50 米以内的位置，并开始考虑从另一个更靠近预定突破口的地方发起攻击的可行性。与此同时，戈瑟勒的部队正通过我们右侧的山沟向上运动。目前的时间是 10点 30 分，第 18 后备步兵团第 1 营的部队仍在上行的过程中。我的计划是等炮火准备一结束，便马上发起攻击，这意味着我们必须加紧脚步完成攻击准备工作。

按照计划，第 2 机枪连全连和第 5 连的一个排将任佯攻部队，分散并牵制住那些位于我们预定突破区域的敌军。主攻部队将在火力掩护下匍匐进入阵地，没有命令不得随意开火。弗利德的突击班，将在主攻部队开火后几秒内，沿着已开辟的通道，突破敌军阵地，并封锁突破口两侧。我和第 5 连其余的部队将在弗利德突击班身后跟进，我们后面还有鲁兹少尉的重机枪排以及其他部队。成功突破敌军防线后，我计划指挥第 5 连继续向前扩大战果，并暂时不向两翼扩展，以便直取东北方的山脊。跟在我身后相继投入战斗的部队将包括：第 3 机枪连，第 1、4 连，陆军突击队和工兵排。

我命令鲁兹的重机枪排在预定突破口那里架好重机枪，以火力压制右侧（上坡）和左侧（下坡）的敌军阵地。执行佯攻任务的部队，将在我们得手后撤出战斗，并跟在主攻部队身后尽快进入被占领的阵地。除此之外，戈瑟勒上尉和我达成协议，他的部队也将尾随我们前进。这之后，第 18 后备步兵团第 1 营一部将从突破口朝491高地方向进攻，以便向左右两翼扩大突破口。该营的其他部队则担任战斗群的预备队。

我们还没来得及完成攻击准备，炮兵就已经开始朝科什纳山上的敌军阵地轰击了。其他负责扩大战果的部队，此时也都还没能进入指定位置。210和305毫米重炮的威力，将泥土和灌木像喷泉一般炸向天空，随后再四散落下。友军部队的强有力支援，令山地部队的士兵们内心澎湃不已。

战斗打响，一切均按事前的计划有序进行。预定的突破口正好处在我们炮火射程范围内，迫击炮的炮火准备效果非常好。在炮击开始后5分钟，我向部队发出了攻击命令。

前线上的各火力支援单位立即猛烈开火。几秒钟后，弗利德的突击班穿过障碍区冲进了敌军阵地。先头部队立即随之向前运动，佯攻部队同时发起攻击，预定突破口邻近区域响起了巨大的手榴弹爆炸声，这响声盖过了右侧主攻部队的射击声。我们在烟雾中快步跟进，冲进了敌军战壕。弗利德的突击班干得相当出色，然而不幸的是，一名罗马尼亚骑兵用手枪击中了冲在前头的弗利德，他当场阵亡。怀着为战友报仇信念的士兵们更加奋勇当先地冲锋，用肉搏战压倒了战壕中的守军，1名罗马尼亚上尉军官和10名士兵被俘虏了。突击班随即分成两组封锁住缺口的两侧，我率领的部队冲进了战壕。

在我们右前方，敌军仍在作困兽之斗。地形的限制以及茂密的灌木，使他们刚才没能及时发现我们以两路队形从防线的缺口蜂拥而入，杀进了他们的阵地。

阵地上一片混乱，手榴弹弹片四处乱飞，双方隔着灌木丛用轻兵器对射，大口径炮弹就在我们身边爆炸……突击班在敌军阵地上撕开了一个大约40米宽的缺口，并成功将缺口两侧封锁。此时乘胜追击，全部占领敌军阵地并不困难，但我还是坚持执行原定方案，把这些敌人留给后续梯队去处理。按照原计划，第5连已经穿过灌木丛沿东北方朝最近的山脊挺进。此后不久，鲁兹少尉的重机枪排从突破口开始分别向山坡上、下两个方向的敌军阵地射击。在他们的掩护下，我和第5连可以放心地向敌军的主阵地挺进。我的副官向战斗群汇报了我们突破成功的消息，并要求将重炮火力的打击重点转移到由史普约瑟战斗群负责的区域，也就是科什纳山的东部。

罗马尼亚军派上来逆袭的预备队在纵深地区被我们杀得溃不成军，有大约100名士兵被俘，其余的则作鸟兽散。部队在追击的过程中，有几颗305毫米炮弹就在我们身边松软的泥土里爆炸，形成了几个巨大的弹坑，这些弹坑足以容纳我们好几个连队。虽然这些炮弹并没有给我们造成任何损失，却让我们感到有些紧张。我们继续前进，当大家抵达距离出发阵地东北方400米处的山脊时，我们看到下一个攻击目标位于600米外的下方。那就是8月12日被我们发现的罗马尼亚阵地。我军已经开始第二阶段炮火准备，炮弹就在我们前面的山沟里爆炸，惊慌失措的罗马尼亚军正从那里撤退。

看到这种情况，我迅速命令一个重机枪排向撤退之敌射击，并命令其余部队下到山沟里追击敌军。在追击过程中，我通过电话要求炮兵火力立即向撤退之敌射击。虽然我希望在追击这股敌人之后，一切仍能按原定计划进行，我们可以在炮火准备后，准时向第二道防线发起攻击，可是计划已经赶不上变化了！

我在电话中费了几分钟口舌要求炮兵火力支援。没过多久，我方的炮弹便开始在下方的山沟里落下。当我们的几挺重机枪开始向敌军倾泻子弹时，他们正沿着一条小路试图退回一块纵深阵地。趁着敌人慌乱之际，在追击中趁势夺占第二道敌军防线是否明智？我们可能会遭到己方误击，但是待在这儿一样有遭受误击的风险。比如刚才的305毫米炮弹，虽然没有造成伤亡，却实在把我们吓出了一身冷汗，前方的情况应该不会比这儿更糟糕吧！

拿定主意之后，我们用最快的速度向山下冲去，炮弹仍然在山沟附近爆炸。在我方机枪火力的压制下，敌军被迫沿着障碍区中间的狭窄通道退回第二道阵地。我和先头部队很快便追上了敌军，战斗进入白热化阶段，我们根本没时间去担心那些落在我们周围的我方炮弹。前面的敌人则只顾着逃命，好像无头苍蝇一样乱窜，也根本无暇理会我们到底距离他们有多近，更没想到要向我们开枪，更别说阻击我们了。一路上，我们见到不少死伤的罗马尼亚士兵躺在地上。趁着重机枪火力向左侧转移的当口，我们迅速穿过障碍区，并很快冲进了敌军阵地。在短暂的步枪和手榴弹交火后，敌军守卫部队就只顾逃命去了。我随即向鱼贯而入的各个连队下达部署命令，要求第1连向东、第5连向北、第4连向南，各连自行建立长度150米的阵地，随即开始巩固和整顿工作，并各自派出警戒力量。

几分钟后，各连均向我汇报说任务已经完成。右侧第4连面对的敌军最顽强，他们甚至企图发起反击夺回失去的阵地，但他们的努力终是徒劳无功的，山地步兵决不会放弃已经夺取的阵地！

东面和北面的罗马尼亚人正在撤退，甚至连山脊后面的敌军炮兵都在迅速撤出阵地；但是科什纳山那边由马德隆战斗群负责攻击的区域，却仍然牢牢掌握在敌人手中。

右侧的敌军虽然还有一部分坚守在二线阵地上，但他们在发起反攻失败后，已经不那么竭尽全力固守这些阵地了。在我们的正面和左翼，敌人防线上的缺口清晰可见。如果我们此时投入所有预备队，那么突破敌军的防线简直是一件轻而易举的事。

此时，与集群指挥部的电话线已经架通，这得感谢我们的通信部队，他们表现得非常勇敢，就像战斗部队一样杰出。我迅速向战斗群指挥部汇报了前线的情况，请求投入所有的预备队，并要求炮兵取消对史普约瑟集群负责地区的敌军第二道防线的炮击。据我了解，在科什纳山右侧，马德隆战斗群负责攻击的敌军阵地迄今为止（11 点 45 分）还没有被攻占，因此我请求把预定的炮击转移到那里。指挥部没有批准，不过还是同意派遣戈瑟勒的部队，以及第 18 后备步兵团第 1 营的兵力前来增援我们。

现在的我必须高效运用手头上的部队，而且不能忽视敌军从科什纳山，或者从南面向我们发起反击的可能性。工兵排奉命强化第 4 连的现有防御阵地，第 4 连则同时被要求把前沿阵地向前推至东面一个林木覆盖的小山头上。因为我们可以派一个重机枪排由此向尼可瑞斯堤附近的敌军炮兵连射击（距离约为 2500 米），并迫使这个炮兵连撤出阵地。在东面，第 1 连的侦察班尾随着向山下撤退的敌军正在穿过一片稀疏的树林。在北面，陆军突击队正在追杀敌军，而且进展得很快，已越过第 5 连的防线，那个方向再往前 3 公里就是提古欧咖，这座城镇正在受到猛烈的炮击。我们发现镇上的火车站里停靠着望不到边的列车，火车站周围还有望不到边的汽车队。我们有把握在 30 分钟内冲进这座城镇，并切断这条为大批敌军提供后勤补给的生命线。

我焦急地等待着戈瑟勒的部队和第 18 后备步兵团第 1 营的出现。按照战斗群指挥部传来的消息，他们已经出发许久。时间一分一秒地过去，却仍不见他们的一兵一卒。我们右后方持续传来猛烈的枪炮声，很显然，双方仍然在争夺科什纳山。此时我们已经俘获了 500 名敌军士兵和几十挺重机枪，攻占敌军第 2 道防线也已超过两个小时。北面的敌军已经从慌乱惊恐中回过神来，并开始顶住陆军突击队的攻击，在沙图诺（Satul Nou）地区的敌军炮兵甚至已经向第 4 连的阵地打了数百发炮弹。幸运的是，大部分弹着点都歪得离谱儿，落在了科什纳山东北面的山坡上，没有造成任何损失。南面的敌人虽然还没有要实施反击的迹象，但他们活跃的机枪火力迫使我们在前沿阵地和交通壕中不得不加倍小心。第 4 连阵地上随后爆发了零星的手榴弹战，可是敌人并没有讨到任何便宜。

戈瑟勒的部队终于在 16 点出现了（这时离我们攻击发起时已过去 4.5 小时）。说来真巧，敌军也在这时候赶来凑热闹。敌人一股占优势的兵力从北面向我们发起了猛烈的反击，我们被迫将作为预备队的第 6 连投入，以填补第 1 连和第 5 连之间的防御空当。在没有足够预备队的情况下，打算对山谷发起攻击根本就是痴心妄想。经过一番血腥的肉搏战之后，我们击退了敌军在北面的进攻。

18 点 30 分，战斗群指挥部通报说马德隆战斗群已经拿下了科什纳山南部，并朝山谷东面的第二道防线展开进攻。

入夜前不久，我们发现在沙图诺和尼可瑞斯堤附近，有大批罗马尼亚步兵部队向后方运动，还有好几列火车连续驶离了提古欧咖车站向东扬长而去。这时我们已经和第 22 后备步兵团建立了联系，他们在战线左翼夺占了 692 高地的敌军阵地。我把部队部署在向东突出的阵地上，并派出侦察队尽可能接近尼可瑞斯堤地区实施侦察，期望次日能一举突破敌军防线，抵达平原地区。在北面，强大的敌军依旧与第6连和第5连对峙着。

为部队提供饮食，补充弹药，撰写作战简报，这些事情使我一刻也不得闲地忙到午夜。这之后，我与戈瑟勒上尉在一个帐篷里进入了梦乡。

## 战场观察

我们于1917年8月19日，对两个相距800米、布置有铁丝网障碍的罗马尼亚军坚固阵地展开攻击。这个作战任务对符腾堡山地营而言，算是一种全新的体验。根据计划，对阵地展开攻击前，将会分别实施两次为期1小时的炮火准备。然而当炮兵还在炮击第一道阵地时，山地步兵们就以很小的伤亡连续攻克了这两道阵地，在600米宽的正面上，彻底粉碎了敌军的两道防线。我们俘虏了超过500名的敌军，并为继续向东挺进铺好了一条大道。这一仗打下来，罗马尼亚人在科什纳山以东的低地上，已经不太可能构筑起第三道坚固的阵地了。

很可惜，我们的胜利没有被及时转化为更辉煌的战果。因为我们的预备队来得太晚，兵力很少。

复杂的山地地形往往要求部队采用非正规的战术。在突破科什纳山主峰附近的敌军阵地后，我们发现违反常规部署在"老毛子高地"上的重机枪，可以很容易地压制下方陡峭山坡上的敌军阵地。

在兵力不足的情况下，部队在突破敌军第一道阵地后，应在最短的时间内尽量向纵深扩大突破口，而不应分散兵力向两翼扩展。这一点相当关键。实际上，在进攻第二道阵地时，我们也一直在收拢突击部队，以便在预备队抵达时，能够使出全力进一步扩大战果。

预先周密的计划使我们的野战炮、迫击炮、重机枪火力能够协调一致。在野战炮兵进行炮火准备前，迫击炮连已经牢牢压制了突破口上的敌军，这使得弗利德的突击班能够在障碍区打开一条通道。我部在突破敌军第一道防线的时候，被炮火压制的敌军仍在自顾自地寻找隐蔽，根本无心抵抗。与此同时，一个机枪连和第5连的一个排，及时对突破口附近两翼的敌军进行扫射，有效阻止了敌军的"封口"行动。

我军炮兵对第一道敌军阵地的猛烈炮击，迫使大股的敌军预备队后撤到第二道阵地。我部则抓住这个千载良机，先是用机枪火力扫射溃败之敌，然后部队紧随其后迅猛追击，乘胜突进了第二道敌军阵地。在追击当中，因为我们无法立即要求停止我方的炮火准备，因此我们必须冒着被自己人误击的风险。

## 第三节　再次转入防御

8月20日凌晨3点，敌人使用大量炮兵部队展开猛烈炮击，重开科什纳山一带的战端。一群大口径炮弹落在我的指挥所和预备队附近，迫使我们撤出这些高危区域，并转而在788高地以北约800米的山沟里寻找隐蔽所。敌军炮击的弹着点准确度稳步提高，大部分打击目标都指向位于科什纳山东部那些被我们占领的阵地，因为罗马尼亚军判断我们还留守在那里。我很欣慰当初只留下几名士兵在那里监视敌人。尽管敌军炮火很快就把那片土地"犁"了一遍，我们却没有遭受什么损失。

7点，敌军开始向第1连占据的前哨阵地推进，尼可瑞斯堤附近的山沟里到处都是罗马尼亚人。驻守北面的第6连汇报说已经发现他们负责区域内的敌军正在进行攻击准备，所有的疑惑现在豁然开朗，我们肯定罗马尼亚人正在企图夺回他们一天前失去的阵地。现在是双方进入攻防转换的时候了。

我们必须在这片崎岖的丛林山岳地形上建立连续性防线，堵住所有缺口，特别是无掩护的北翼地区。于是，我决定放弃罗马尼亚军的旧阵地，重新构筑防线。因为整个上午这些地方都处在敌军的炮击之下，而且他们比我们更熟悉这些阵地，如果我们沿用这些阵地据守，无疑是自投死路。尽管剩下的时间很短，需要完成的工作很多，我仍然倾向于将正面山坡上的阵地转移到东面和更远的树林里去。

我随即发布命令，要第1连在前哨阵地尽力阻击敌人，为大家争取时间，其他连队则尽快修工事挖战壕。好在新阵地的土壤很松软，挖起战壕来轻松多了。预备队也奉命协助一线部队完成工事作业，并挖掘交通壕。大家争分夺秒，当前哨阵地不得不向后撤退的时候，我们已经完成了防御准备。敌人发起的第一次冲锋很容易就被我们击退了。冲锋受挫的他们并不甘心，开始在我们前方50米的地方进行土工作业。这期间，敌炮兵企图对我们在正面山坡上的阵地实施炮击，却又担心误击自己的部队，不得不打消了这个念头，只能有限制地对山脊上的罗马尼亚军旧阵地进行炮击。

此时我并不忧心东边的防线（第1、4连），可是北边和西北边的防线却实在不容乐观，因为我们的防线在这里有一个很大的缺口。

我们左翼的部队（巴伐利亚第18后备步兵团第1营）是沿科什纳山东北部在491高地和主峰之间的山脊布防的，中间有一条山沟因为条件限制，无法直接防守。敌军就利用这个缺口向上攀爬，来到了我们阵地的后方。此时，担任预备队的第3连被迫赶去填补这个缺口。尽管敌军在数量上占优势，地形对防守者不利，当时的能见度还很差，可我们还是守住了防线。

战斗的惨烈程度随着时间推移愈演愈烈。单单今天，敌军就至少发动了二十次冲锋，有的冲锋之前还有短暂的炮火准备。敌军已经对我们形成了半包围的态势。防线处处吃紧的我们，只得采用内线作战的模式，将预备队当作"救火队"到处堵漏。敌军炮兵猛烈炮击我们驻守山脊的部队，可是英勇的山地步兵不为所动。几场恶战下来，与敌人相比，我们的损失还是轻微许多，总共只有20名士兵阵亡。

大概是因为前几天兴奋过度，我现在感到很疲倦，甚至只能躺着下命令。下午的时候，我开始发高烧，并胡言乱语起来，这让我怀疑自己是否还能继续执行指挥任务。于是在半夜的时候，我将指挥权移交给戈瑟勒上尉，并和他讨论了战况。天黑以后，我沿着山脊越过科什纳山，回到"司令部山头"西南方400米的战斗群指挥所。

这之后，我们营面对着罗马尼亚军的攻击继续死守阵地，直到8月25日才被第11后备步兵团接替。山地营转而到战线后方担任战斗群的预备队。

科什纳山的战斗，使年轻的部队付出了惨重的伤亡。在为期两周的浴血奋战中，我们有 500 名士兵负伤，60 名英勇的士兵阵亡在罗马尼亚的土地上。尽管我军没有完成预期任务，也没能突破东部方向的敌军南翼战线，但是山地部队面对装备精良、战力顽强的敌人，依旧卓越地执行了赋予他们的任务。回顾那段担任山地部队指挥官的日子，我的内心充满了骄傲和成就感。

在科什纳山的苦战后，我得到一次休假机会。在波罗的海的海滩上度过几个星期之后，我的身心又恢复到了巅峰状态。

## 战场观察

在1917年8月20日的防御战中，为了避免敌军可能的炮击，我方的主要防御阵地被转移到正面山坡上的树林里。实战证明了这项决定的正确性。敌军炮兵试图用炮火覆盖这片我们藏身的区域，却没能成功。

在前哨阵地阻击敌人的同时，我们正忙于构筑防御阵地，预备队则为一线部队构筑了隐蔽良好的交通壕。这些战壕在后来的实战中被证明非常重要，它们被用来输送各种物资补给、后撤伤员，将输送过程中的伤亡减到了最低程度。这之后，预备队也在指定地点构筑了自己的掩体。

在8月20日的防御战中，预备队必须频繁地在不同的地点间调动。一旦某处战况吃紧，预备队就必须赶往那个方向"救火"。

# 第十章
# 托勒敏攻击的第一天

## 第一节 第12次伊松佐战役的部署及准备

1917 年 10 月初，符腾堡山地步兵营经由马其顿抵达克恩滕 (Kärntner)，这是一个美丽的乡村，也正是在这里，我重新得到了部队的实际指挥权。经过一段时间的调整，我们此前在科什纳山作战的损耗获得了补充，而且军部还重新为我们配发了新型的机关枪，从而使我们的攻击火力大为提高。但正所谓硬币都是两面的，我们不得不占用短暂的休整时间加紧训练，以便熟悉这种新型武器的状态及使用。

此外，另一件事情也让我十分懊恼，那就是陆军最高指挥部的兵力部署让我们毫无头绪。直到目前为止，我仍然不知道自己的部队将会被分配到哪个战区，会是伊松佐 (Isonzo) 吗，抑或是其他地区？

自从 1915 年 5 月意大利参战以来，特里斯特 (Triest) 一直都是他们主要的攻击目标。为此，意军已经在前两年的战争中，于伊松佐河下游地区连续发动了 10 次战役。在意军的强大攻势下，奥匈帝国的军队节节败退，尤其是在第 6 次战役中，意军在伊松佐河东岸的戈兹地区建立了桥头堡，进而占领了这座城市。

1917 年 8 月，意大利的卡多尼亚将军在经过长期准备后，终于发动了第 11 次伊松佐战役。卡多尼亚仿照西线的作战模式，在 5000 门大炮的火力支援下，以 50 个师的兵力在戈兹和大海之间的狭窄正面上发起攻势。虽然以英勇善战著称的奥匈帝国军队抵挡住了意军的初期进攻，但终究大势已去，意军在攻击的第二阶段越过伊松佐河中段，占领了拜恩斯查（Bainsizza）高原，我们的盟军在那里殊死抵抗，才勉强顶住了敌军的攻势。意军的这次疯狂进攻一直持续到 9 月初才逐渐平息下来，而卡多尼亚将军此时已经开始筹划第 12 次战役，他的目标十分明确：占领特里斯特，为战争奠定胜局。

身心俱疲的奥地利人早已失去了信心，他们已经无法顶住意军下一次排山倒海般的攻势，因此不得不向德军求援。而此时，德国却正在西线战场，如佛兰德（Flandern）和凡尔登等地，投入越来越多的兵力，其数量庞大得惊人。可即便如此，最高指挥部还是决定组建一个由 7 个具备实战经验的师级单位组成的军团前去驰援盟军。根据最高指挥部的命令，德奥联军将在伊松佐河上游发动一次攻势，力图改变现有的战局。我们的战役目标是将意军驱逐出奥匈帝国的边界，并尽量向塔利亚门托（Tagliamento）河挺进。

最终，符腾堡山地营被配属给阿尔卑斯军，并被纳入刚刚成立的第 14 集团军的编制。10 月 18 日夜，伴随着倾盆大雨，史普约瑟少校的部队（包括符腾堡山地营及其第 4 战炮队）从位于克雷恩堡（Krainburg）附近的集结地出发，途经毕修夫拉克（Bischoflak）、沙利洛格（Salilog）、波德布尔多（Podbordo）向克芮查（Kneza）运动，并于 10 月 21 日抵达目的地。我直接指挥的部队包括 3 个步兵连以及 1 个机枪连，通常情况下，我都会与参谋人员一起走在队伍的前面。为了躲避敌军的空中侦察，我们不得不在夜间行军，并赶在天亮以前抵达每个预定的中继点，然后所有的士兵和马匹都要隐蔽起来。为了尽可能不暴露目标，我们在掩体里面躲藏的姿势令我们难受得无以言表，而因夜行军造成的后勤补给不足更是让部队苦不堪言。

克芮查位于托勒敏（Tolmein）附近战场以东大约 8 公里处。10 月 21 日下午，营长带领各级军官侦察了布真尼卡堡（Buzenikaberges），那是我们准备前往的预定集结地点，位于托勒敏以南 1.5 公里、海拔 509 米的山坡上。这里山势险峻，向着伊松佐河急剧倾斜。几个意军炮兵连不停地从高地上向我们进行猛烈的炮击，只可惜弹着点远远落在我军战线的后方，但至少意军看起来弹药充足。从地形上来看，要想把整个山地营（下辖 11 个连队）塞进这个地势险峻的地区相当困难，因为部队只能集中在几片地表满是碎石的山坡上，或是几条与伊松佐河垂直相交的河谷冲刷沟里。更令人担心的是，位于托勒敏西北方莫兹里（Mrzli）山峰（海拔 1360 米）制高点上的敌军，几乎可以将布真尼卡堡北面山坡的情况一览无余，一旦我军集结的山坡遭受意军炮击，石块将会像瀑布一样坍塌下来。因此，如果让全营在这样的区域里待上 30 个小时，这无异于自寻死路。

但军令如山，我们别无选择，只能忍受这些极端恶劣的集结条件，更何况驻扎在托勒敏盆地的部队实在是太多了，根本找不出其他更好的集结地点。此时，意军炮兵又开始向圣鲁兹亚（St. Luzia）和巴扎迪莫德里雅（Baza di Modreja）附近的山谷发起炮击，我们只好掉头返回营部，暂时躲开敌军的炮火。其实，在这次攻势未发起之前，我们就已经棋输一招。因为就在当天，一名捷克军官叛变投敌，带着一大堆地图以及托勒敏攻势的相关作战命令，跑到意大利人那里去了。这一事件让我们的作战从一开始便陷入被动。

10月22日夜，我部向最终的集结地点运动。意军部署在克罗法特（Kolovrat）和德瑞亚（Jeza）高地上的巨大探照灯，把我们的行军道路照得宛如白昼。敌军的炮火更是不时地在我们身边爆炸，发出令人眩晕的亮光，迫使我们时不时就要趴到地上寻找隐蔽。在探照灯下行军无疑是自讨苦吃，因此我们只能等着探照灯的光束移开，再迅速通过这些危险区域。从目前的情况来看，较好的战略地形显然已经被装备精良、战斗力很高的意军抢先占领了。

过了午夜后不久，我率领的部队才扛着机枪和弹药，历尽千辛万苦抵达位于碎石坡上的集结区域，而我们的驮马则被迫留在了布真尼卡堡东面的山坡上。山路行军使得大家精疲力竭，当士兵们终于卸下肩上的装备时，无不为自己能够安全抵达预定地点而感到高兴。但我们不能休息，因为只剩下几个小时便要天亮了，在此之前，我们必须尽快完成防御工事的构筑，以及寻找到合适的隐蔽地点。我给各个连队分派了阵地：参谋人员和两个步兵连分配在西线一块20—40米长的碎石坡上，一条狭窄的山路从碎石坡中贯穿而过，这里隐蔽良好，并且可以抵挡来自西北方向的意军进攻。其余两个连队被分配到了东面 100 米外的狭小山沟里。任务下达后，无论是军官还是士兵，都开始热火朝天地构筑起工事，直到天亮后阵地才恢复了平静。士兵们躲在连夜挖好的散兵坑里，头上盖着用灌木和树枝制作的伪装，横七竖八地躺倒在地上，抓紧时间给自己补觉。

但平静并没有持续太久，意军很快就用火炮向我们表达了问候，被炸飞的石块从山坡上滚落下来，掉进伊松佐河里，睡个好觉显然是不可能了。我开始怀疑意军是否已经探查到我们的集结地点，并重新校准了他们的炮击区域。如果这个陡峭的山坡遭受到猛烈炮击，对我们来说无疑将是一场灾难。

几分钟后，炮火终于平息了下来，我们终于又可以喘口气了；但 15 分钟后，意军的另一块炮兵阵地又响起了炮声。

意军炮火主要集中在伊松佐山谷及毗邻地区，托勒敏附近的道路和军用设施更是被意军大口径火炮轰击得一片狼藉。作为回应，我们的炮兵只是偶尔出来给敌军搔搔痒，这使得我更加顾虑重重，因为那些士兵可是将生命托付给我了啊。这可真是漫长的一天！

从阵地旁的隐蔽小路向西走几步，便可以将山谷里敌军的前沿阵地尽收眼底。这条防线左起托勒敏以西 2.5 公里处，横跨伊松佐河，在圣丹尼尔（St.Daniel）东部沿河转向南方，延伸到沃特斯盖普（Woltschach）的最东端。这个阵地看起来十分坚固，有些地方甚至加装了铁丝网防护，而阴暗的天气则让我们无法观测到更远地方的敌军阵地。

根据空中侦察得来的情报，意军的第二道防线应该是从托勒敏西北方 9 公里处的塞利斯（Selisce）横穿伊松佐河，然后沿河向南经由哈夫尼克（Hevnik）直抵德瑞亚。

在伊松佐河以南，意军建立了第三道同时也是最为坚固的一道防线。他们沿着马塔尤尔（Matajur，海拔 1643 米）、莫兹里峰、格洛毕（Golobi）、库克（Kuk，海拔 1243 米）、1192 以及 1114 高地设立据点，然后骤然转向南方，经由卡拉布查罗（Clabuzzaro）直抵胡姆（Hum）山。

为了以防万一，意军甚至还在这几道防线之间的地形要点上建立了一些坚固的据点。

第 14 集团军的军事部署如下：

克劳斯战斗群下辖第 22 帝国皇家步兵师、埃德尔维斯师、第 55 帝国皇家师以及德国山地师，在弗里兹（Flitsch）地区集结待命，准备沿萨加（Saga）向斯托雷（Stol）发起攻击。

施泰因战斗群作为主攻部队，下辖第 12 山地师、阿尔卑斯军，以及第 117 山地师，于托勒敏以南的桥头堡阵地集结待命。第 12 山地师将沿伊松佐河两岸的山谷向卡夫里特（Karfreit）突破，阿尔卑斯军将夺取伊松佐河以南高地的沿线阵地，其中主要攻击目标是 1114 高地、库克以及马塔尤尔。

施泰因战斗群的南面是贝锐战斗群，下辖第 26 和第 200 山地师，他们将经由德瑞亚和圣马蒂诺（St. Martino）向奇维达莱（Cividale）发起攻击。

斯科蒂战斗群部署在攻击线的最南部，下辖第 1 帝国皇家步兵师和第 5 山地师，他们将首先夺取德瑞亚以南的诸多阵地，然后转而进攻格罗伯卡特（Globocak）和胡姆山。

巴伐利亚近卫步兵团和第 1 山地团将接管原本由奥匈帝国军队驻守的伊松佐河桥头堡阵地，这个阵地就位于阿尔卑斯军北部。

近卫步兵团将从此发起攻击，经由科法克（Kovak）、哈夫尼克、1114 高地以及克罗法特山脊，挺进路易科（Luico）、格洛毕和马塔尤尔。第 1 山地团将从东南方进攻沃特斯盖普以西的高地，并攻占 732 和 1114 高地。

符腾堡山地营的任务是掩护近卫步兵团右翼，压制佛尼（Foni）附近的敌军炮兵，随近卫步兵团一起进攻马塔尤尔。

10 月 23 日晚，天气再次变得阴暗多云，朦胧的雾气笼罩四方，补给部队趁着夜色迅速将食物送到集结地点。部队饱餐一顿后便回到自己的散兵坑里，他们必须为即将到来的战斗补充睡眠、积攒体力。午夜过后，又一场大雨不期而至，迫使我们不得不窝在单人雨棚底下躲避。这可真是个发起攻击的好天气啊！

### 战场观察

向托勒敏行军和进行攻击准备使得部队付出了很高的代价。在倾盆大雨中，我们以夜行军的方式翻越卡拉万克（Karawanken）山，所走过的路程，仅地图上的直线距离就有100公里，这使得所有部队都变得精疲力竭。部队在白天只能凭借简陋的掩蔽处躲避敌军的空中侦察，补给的食物不但短缺，而且味同嚼蜡。尽管如此，部队的士气依然十分高涨，在经历了3年的战争磨砺后，我们的战士早已经学会了如何苦中作乐。

从1917年10月22日晚间直至23日凌晨，我们不停地向预定集结地点行军，机枪连和步兵连必须携带大量的战备物资，因为在科什纳山的战斗已经表明，在山地战中补充弹药是多么困难。

为了应付敌军针对集结地点的火力攻击，部队必须在夜间完成防御工事的构筑，并在天亮以前对新的阵地进行仔细的伪装。

在白天向集结地点实施补给简直难如登天，因此部队只有在入夜后才能享用到热气腾腾的饭食。

## 第二节　攻击的第一天：哈夫尼克至1114高地

1917 年 10 月 24 日凌晨 2 点，夜色漆黑似墨，雨水如注，沉寂了许久的我军炮兵终于开始了扰乱性炮击。一时间，部署在托勒敏两侧的 1000 门火炮向敌军齐射，炮弹准确命中敌军阵地，巨大的爆炸声如同响雷一般在山谷里回响，震耳欲聋，这样的场面着实振奋人心，令人激动不已。

在如此的天气条件下，意军的探照灯根本无济于事，而且我们预期的敌军炮兵还击也没有出现，他们只是草草地回应一下，这让我们感到十分欣慰。我带领着睡眼惺忪的部队进入防御工事，静静地等待着我们的炮火平息下来。

天刚刚亮，我军的炮兵突然增大了炮击的力度，密集的炮弹将位于圣丹尼尔附近的敌军阵地炸得粉碎，炮火引发的烟雾笼罩了整个阵地。敌军炮兵的还击显得苍白无力，这与我们火力越来越猛烈的野战炮和迫击炮攻击力度形成了鲜明的对比。

天亮后不久，符腾堡山地营便在大雨中出发了。雨水大大降低了能见度，这对我们的进攻相当有利。我部紧随前方的史普约瑟战斗群参谋部，沿着满是碎石的山坡向伊松佐河运动，随后与巴伐利亚近卫步兵团的右翼一起继续前进。

偶尔有几发炮弹落在队伍的两侧，但并没有造成什么损失。当我们最终到达攻击发起线的集结地点时，衣服早已被大雨浇透，这可真是寒冷刺骨，时间也仿佛凝滞了一般，所有人都希望攻击不要延后。

炮兵的扰乱性射击在攻击发起前 15 分钟达到高潮，密集的炮火覆盖了我们对面几百米外的敌军阵地，灰色烟幕和蒸腾的水汽笼罩了一切，与遮盖在哈夫尼克以及克罗法特山顶的低沉雨云遥相呼应。

8 点前不久，攻击的先锋部队先于我们离开阵地，向敌军发起冲锋。被炮火炸得东倒西歪的意军并没有及时发现他们，因此先锋部队没有遭遇任何抵抗便夺取了这些阵地，而我们就依托这些阵地，开始为全面攻击做准备。

8 点整，我军的野战炮和迫击炮仍然向敌军阵地倾泻着炮弹，位于前方的近卫步兵团已经准备攻击，我部紧随他们的右翼向右侧机动，并成功占领圣丹尼尔附近的敌军阵地。在炮火中残存的守军从废墟中钻出来，高举双手，快速向我们跑来，面部的表情因恐惧而变得扭曲。我们以最快的速度穿越前方哈夫尼克北坡的开阔地，敌军的机枪不时地从哈夫尼克东面余脉上向我们射击，企图延缓我们的进攻，但我们一边还击一边前进，最终成功穿过了这片开阔地。

近卫步兵团的行军目的地是哈夫尼克的东坡，而我部则是东北坡。史普约瑟少校率领着参谋人员不断动员士兵全速前进，但沉重的背包、机枪和弹药却严重拖慢了行军的速度。

我们很快进入 179 高地的周边地区，哈夫尼克附近山坡的茂密树林成了我们的天然屏障，使得我们可以免于遭受来自左侧高地的火力威胁。

当山地营的所有部队抵达山坡后，营长下达了命令，由我的直属部队担任先遣队，沿着哈夫尼克北坡上的小径向佛尼进军。塞特泽中士指挥的第1连某班任本部的尖兵部队，率先开路，其余部队保持150米的间距依次跟进，行军序列为：第1机枪连的一个排，参谋人员，第1、2连，以及第1机枪连的余部。我和新副官史特莱舍少尉一起，在尖兵部队后面几米处机动。

狭窄的小径灌木丛生，从种种迹象来看，敌人并没有在此出现过。小径两侧是陡峭的山坡，林木茂密，虽然已经时值秋季，但枝头仍然挂满了树叶。茂密的灌木阻挡了我们的视线，让我们只能观察到几米外的情况，而远处直通伊松佐河的山谷则根本无法看到。那些山谷应该是近卫步兵团所处的位置，德国炮弹低沉的爆炸声从山谷侧后方隐隐传来。我们早已准备好投入战斗，期待着随时遭遇敌军，可面前的山坡却显得出奇的宁静。我们的炮兵并没有按照预期进入阵地，因此无法给我们提供任何火力支援。所以，在这片茂密的灌木林中，我们现在只能依靠自己了。

尖兵部队小心谨慎地搜索前进，并不时停下来观察前方树林的情况，直到确认安全后才继续前进。不过再怎么小心谨慎也于事无补，因为敌军早就在前面准备伏击我们了。当我们行进到824高地东侧1000米处时，遭到了敌军近距离的机枪射击，尖兵部队传来报告："前方发现敌军阵地，设有铁丝网防护，尖兵部队共有5人负伤！"

在没有炮火支援的情况下，要想突破灌木丛、障碍区以及陡峭的山坡小径，向敌军坚固的阵地发起攻击，简直就是天方夜谭。退一万步讲，即使攻击取得成功，也会让本部付出惨重的伤亡代价。因此，我决定改换战术，避免正面进攻。

我命令尖兵部队继续与敌军保持交火，与此同时，第 1 连某班担任新的尖兵部队，从敌军阵地前方 200 米处的一条布满碎石的山沟向南翻越山坡。我向营长报告了自己的作战构想，即在所有攻击部队到位后，从敌军的左侧和上方同时发起攻击。

攀登山坡异常吃力，尖兵班走在最前面，我和史特莱舍少尉跟在他们身后 40 米处，队伍最后是一个肩扛重机枪部件的重机枪组。

突然，一块重约 50 公斤的巨石从山顶滚落下来，山沟只有 3 米宽，就连躲避都很困难，更不用说逃跑了。如果被它砸到，肯定粉身碎骨，因此所有人都紧贴着左侧的峭壁，忐忑不安地看着巨石蹦跳着从我们身边落下，好在最终只是虚惊一场，所有人都毫发无伤。士兵们纷纷猜测，很可能是意大利人故意推落了巨石，但这种猜测很快便被否定了，因为事实证明，这是由于前面的尖兵部队粗心大意酿成的恶果。

我们沿着山坡继续向上攀爬，但未能再次赢得幸运女神的眷顾，另一块滚落的巨石将我的右脚严重压伤，剧烈的疼痛让我难以忍受，在两名士兵的搀扶下，我才能勉强继续前行。

半个小时后，我们终于攀上了陡峭的山坡，倾盆大雨将我们全身淋透。我们继续在浓密的灌木丛中前进，随时留意着周围的情况。

越向前行进，树林就越稀疏，我们小心翼翼地前进，直至来到树林边缘。从地图上看，我们现在应该位于 824 高地以东 800 米处。我们在这里发现了一条隐蔽的小径，可以直通东面的山坡。小径另一侧的山坡相对平缓，而且光秃秃的毫无掩蔽，一道道设有铁丝网的阵地蜿蜒着排列在山坡上，一直向前延续到莉伊耶（Leihze）峰。这块阵地并没有遭受过我军的炮击，而且这里的守军看起来也很懈怠，因此我决定仿照此前在科什纳山（1917年8月12日和19日）屡屡得手的战术，让左翼部队隐蔽在树林中，在重机枪短暂的火力压制后发起突然袭击。

得益于山地营铁一般的军纪，我的部队才悄无声息地完成了战斗准备。重机枪排在灌木丛中隐蔽待命，在他们的掩护下，进攻部队前进至距离敌军铁丝网60米处的树林里，那里刚好有一块小洼地，可以让部队完成攻击准备。倾盆大雨仍在继续，激烈的战斗声在远处的伊松佐山谷里回响，从声音来判断，近卫步兵团很可能陷入了一番苦战；而我们周围却完全是一片祥和的景象，阵地里的敌军进进出出，丝毫没有备战的迹象，很显然，这些敌军根本没有意识到我们的存在。

这时，从我们左后方600米处传来了德国炮弹的爆炸声。我据此推断，面前的敌军阵地一定和45分钟之前在小径上发现的通往佛尼的阵地相连，这很可能就是意军第二道防线的一部分。如果继续像这样在密集的灌木丛中行军，那我们迟早会被敌人发现，我们是应该隐蔽在灌木丛里待命，还是应该果断出击呢？前面的阵地有60米宽的灌木作为掩护，而且还设有铁丝网防护，因此一旦敌军有所警觉，再想夺取这个阵地就几乎不可能了。

蜿蜒的小径十分隐蔽，这让我萌生出一个新的想法。这条小径很可能就是敌军与圣丹尼尔附近的部队、哈夫尼克东面山坡上的驻军，以及炮兵观测点联系的交通线路，但自从我们抵达以来，却还未发现有意军使用过这条小径。蜿蜒崎岖的小径南侧是浓密的灌木丛，使得山坡上的意军很难发现我们，即使看到有人影移动，也根本无法分辨是敌是友，因此，他们几乎不会对我们的行军进行干扰。在这种情况下，我们可以在 30 秒内冲入敌军阵地，如果运气足够好的话，说不定可以不费一枪一弹就能俘虏全部守军，这种奇袭模式对于我们这些沙场老兵真是再合适不过了；而如果运气糟糕，我们遭遇到敌军抵抗的话，也可以在重机枪连的火力掩护下，执行之前已经准备好的攻击计划。

我心意已决，于是从第 2 连中挑选出一名精英——二等兵基弗纳，命令他率领 8 个同伴，伪装成从前线返回的意军士兵执行渗透任务，并伺机夺取沿途的敌军阵地。此外，我特意强调尽量避免开枪或使用手榴弹，并保证万一他们与敌军发生战斗，也一定会得到后援部队的火力支援。

基弗纳接受命令后，便去挑选同行的战士。几分钟后，一切准备就绪，基弗纳带领着他的小组向敌军阵地进发。直到此时，我对这次袭击能否成功仍然毫无把握。我们紧张地观察着前方的情况，随时准备发起攻击或提供火力支援，一旦敌军阵地有枪声响起，那我们的 3 个连将同时发起攻击。时间一分一秒地过去，除了雨水打在树叶上的声音外，我们什么也听不到。突然，一阵急促的脚步声向我们走来，一位基弗纳手下的士兵用低沉的声音向我报告："基弗纳小组已经成功占领了一座敌军碉堡，俘虏 17 名意军士兵，并且没有引发丝毫骚动。"

得到报告后，我马上带领第 1、2 连和第 1 机枪连，沿着小径奔向敌军阵地，席莱恩率领的第 3、6 连和第 2 机枪连，则在基弗纳成功突破之前便已与我们会合，因此也跟随我们一同进发。

基弗纳的突击小组占领阵地后，便开始悄悄地向两侧扩大突破口，当我们到达敌军阵地时，他们已经向左右各扩张了 50 米。

由于意军修筑的工事十分厚实，窝在里面躲避大雨的意军根本察觉不到外面的异动，因此几十名意军士兵就这样被我们轻而易举地一锅端了。

是继续扩大阵地，还是进攻哈夫尼克主峰？现在，应该是我做决定的时刻了！我决定选择后者，因为哈夫尼克作为重要的战略要地，一旦被我们占领，便可以轻而易举地消灭山坡阵地上的守军；而且，敌军的防御阵地前紧后松，我们越是向敌军防线身后突破，遭遇到的抵抗就会越小。更何况现在我手中握有整整6个连队，这足以提供部队在进攻时所需的任何掩护，因此我根本不担心自己的两个侧翼遭到敌人攻击。于是，我下达了作战命令：“在侧翼和后方均有强大兵力和预备队提供掩护的情况下，本部所有部队应该尽可能向西突破。”

我带领第1机枪连走在队伍前面，因为一旦有战斗发生，我希望可以在第一时间以重火力向敌人还击。因此，士兵们不得不扛着重约36公斤的重机枪沿山路向上攀登，这严重影响了我们的行军速度。这无疑是一个艰巨的任务，其艰苦程度唯有那些亲身背负同等重量、在同样天气条件下翻越过高山的人才能体会得到。

攻击十分顺利，在倾盆大雨的掩护下，我们跨过灌木、洼地以及山沟，攻占了一个又一个敌军阵地，完全展开的队伍长达1公里。每当遇到敌军阵地，我们通常都会从后方迂回渗透，所以根本没有遭遇到有组织的抵抗。意大利守军不是缴械投降，就是丢盔弃甲地逃往下方的树林里去了。由于担心枪声暴露目标，引起高处阵地守军的警觉，我们没有向这些溃散的敌军射击。

此时我们已经深入到敌军内部，为了避免引起守军的注意，我们无法使用信号灯向身后的炮兵表明自己的位置。为此，我们多次遭遇本方炮兵的误击，其中有枚炮弹炸碎了一块巨大的岩石，造成一名士兵负伤。

在攻击中，我们还缴获了一批210毫米口径火炮，由于遭到我军炮火的猛烈攻击，此地的炮组成员早就逃得无影无踪。阵地上到处都是弹坑，可那些用爆破法在岩石中构筑的弹药库，却奇迹般地幸存下来。再往上100米，我们又进入了另一个中口径炮兵阵地，此阵地的防御位置极佳，火炮隐蔽在石壁内部，可以通过射击口向外射击。与前一个炮兵阵地相同，这里的炮兵也早已消失不见了。

11点，我们抵达从哈夫尼克峰向东延伸而出的山脊，在那儿，我们遇到了巴伐利亚近卫步兵团第3营的部队，并和他们一起向哈夫尼克峰前进。由于我军的炮兵此时正向哈夫尼克峰实施猛烈炮击，为避免遭受误伤，近卫步兵团决定停下来就地整顿，静候炮兵转移火力，我则带领部队转向哈夫尼克北面的山坡，并在中午时分抵达其主峰（海拔876米）。一路上我们没有遇到任何抵抗，偶尔和小股意军碰个正着，便"搂草打兔子"将他们俘虏。

雨已经停了，笼罩在头顶的阴云也终于开始消散，1114高地和克罗法特山脊随之出现在我们眼前。很显然，1114高地前方的意军炮兵观测点发现了我们的行踪，于是密集的炮弹从该处向我们倾泻而来。为了避免无谓的战斗减员，我命令两个连队撤出受到威胁的区域向北转移，顺便消灭哈夫尼克和佛尼之间的炮兵据点；而侦察部队则前进占领哈夫尼克的南坡，以及位于主峰西南方的纳拉德（Nahrad）鞍部。

我们用粉笔在战利品上做了标记，截止到目前，我们缴获的重要物资已达17件，其中包括12门大口径榴弹炮。此外，缴获的大量意军果酱及食物，也让我们暂时享受了一顿战时美餐。

大约在 15 点 30 分，一些隶属于近卫步兵团的部队抵达纳拉德鞍部，与我带领的两个完成休整的部队会合。半个小时后，近卫步兵团第 3 营（下辖 3 个步兵连）向 1114 高地的主干道机动。这条小路经过了良好的伪装，并且途经 1066 高地，战略位置十分重要。我带着 6 个连队随后跟上，我部在前，席莱恩的部队在后，我们的任务是保证近卫步兵团第 3 营的右翼安全。

我与史特莱舍少尉走在部队的最前面，天已经转晴，我们可以清楚地看到克罗法特山脊、1114 高地以及德瑞亚山脊的轮廓，一路上我们并没有遭遇敌军的阻击。

大约在 17 点，担任主攻部队的近卫步兵团在 1066 高地突出的岩层附近遭到敌军的疯狂射击，迫使其中的两个连撤往道路以东的山崖下寻求掩护。我连忙命令部队从右侧悄悄地向近卫步兵团第 3 营尾部部队靠拢，然后与史特莱舍少尉一起侦察了 1066 高地附近的作战地形。

我们发现 1114 高地以及其西北 500 米的一连串犬牙交错的阵地都已经被大批敌军占领，近卫步兵团第 12 连的士兵正和他们展开激烈的战斗。与此同时，道路右侧的阵地里也满是意军士兵，他们刚好与第 12 连的右翼毗邻。

见此情景，我立即命令特雷比克少尉带领第 1 连的士兵，向前攻占位于 1066 高地西南方道路右侧的阵地。特雷比克少尉的任务完成得十分出色，他们在毫无损失的情况下，迅速夺取了敌军阵地，俘虏了 7 名军官以及 150 名士兵。

与此同时，我又命令第 2 连和第 1 机枪连攻占了 1066 高地以西的战壕、掩体、哨所和炮兵观测点。席莱恩的部队随后来到

1066高地西北方100米处，这里的敌军刚刚被我们消灭，于是我们一同向近卫步兵团第12连的右翼出发，因为那里更加接近1114高地，更加利于观测，同时我们还可以借此尝试与近卫步兵团第3营建立更为密切的联系。

在距离1066高地不到50米的地方，我们遇到几名第3营的军官，他们指着前面的一条山沟，告诉我们这条山沟连接着1114高地，以及其西北500米处的一个鞍部。侦察班正试图从那里攀上最近的敌军阵地，那个阵地位于光秃秃的草地上，前方还设有铁丝网防护。侦察班的进展并不顺利，阵地里机枪声此起彼伏，一片混乱，显然这里的敌军还在负隅顽抗，想要竭力保住阵地。

我用望远镜仔细观察着1114高地及其附近敌军阵地的活动，但1114高地上的一挺机枪却一直盯着我不放，让我不得不频频卧倒躲避。经过短暂商议，我、史特莱舍少尉和近卫步兵团第3营的军官们都认为，要想夺取1114高地上的战略要点，就必须得到炮兵的火力支援。此外，在1114高地西北方500米处的一个山头上（海拔约1120—1130米），也明显驻扎着装备精良、为数众多的敌军。

夜幕降临，第1连多次尝试攻占1114高地西北方的山头阵地，但均以失败告终，于是大家开始为宿营做准备。我的指挥所设在第1连后方一个被占领的意军炮兵观测点里，我和史特莱舍少尉、近卫步兵团第3营的军官们，一起研究对1114高地及克罗法特攻击的行动方案，而夜间的侦察工作则由第1连和第2连负责。

19点，葛拉夫·鲍姆少校率领近卫步兵团第3营抵达我们的宿营地，之后马上将我召唤到他的营部。鲍姆少校的指挥所设在

1066 高地附近的一个掩体里，与我的指挥所仅仅相隔 100 米。我来到他的指挥所后，向他简要汇报了本部 6 个连的部署情况。听完我的简报后，他竟然要求将我的部队划归到他的作战管制之下。对此，我当然坚决表示反对——我只能听命于自己的营长史普约瑟少校，而且据我所知，史普约瑟少校要比近卫步兵营的营长资历更深，更何况他随时都有可能来到我的指挥所。

鲍姆少校对我的回答非常不满意，于是禁止我的部队再做出任何军事行动，即便是向西或向 1114 高地调动都不可以。他甚至还不屑一顾地说："这种军事任务只有近卫步兵才能完成！"当然，为了不伤害到德国军队之间的友谊，当他们在 10 月 24 日拿下这些阵地之后，会恩准我们进入其中，并担任他们阵地的警戒部队。如果我们不愿意担任警戒，也可以到西侧的主攻部队后面担任第二线的预备队。对于鲍姆少校的无理要求，我只是冷冷地告诉他我会向我的营长报告其作战构想，随后便赶紧走开了。

我一边往自己的指挥所走，一边郁闷地想：山地营怎么能跟在主攻部队后面当跟屁虫呢？不行，我要试着找出一个解决办法来，必须让我的部队可以自由行动，但说起来容易做起来难，看来只有等营长到了再做安排了。

大约在 21 点，山地营的后勤官奥腾里希少尉来到我的指挥所，之前他已经去过近卫步兵团第 12 连，以及近卫步兵团第 3 营，并在近卫步兵团第 3 营营部参与了有关 10 月 25 日攻击方案的军事会议。这次会议决定，本次进攻将在炮兵的支援下进行，目标是对克罗法特山脊展开攻击。奥腾里希少尉告诉我，营长目前正指挥着山地营凡伦伯格的部队向佛尼方向进攻，并在天黑以前取得了一些战果；此外，第 12 师在伊松佐山谷也斩获颇丰。我向奥腾里希少尉说明了 1114 高地的情况，以及我们与近卫步兵的关系，并恳请他尽快向营长汇报本部现在的处境，希望营长能赶在天亮之前来到这里，将问题解决。无论他是单枪匹马赶到 1066 高地，还是带着凡伦伯格的部队来到这里，都会让目前棘手的情况变得容易许多，至少可以恢复我部的行动自由。少尉欣然接受了我的请求，然后便向史普约瑟少校的部队赶去。在伸手不见五指的夜晚穿越各种复杂地形，同时还要留意躲避敌军的侦察，这可真不是一件好差事。

24 日深夜，我们得到消息，位于 1066 高地以北的预备队已经投入战斗，正在对 1114 高地东北方向的山坡发起攻击，但他们没能像预期一样，与负责进攻 732 高地的第 1 山岳山地团建立联系。但是，对于舒奈尔少尉率领的近卫步兵团第 12 连攻占 1114 高地的军事进展，我们却未能及时得到消息。

在史普约瑟少校赶到之前，我对于改变本部目前的处境根本就是有心无力，于是，从 10 月 24 日夜晚到 25 日清晨，山地营的兄弟们只好穿着湿漉漉的衣服，忍受着刺骨的山风，心不甘、情不愿地待在 1066 高地上过夜。在前线执行侦察任务的连队在敌军阵地外围俘虏了几十名意军，并将他们带回到营地里；但侦察任务却没能达到预期的效果，也没有突破敌军的防护网，直捣最前方的敌军阵地。此处意军的哨兵十分机警，一听到有什么风吹草动，便会毫不犹豫地扔出手榴弹，或用机枪扫射。

我躺在硬木板床上辗转反侧，思索着明天重新展开攻击的可能性，我们应当继续进行正面攻击吗？如果从正面攻击克罗法特山上的坚固阵地，就必须获得炮兵火力的协助才能做到，但在 10 月 25 日清晨之前，我们根本就不可能做到这一点。更何况刚刚与近卫步兵发生不愉快，山地营的部队也无法参与到对克罗法特防线的进攻之中。

万一我方部队等不及炮兵支援便要展开进攻的话，也可以考虑对意军防守相对薄弱的第三道防线进行偷袭。这条防线距离1114高地不过1000米，在此之前还从未遭受到我军的攻击，因此，如果行动足够迅速隐秘，也许可以从西面或东南面攻占它们。1114高地的西面阵地从视野良好的克罗法特阶梯状山岭一直延伸到库克峰。如果能够成功占领这些阵地，势必会极大地威胁到下方1114高地上的敌军阵地。我想，具有这样军事意义的突袭一定会让山地营的士兵们热血沸腾的！此外，1114高地的东南面阵地也具有同样的军事意义，但由于我们位于近卫步兵营的右侧，因此根本无法从西南面向那里的阵地发起攻击。在鲍姆少校明确禁止我部向西面运动之后，从西面攻击1114高地以东的阵地也成为了妄想。

24日的夜晚十分平静，偶尔才会听到零星的手榴弹爆炸声，告诉我们战斗仍在继续。

25日清晨，我军向敌军阵地派出了几个火力侦察小组，但没有取得预期的收获，机警的意军哨兵将他们一一击退。对于夜间的作战情况，以及战场态势的变化，近卫步兵团第3营也没有及时通报我们。

清晨5点，天色仍然一片漆黑，史普约瑟营长带领着山地营第4连、第3机枪连和通信连抵达了我的指挥所。见到营长后，我马上向他汇报了1114高地的战场态势、我部与近卫步兵的矛盾以及我的攻击方案。要想实现这个我连夜谋划出来的方案，就必须同时动用4个步兵连和2个机枪连。

营长同意了我向第三道意军防线实施突袭的作战方案，但是只允诺给我2个步兵连和1个机枪连。不过营长也向我保证，一旦我的突袭取得成功，他便会再给予我额外的支援。

得到营长的任命后，我便离开指挥所去集结所需的部队。同时，近卫步兵团第3营的营长也来到我的指挥所，营长趁机与他达成了和解。

## 战场观察

圣丹尼尔的第一道意军防线，包括位于第一线的连续战壕、数不胜数的掩体、碉堡以及铁丝网防护区，在第一和第二道防线之间还散布着独立的机枪碉堡和坚固据点。但是，敌军并没有花费太多心思去伪装前线的阵地，因此对于这些阵地内的设施，我们几乎可以一览无余。

这样良好的视野为我军炮兵的攻击创造了极为有利的条件，他们的攻击摧毁了意军的前线阵地。那些残留的守军和机枪碉堡根本无法阻挡我们在宽广正面阵地上的进攻，当然，这也得益于意军对防线之间的接合部过于忽视，如果在这里部署大量的机关枪，一定可以阻挡我军的攻势。面对纵深规模如此之大的防御阵地，我军如不调动更为强大的炮兵火力，则势必会付出惨重的代价。

在24日的行军中，我们以茂密的植被作为掩护，沿着一条狭窄的小径翻越陡峭的山坡，在与意军第二条防线阵地的遭遇战中，我一共损失了5名士兵。如果在行军中能够加大间距的话，损失或许可以再少一些。根据在罗马尼亚作战的经验得出的结论，骑兵部队在开阔地形下行军，通常应该保持200米以上的间距。在这种距离内，一旦前面的士兵遇到突发情况，后面的士兵可以迅速做出反应。对于步兵部队来说也应该如此部署，才能保证指挥官在紧急时刻可以有效疏散部队。

在通往佛尼的第二条防线阵地上，意军的哨兵十分机警，这与同一防线上东南方800米的哨兵形成了鲜明的对比。根据这些战场经验，我得出以下结论，即只在主战阵地部署哨兵是完全不够的，而是必须派出更多的侦察小组，尽可能扩大监视区域，在天气恶劣或地形复杂的条件下尤其应该如此。

10月25日凌晨的战场态势如下：

克劳斯战斗群于10月24日晚抵达萨加，并于次日凌晨向斯托雷（海拔1668米）发起攻击，他们的终极目标是攻占弗里兹。

在伊松佐山谷，连续的阴雨天气让意军从山区射来的炮弹威力大打折扣。在这种情况下，第12师于10月24日经过伊德斯克（Idersko）、卡夫里特，进至毗邻克瑞达（Creda）和罗比克（Robic）的纳蒂索内（Natisone）山谷。艾科尔兹战斗群（下辖2个营和1个战炮队）脱离本队，单独向路易科山隘进发。截止到10月25日清晨，第12师席尼博部已经成功占领了马塔尤尔附近的一个支脉，而艾科尔兹战斗群仍在格洛毕附近与优势敌军进行恶战。

在阿尔卑斯军方面，巴伐利亚近卫步兵团和符腾堡山地营已经与1114高地上的敌人展开激战，目标是突破意军在此地设置的主要防御工事。舒奈尔率领的近卫步兵团第12连，固守着我军已经夺取的位于 1114 高地上的阵地，而此地的主要阵地仍然掌握在意军手中，他们随时可能发动进攻夺回被占领的阵地。与此同时，第 1 山地团在 732 高地附近的第二道防线处，与敌军发生了激烈交火。

第 200 山地师第 3 山岳山地团已经攻占了德瑞亚，而第 4 山地团在 497 高地以西的第二道防线阵地处，与敌军发生了激烈交火。

斯科蒂战斗群在第 1 帝国皇家师的配合下，先后突破了意军第一、二道防线，抵达奥斯特里—克拉斯—普斯诺—史瑞登内瑞—阿夫斯卡（Ostry-Kras-Pusno-Srednje-Avska）一线。

总结：截止到目前，意军在伊松佐以南地区，沿马塔尤尔、莫兹里峰、格洛毕、库克、1192 高地、1114 高地、拉西姆、胡姆山一线建立的第三道防线阵地，只剩下 1114 高地还在他们的掌握之中。他们在此地的驻守部队装备精良，弹药及预备队都十分充足，并且远离我军的炮兵射程。

# 第十一章
## 托勒敏攻击的第二天

### 第一节　突破克罗法特阵地

　　1917年10月25日刚刚破晓，我便带着第2步兵连和第1机枪连，从1066高地西面多石的主峰出发，沿着西北方向一条狭窄而陡峭的小径，向下方50米处一个茂密的灌木丛前进。不久，一名机警的意军哨兵就发现了我们的行踪，随之而来的便是猛烈的机枪射击，几名士兵因此受伤。我连忙率领部队躲进灌木丛后面的安全地带，等待着第3步兵连来与我们会合，然后便绕道走开。与此同时，在我们上方靠近1114高地的区域，也传来了激烈的交火声。

　　部队出发之前，我已经向各个连长明确了我的作战构想。我们将沿着陡峭的山脊北坡向西，一直运动到克罗法特敌军阵地正下方200—400米处的区域，这里距离1114高地大约2000米。在抵达预定区域后，我们将选定一个合适的突破口，在最佳的攻击时机果断发起突袭。这一行动的关键就在于行军过程中，整个部队能够避免被敌军发现。

先锋部队由路德维希少尉指挥的第 2 连某班担任，并由我直接指挥。在我们身后 30 米处是参谋组成员（包括副官、传令兵和通信官），通信组边走边架设电话线，以便我们与 1066 高地上的山地营指挥所保持联系，再往后 50 米依次是第 2 连的剩余部队、第 1 机枪连和第 3 连。

在穿着湿漉漉的衣服待了一整夜后，能起来走动走动真是一件让人感到惬意的事情。早餐时，我们享用了意大利的罐头，而非我们早已习惯的咖啡。此时，天色变得越来越亮，1066 和 1114 高地附近的战斗也越来越激烈。我率领部队避开这些主要的作战区域，悄无声息地从一个灌木丛移动到另一个灌木丛，时而急行，时而匍匐前进。起初，隆起的地形可以使我军避开敌军的视野，在其阵地下方 200 米处缓慢前行，但好景不长，很快我们就到达了克罗法特山脊的一片开阔处，这里视野良好，意军甚至还设置了路障，如果我们从这里硬闯的话，很可能成为意军射击的活靶子。因此我们只能绕路通过这里，但这样一来，无疑将耗费我部大量的时间和精力。敌军势必会在各防御阵地之间部署为数众多的哨所，只要他们之中有一个人发现我们，那这次突袭计划就会演变成一场大灾难。

我们的队伍谨慎而缓慢地前行，并不时停下来仔细观察是否有其他捷径通向敌军阵地，因为隐秘的小径往往是决定突袭能否成功的关键。我们小心翼翼地穿越几条山沟，然后又是一片开阔的山坡。整个部队必须在敌人眼皮底下潜行，这对我们来说越来越困难，因为整个敌军阵地都是依托山势构筑而成，越往上走，可以用来藏身的灌木丛就变得越稀疏，最后我们不得不隐蔽在贯穿山坡的众多狭窄山沟里躲避敌人的哨兵。

我们出发已经超过 1 个小时了，此处与 1066 高地的直线距离差不多有 2000 米。自从出发以来，我们一直没有受到来自 1066 高地的敌军射击，与此形成鲜明对比的是，1114 高地附近却传来了异常激烈的交火声。从声音来判断，很可能是近卫步兵团重新向高地发起了攻击。

太阳已经升起，今天又会是一个温暖舒适的秋日。我们周围是一片寂静，满是防御工事的克罗法特山脊耸立在我们上方。先头部队偷偷穿过一片灌木，进入到敌军障碍区下方 200 米处的一块洼地。当我正在思考如何才能神不知、鬼不觉地穿越前方 100 米处一段光秃秃的山脊时，突然听到身后传来一阵嘈杂声。我连忙转头察看，只见第 2 连的几名步兵，正忙着钻进先头部队刚刚经过的灌木丛里。

到底发生了什么事情？原来几名士兵在山坡下的灌木丛中发现了一群正在睡大觉的意军，仅仅用了几分钟，他们便将一个由 40 名士兵和 2 挺机枪组成的前哨阵地一锅端了，整个过程没发一枪一弹，甚至连高声叫喊都没有。只有几名敌军幸运地逃过这场劫难，往山坡拼命狂奔，好在他们都只顾着逃命，却忘了开枪警告山脊阵地上面的守军。这对我们来说无疑是天大的幸事，因为目前我们最不希望的就是暴露行踪。

这个敌军的前哨阵地显然是为了完成克罗法特山脊的警戒任务而设置的，目的就是防止来自伊松佐山谷方向的我军突袭。据我估计，在我们下方约 100 米的区域内，大概还有更多这样的哨所，但他们的注意力过于集中在伊松佐方向，却忽略了从东面的 1066 高地发动攻击的可能性。

由于担任阵地警戒任务的敌军部队大都已被解决，我的奇袭计划终于有了较大的把握。另外，这让我们的位置更靠近山脊上的一个死角，任何防御工事都无法观测到这里，因此我决定从这里发动突袭。

我下令将战俘带到队伍的尾部，并将先头部队从洼地移动至距离敌军铁丝网防护区 100 米以内的区域，虽然从这个位置只能看到铁丝网木桩的顶部，但这对我们来说已经足够。先头部队到位后，便开始掩护其余部队向集结区集结。我异常谨慎地将连队一个接一个带进洼地，并将他们按建制部署在隐蔽处，狭小的地形让我们的攻击队形显得拥挤不堪。我向各个连长分配了作战任务，随后返回到先头部队后方，这里距离敌军阵地仅有 100 米，坡度很大，十分适合隐蔽。

虽然在我们左侧 1114 高地的战斗正进行得如火如荼，但眼前的敌军阵地却毫无异状。我的副官史特莱舍少尉主动请缨，要求前去侦察敌军阵地，探探虚实，如果可能的话，他还可以在铁丝网上剪开一个缺口，为我们冲锋做好准备。我交给他第 2 连的 5 名士兵以及 1 挺机枪，但提醒他只有在迫不得已时才可以使用武器。史特莱舍少尉和他的士兵向目标区域匍匐前进，第 2 连的连长路德维希少尉则带领几名步兵随时准备接应他们。

与此同时，通信班架设了与 1066 高地附近的史普约瑟指挥部的电话线，我向营长做了战场简报，向他表明了自己的决心："我决定对 1192 高地以东 800 米的克罗法特阵地实施攻击。"并请求营长一旦突袭成功，就要迅速派来增援部队。营长批准了我的请求，并告诉我，他一直从指挥部里通过望远镜关注着我部的一举一动。此外，营长还告诉了我 1114 高地附近的最新战场态势，优势敌军正在猛攻近卫步兵团，而原定的炮兵火力支援则成了一张彻头彻尾的空头支票。

我放下电话，吃了一片意大利白面包，就在这时，侦察组的一名士兵赶回来报告战况："史特莱舍的侦察组成功潜入敌军阵地，俘虏了几名敌军，缴获了几把步枪。"敌人阵地毫无异状，也没有半声枪响，我迅速指挥部队实施突袭。战机稍纵即逝，一秒钟的延误都可能让我们与大获全胜失之交臂。

我们以最快的速度冲过陡峭的山坡，穿越敌军设置的铁丝网防护区，并成功进入敌军阵地。意军大炮长长的炮管在我们面前时隐时现，史特莱舍已经消灭了附近几个炮堡里的敌人。当时这些士兵正在洗澡，完全没有料到会遭受侦察组的进攻，因此全部成了俘虏。此时，这几十名俘虏正乖乖地站在大炮旁边等待我的处理。

我们现在位于一个狭小的鞍部里，光秃秃的克罗法特山脊上尽是工事和掩体，沿北坡通向坚固阵地的交通壕也清晰可见。阵地北坡的鞍部以南约 100 米，就是途经路易科、库克、1114 高地直达克雷（Crai）的交通要道，道路本身伪装良好，不论是从地面还是空中都很难发现它。

我部有 1/3 的部队成功抵达了鞍部，由于刚刚在陡峭山坡上的全力冲刺，士兵们正在不停地大口喘气。克罗法特的守军依然没有发现我们的突袭，难道他们还在睡大觉吗？从鞍部被我们俘虏的守军人数判断，这块阵地有重兵把守，现在到了决定命运的时刻了。

我的作战构想是："封锁阵地的东侧，并尽可能向西侧扩大突破口。"

具体部署如下：

"史帕汀格中士带领第 2 连的 1 个机枪班，封锁北坡东侧的敌军阵地和山脊，掩护后续部队向西扩张。

"路德维希少尉指挥第 2 连继续向北坡西部的敌军阵地突破，并尽可能避免开枪。

"我带领第 3 步兵连和第 1 机枪连沿山脊向西前进，史特莱舍少尉和他的侦察小组负责前方警戒。

"全体注意，各就各位，准备攻击！"

士兵们斗志昂扬，成败在此一举！路德维希少尉指挥着第 2 连一路猛进，只见他们从一个掩体冲向另一个掩体，又从一座碉堡攻入另一座碉堡。反观那些守军们，则成群地窝在防御工事里，只要一名士兵就足以解除所有人的武装。接下来只要将他们押解出来，我们便可以轻而易举地占领工事了。战斗悄然而迅速地进行着，而意军哨兵却仍然在哨所里监视着错误的方向。在清晨的阳光照耀下，伊松佐河在一连串 2000 米以上山峰的衬托下，呈现出一幅迷人的图画。

第 2 连的突然出现让守军猝不及防，当一名士兵神兵天降般出现在哨兵身后时，登时把他们吓得瘫倒在地。这里的守军与我们之前遇到的一样，面对突袭完全乱作一团，连开枪示警都来不及做，便沦为我们的俘虏，而在整个突袭行动中，我们甚至没有耗费一枪一弹。随着突袭行动的深入，战俘的数量急速攀升，很快就突破了 100 人！

与此同时，沿着山脊进攻的主力部队也取得了相当大的进展。在灌木丛和山坡的良好隐蔽下，敌军根本无法从东西两侧侦察到我军的行动，因此我们的突袭十分成功，非常顺利地占领了意军在岩壁上构筑的几座炮兵阵地。

从1114高地远远传来的交战声清晰可闻，但我部的战区却显得异常平静。我原本是想突袭意军的预备队，并抢占一处阵地作为依托，掩护第2连继续扩大突破口，只可惜战场态势瞬息万变！

距离先头部队抢占克罗法特阵地已经过去10多分钟，可后续部队却一直未能及时跟进。担任第3连尖兵班的史特莱舍部在越过克罗法特山脊、到达1192高地以东300米处时，突然遭受到来自高地南坡上的敌军攻击。尖兵班被迫向北穿越山脊，向1192高地东北方撤退。

随后赶到的第3步兵连和第1机枪连，同样也被从1192高地射来的重机枪火力所阻。第1机枪连随即寻找掩护，架设机枪，但却始终无法压制住敌军火力。敌军的机枪火力十分猛烈，完全覆盖了克罗法特山脊的左侧，因此想要通过毫无掩护的山脊南坡发起冲锋就变得毫无可能。

没过多久，我们的右侧阵地传来了战斗声，我猜那应该是第2连所处的位置。一时间，步枪、机枪的射击声和手榴弹爆炸声此起彼伏，战况变得愈发激烈起来。

由于隔着山岭，我无法看到第2连目前的状况，更何况此时我也无能为力，因为增援他们的最快路径便是向北通过一个光秃秃的山头，但要是那样做的话，我们必然会成为1192高地上敌军重机枪的活靶子。我不禁怀疑起第2连还能坚持多久，毕竟他们只有80把步枪和6挺轻机枪啊。如果第2连被敌人击退，那么敌军将重新夺回克罗法特北坡上的阵地，然后将我军分割消灭，并解救出那些刚刚被我们俘虏的意军士兵。

仅仅几分钟的光景，我们面对的局势就从不利变得十分严峻。依据意军火力的密度判断，我们面对的是一股优势敌军，那么我们是否应该继续坚守这些刚刚夺取的阵地呢？不，我认为目前最紧迫的事情，是封锁向西的道路，然后尽快增援受到敌军重兵威胁的第 2 连。

向北通往第 2 连的捷径已经被敌军机枪的交叉火力封死，越过公路向西攻击 1192 高地也同样会受到火力压制，因此我必须要找出一个全新的解决方案。

机枪连的一个排已经投入到 1192 高地的战斗中，第 3 连的部分部队则负责封锁山脊道路，于是，我带领第 3 连以及机枪连的余部，沿着公路一路向东，回到 1192 高地以东 800 米的鞍部。这里浓密的灌木丛成为我们天然的伪装，敌军根本无法观察到我们的一举一动，偶尔有零星的步枪火力穿过灌木丛射来，也无法对我们形成真正的威胁。

此时，史帕汀格正带领着他的 8 名士兵死死掐住东面的意军阵地，我将两个班留下来增援他，然后便继续以两路纵队向西行进。我们穿过先前被第 2 连攻占的意军阵地后，大约又走了 150 米，便碰到了负责看守战俘的两名士兵，大概有 1000 多名战俘集中在阵地和铁丝网之间。由于此地已经不再安全，我立刻命令他们沿着山坡将战俘押送到铁丝网下方去，从东西两侧不断射来的意军机枪子弹，也催促着俘虏们一路小跑地冲向预定区域。现在我们距离第 2 连已经不到 100 米了，那里的战斗正进行得如火如荼，步枪、机枪的射击声和手榴弹的爆炸声此起彼伏。于是，我要求剩下的部队火速前去支援，而我则在 1192 高地以东 350 米的山顶上监督整个战局。

从山顶上我可以清晰地看到第 2 连的状况，他们坚守着东北坡上的几个战壕，身后是宽大的障碍区，想要向西北撤退无异于自寻死路。5 倍于他们兵力的意军（差不多是一个完整的预备队营）从西、南、东三个方向包围了他们，最近的意军已经到了 50 米距离的地方。在优势敌军的枪林弹雨中，第 2 连的士兵毫无惧色、奋勇作战，多次击退了敌军的冲锋，但这种局面还能坚持多久呢？如果敌军不计代价、持续向第 2 连发起冲锋的话，那么第 2 连一定会遭到灭顶之灾！

我到底该怎么做呢？我是否应该在后续部队赶到时，就马上将他们投入火线呢？不，我可不想这么做。只有等到部队悉数到齐后，集中全部力量对敌军侧翼或后方进行突袭，才有可能解救第 2 连于危难之中。从目前的局势来看，这场战役胜败的关键，将取决于双方的兵力情况和部队的近战能力。

没过多久，第一批后续部队便急匆匆地赶到，紧随其后的是携带着分解状态武器的机枪连先头部队。看着四处涌来的敌军，所有军官都明白目前我们所处的局势已经异常严峻。当率先赶来的重机枪组占领我们右侧的一个小山沟，并完成射击准备后，另一个重机枪组也气喘吁吁地赶到了。战壕左侧有一块浅浅的洼地，我便在那里集合了第 3 连，命令他们做好冲锋准备。

意军军官驱赶着成群的士兵，从距离第 2 连 100 米的战壕里冲了出来，在他们的节节进逼下，第 2 连岌岌可危。此时，我已经来不及等到第二个重机枪组完成射击准备了，便向第 3 步兵连和第 1 机枪连发出进攻信号。第一挺重机枪从右侧隐蔽的阵地上开始射击，不久第二挺重机枪也加入战斗。与此同时，左侧的第 3 步兵连也向敌军侧翼发起冲锋，士兵们的吼叫声在群山间回荡。

我们的突袭完全出乎他们意料，迫使意军停止了对第2连的攻击，并试图掉头迎战第3连；但正当意军重整攻击线时，第2步兵连却跳出战壕，发起了冲锋。意军腹背受敌，被压迫在一个狭小的空间里，顿时慌了手脚，直到我们冲到几米内，意军军官们才想起来使用手枪自卫，但很快便被我们控制住了。杀红了眼的山地营士兵们恨不得将这些意军赶尽杀绝，我不得不及时介入，才将他们安全地解救出来。就这样，在1192高地东北300米的鞍部里，整整一个意大利营，包括12名军官和500多名士兵向我们投降，这使得我们的战俘总数达到1500人。这次战斗让我们成功占领了1192高地的主峰及其南坡，并俘虏了另外一个意军重炮连。

胜利并没有让我们感受到喜悦，因为我们自己也付出了沉重的代价，其中就包括两位年轻的士兵，他们是第2连的二等兵基弗纳，他先前在哈夫尼克战斗中的表现是如此英勇，另一位是第3连的克努尔中士。

9点15分，我部已经牢牢占据了克罗法特山上从1192高地向东延伸长达800米的阵地，这就意味着我们在敌军的主阵地上打开了一个800米的缺口。在这次战斗中，敌军首次使用预备队向我们发动反攻，但很快便被我们击退。不过我相信，为了夺回失去的阵地，意军一定会再次发动反攻。就让他们放马过来吧，山地营的士兵们绝不会轻易放弃用战友鲜血换来的阵地！

很显然，敌军并没有善罢甘休，机枪火力从东、西和东南三个方向朝我们所处的高地猛烈射击。部署在胡姆山上面之前并没有参与克罗法特和1192高地战斗的意军炮兵群，此时也加入了战斗。在这种情况下，我们可不想成为敌军的活靶子，于是不得不暂时撤到北面山坡寻求隐蔽。

目前，我指挥的兵力不足以再次进行攻击，因此必须坚守阵地，等待援军到来。我命令第2连和半个机枪连坚守1192高地西面，史帕汀格指挥一个排坚守鞍部以东800米的阵地，第3连和另一半的机枪连则部署在1192高地东北面的山坡上，担任预备队。

在完成部队的部署后，我便到1192高地的山峰上观察地形。我们最大的威胁显然来自库克山的西方，那里的山坡上有和我们一样的俯视地形，部署的十几挺机枪可直接向我们射击。在最高处和东南面山坡上，还可以看到大批的意军预备队，大约有1—2个营的兵力，他们正展开波浪状的攻击队形，穿过库克宽广的东面山坡向我们接近。胡姆山的南面也布满了意军步兵，数目多得吓人，从远处望过去，仿佛就是一座蚁丘。胡姆山上的敌军炮兵猛烈地向我方阵地倾泻着炮弹，从奇维达莱到胡姆山之间的双向道路上车辆川流不息，公路两边的敌军正以密集队形朝前线运动。在东面，克罗法特山岭缓缓降低，并在尽头与1114高地连在一起。1114高地南面与西南面的山坡上，大批敌军清晰可见，很显然他们已经做好了攻击准备。运输车队从克雷方向源源不断地输送着意军的预备队，并将他们放置在1114高地的西面山坡上，大批敌军正沿着山脊从东面向我们靠近……所有迹象都表明，意军正准备同时从两翼向我们发起合围。

### 战场观察

1917年10月25日对克罗法特敌军阵地的突袭之所以能够成功，很大一部分原因是意军并没有注意到三条防线正前方的死角，这个致命失误与罗马尼亚军在科什纳山一役中所犯的错误如出一辙。

敌军阵地上的警戒部队毫无警觉可言，当突然遭受袭击时，每个人只想着如何在危险中保全性命，致使长达2公里的1114高地主阵地被我军轻而易举地突破。

意军预备队发起的大规模反攻虽然被势单力孤的第2连击退，但也在一定程度上挫损了该连的战斗力，以致在向敌军侧翼和后方发动合围的关键时刻，他们已经无力配合其他部队的进攻行动了。在这种情况下，使用小股兵力去攻击敌军侧翼，对我们来说无异于隔靴搔痒，无济于事。

在成功突破敌军位于克罗法特的阵地后，截止到 1917 年 10 月 25 日 9 点 15 分的战场态势如下：

克劳斯战斗群的第 1 帝国皇家步兵团三路齐发，沿萨加向斯托雷（海拔 1668 米）和 1450 高地一线展开攻击。

施泰因战斗群的第 12 师和第 63 步兵团，已在前一晚向罗比克和克瑞达靠近，并击退了敌军的前卫部队。

席尼博的连队回报，他们距离马塔尤尔山的主峰北方只有 100 米。

艾希霍尔兹战斗群在路易科山隘受到了优势敌军的攻击，与敌军展开了激烈的阵地防御战，并成功坚守住格洛毕附近的阵地。

在阿尔卑斯军方面，我部成功突破了设置在克罗法特的敌军阵地，并在 1192 高地以东打开了一个长达 800 米的缺口，符腾堡山地营的后续部队正从 1066 高地赶来增援。近卫步兵团抵挡住了意军猛烈的反扑，坚守着 1114 高地及其附近的阵地。此外，第 1

山地团攻占了 732 高地，目前正向斯拉门（Slemen）教堂挺进。

第 200 师所属的第 3 山地团攻占了德瑞亚以西的 942 高地。

斯科蒂战斗群方面，第 1 帝国皇家步兵师以及第 7 山地旅正朝格罗波卡克（Globocak）展开攻击。

## 第二节　争夺库克，截断路易科—萨佛纳山谷，打通路易科隘口

让我大感吃惊的是，先前穿越库克山东面山坡向我们推进的大批敌军，现在竟然停止不前了，难道他们只是想要封锁我们吗？或者正在谋划其他的攻击方案？当我仔细观察了敌军的动态后，认为他们准备采取的是前者。意军开始在三条相互平行的战线上构筑工事，与库克东、北面山坡上的阵地相连。我实在应该庆幸自己的运气，因为如果敌军以高地上无数的机枪火力作为掩护，向我们发动大规模攻击，那么我们无疑将面临灭顶之灾。幸好敌军只是采取了守势，使得我之前预期的激战无从打起。敌军的行动为我们赢得了宝贵的时间，此时营长正率领山地营的增援部队向我们马不停蹄地赶来。

我可不想给敌人太多的时间去强化工事，因为一旦他们站稳脚跟，再想把他们赶走可就没那么容易了，所以我准备一等到援兵到达 1192 高地，便对库克方向的敌军发起全面攻击。现在，时间对我们来说至关重要，如何把握好时间节点，将直接决定我们这次突袭的成败。

多石的土质让意军的工事构筑进展缓慢，因此我们并没有对

他们进行火力干扰，这在很大程度上保证了我们即将发起的攻击的突然性。由于山地营的营部还在增援的路上，所以我通过设置在 1066 高地上的通信站，直接向阿尔卑斯军的指挥部做了战场简报。我向阿尔卑斯军司令部的参谋官迈尔上尉报告了作战成果，以及在援兵到位后继续向库克方向进攻的计划，并请求给予我两个重炮连的火力支援。迈尔上尉批准了我的请求，并将我的电话转接到托勒敏附近的一个炮兵火力协调军官处。于是，我和那名军官协调了炮兵的攻击时间，重炮连将在 11 点 15—45 分对库克宽广的东面和东北面山坡上的敌军阵地实施 30 分钟的火力攻击。在协调好炮兵火力支援后，我这次攻击计划的成功概率又有所增加。真希望我们的炮兵能让库克山多石的山坡崩塌下来，这将为我们随后的冲锋打下良好的基础。

现在该轮到安排步兵火力支援了，我将第 2 连的轻机枪组和第 1 机枪连部署在 1192 高地北面和南面的山坡上。第 1 机枪连的阵地十分隐蔽，库克方向的敌军很难观测到。我计划利用大量的机枪火力压制库克方向的敌军，然后以少量兵力完成攻击，因此特意为每一挺机枪都分配了相应的射击目标。

上午 10 点 30 分，营长率领第 4、6 步兵连和第 2、3 机枪连抵达了 1192 高地东侧的鞍部，我向他汇报了战场的最新情况，以及为攻击库克所做的准备事项，并请求更多的兵力协助。在观察了敌军阵地后，史普约瑟少校批准了我的攻击计划，除了原有的第 2、3 步兵连和第 1 机枪连之外，他又将第 4 步兵连以及第 2、3 机枪连划归我指挥。此外，他还命令霍尔少尉带领第 6 连向 1114 高地方向的克罗法特山脊扩大阵地。所有部队很快完成了攻击准备。

11 点，由路德维希少尉率领的整个火力编组（包括第 2 连的 6 挺轻机枪以及第 1 机枪连）已经进入 1192 高地南北两面山坡上的阵地，完成了对库克方向敌军的射击准备。突击组由第 2 连和第 3 连各 2 个班组成，第 2 连的 2 个班进入 1192 高地北面山坡进行攻击准备，第 3 连的 2 个班则在南面山坡待命。一旦开火，这两个突击组的任务就是占领库克与 1192 高地之间的鞍部，然后配合我方的炮兵与机枪火力，沿北面或东南面山坡上的小山沟尽可能向库克的敌军纵深推进，他们将是我们刺入敌军阵地心脏部位的尖刀。第 3、4 步兵连以及第 2、3 机枪连在 1192 高地以东鞍部的隐蔽阵地上完成集结，他们将担任本次战斗的预备队，我会根据突击组的进展再决定将他们投入南坡或北坡的战斗中。

正当所有部队都在进行攻击准备的时候，近卫步兵团的先头部队抵达了 1192 高地以东的鞍部。他们之前曾企图用第 2 营的兵力从 1114 高地向克罗法特山脊敌军阵地发起攻击，但未能获得我军炮兵的支援，反倒是被 1114 高地西北 500 米处的意军强大火力击退。由于目前意军仍然牢牢控制着 1114 高地和 1192 高地以东的鞍部，近卫步兵团只能被迫在克罗法特山脊北面山坡较低的位置，沿着已被符腾堡山地营夺取的道路前进，并随后抵达 1192 高地以东 800 米处的鞍部。他们在这里遇到了之前被我军俘虏的 1500 名意军战俘，而我们负责押送看护的士兵仅有几人而已。

11 点 15 分，从托勒敏盆地发射的第一发重炮从我们头顶呼啸而过，在库克东面山坡上意军刚刚构筑的阵地中间炸开，乱石沿着山坡滚滚落下。随后，部署在 1192 高地上的机枪部队也开火了，掩护着南北两坡的突击组展开冲锋。我从望远镜里紧张地关注着战局的发展。

库克山防御阵地上的敌军用机枪向我们的突击组实施反击，一时间，一场机枪大战在 1192 高地和库克山之间展开，巨大的射击声震耳欲聋。我们的炮弹接连命中敌军阵地，巨大的爆炸和由此引发的坍塌让意军狼狈不堪。很快，意军部署在胡姆山左侧的炮兵也加入了战斗，但由于我们的机枪阵地十分隐蔽，且工事构筑完备，所以他们的炮击实在是收效甚微，我军阵地根本没有遭受损失。

第 3 连的突击组越过我们隐蔽良好的机枪阵地，消失在我的视野里，双方的机枪子弹在他们头上呼啸而过。突击组沿着隐蔽处一路向前，直抵库克和 1192 高地之间的鞍部。让人惊讶的是，一路上他们竟然没有受到敌军有实质威胁的火力攻击。我和参谋人员密切关注着第 3 连突击组的进展情况，虽然我军的炮火以及由此引发的山体坍塌时时威胁着他们，但他们还是勇往直前，向着山顶的敌军阵地奋力攀爬。

我军的炮火十分精准，敌军阵地顿时遍地开花。随着第 3 连的突击组越来越接近敌军前沿阵地，我们的机枪火力也逐步加强。当突击组终于进入到手榴弹投掷距离时，我们的一些士兵开始对完全暴露在我方火力下的敌军挥舞白手帕。这个方法十分奏效，意军士兵开始逃离他们的阵地。

发起总攻的时间到了！于是，我向聚集在一起的 4 个连队下达了指令：

"南侧的突击组正在攀登库克山，并俘虏了一些守军，我决心以 4 个连的兵力，沿库克山的东南坡发起攻击，进攻道路选择较为隐秘的山脊小径，行军序列如下：第 3 机枪连、第 4 步兵连、第 3 步兵连和第 2 机枪连。

"部署在1192高地上的火力支援小组用最大火力提供掩护，然后梯次变换队形跟上本队。"

我们沿着经过伪装的道路前进，如果库克山上的敌人足够细心的话，他们一定能够发现我们。幸运的是，他们的全部注意力被牢牢牵制在1192高地的机枪阵地以及近在咫尺的手榴弹战上。双方相互倾泻着大量弹药，但只有几颗子弹打到山脊上。在这种情况下，我们没用多长时间就抵达了1192高地和库克之间的鞍部，这里是意军库克山阵地的火力死角。

就在我们行军的过程中，后方部队传来消息，一部分近卫步兵将加入到我们的行列之中，与我们一起向山脊运动。这支额外加入的部队使我指挥的兵力已经超过了一个团，行军纵队绵延2—3公里。我是不是应该将眼光再放远一点儿呢？

此时，前方突击组的俘虏人数已经达到100人。在接下来的15分钟里，我们的炮兵和机枪火力把敌军完全压制在库克山东面的阵地上，第3连的突击组则四处追击溃败的守军，忙得不亦乐乎。

经过伪装的山脊道路蜿蜒着绕过库克山南坡及其守军，这时一个想法突然攫住了我：如果沿着山路一直前行，也许就可以切断库克山守军的归路。当然，这样做面临的危险也是巨大的，因为库克山南坡上还保留着敌军强大的预备队，而被切断退路的守军，也很有可能沿着陡峭的山坡向下发起孤注一掷的攻击。不过，我坚信山地营的实力，大量的实战经验已经让我们具备了在任何条件下作战的能力，因此我决定冒险一试！

我的目标是库克西南面山坡上一个名叫拉夫纳（Ravna）的小村庄，我和先头部队一路披荆斩棘，格劳率领的机枪连紧跟在我们身后，他们肩膀上扛着重机枪，大口大口地喘着气。自从攻击发起后，他们就一直扛着这些大家伙，全身早已经被汗水浸透了，但每个人都明白，兵贵神速，现在绝不是放松休息的时候。

山脊道路向下一直延伸到拉夫纳，而且隐蔽良好，几乎完全被险峻的库克山坡所遮掩，因此山坡上的敌军很难观察到道路两侧发生的事情。当然，山坡上的敌军现在根本无暇顾及我们，他们全部的注意力都集中在 1192 高地上的战斗中；但蜿蜒曲折的道路也极大限制了我们的视野，可见距离不超过 50—100 米，垂直的岩壁遮挡了我们右侧的视线，大量的灌木丛则让我们对左侧的观察也难上加难，这种狭窄的视野显然对我们极为不利。

我们在路上并不孤单，站在路旁或沿路行军的敌军士兵频繁出现在我们的视野中，有时距离我们仅有几米。好在我们行动迅速，在他们还来不及使用武器之前便将其制服。然后的事情就容易多了，一个解除武装的信号，以及一个让他们向东走的手势，就足以让这些被解除武装的俘虏入列，跟随我们的队伍一起朝 1192 高地前进。

我们以最快的速度向前急进，一路上经过了意军的炮兵阵地、后勤车队和密集的步兵队伍，却都没有遭到阻击。在我们右侧以及上方的山坡上，库克山附近的战斗还在继续，几颗榴弹从我们的头顶呼啸着穿过。库克山上的意军仍在等待，他们以为德军会像往常一样，越过 1192 高地的山坡，在广大的正面战线上向他们发起攻击。

道路左侧的掩护在拉夫纳附近消失了，我们的视野也随之变得豁然开朗。右上方的山坡上仍有一些灌木丛，但除此之外，就没有什么像样的遮蔽物了。意军的预备队会藏身在这些灌木丛后方吗？拉夫纳村距离我们最近的一栋房子大约有 300 米远，左侧陡峭的山坡上有几座农场，后面的 1077 高地植被茂密。当一切准备就绪后，我们向拉夫纳发起了全力冲刺。攻击十分顺利，我们没有受到任何敌军射击。

现在已经是正午，炽热的太阳炙烤着南面的山坡，难怪拉夫纳的守军没能及时发现我们，他们肯定以为此处天高皇帝远，因此纷纷躲进建筑物内纳凉去了。直到我们向几栋建筑物和谷仓发起攻势后，惊慌失措的意军才意识到形势的严峻，纷纷逃往路易科和托波洛（Topolo）山谷去了，就连他们的驮马也四处乱闯，给逃跑的意军添了不少乱。有一点让我百思不得其解，什么样的军队会在遭遇进攻后，不发一枪一弹只顾逃命呢？库克南面的山坡上十分平静，也看不到任何人员活动的迹象，很显然这里的意军预备队已经投入前线的战斗，以防御我军突击部队从 1192 高地发起的进攻。

拉夫纳的最后一支守军是一个驮马运输队，当我们攻入村子后，他们便连忙撤退，最后消失在路易科村以西的一个小山头处。我和先头部队一路追赶着他们，抵达了这个山头，然后在我们西面出现了一幅奇妙的景象。

路易科村坐落在我们右下方库克和莫兹里之间的鞍部里，村子里驻满了意军，周边也尽是意军营地。但这里的景象就像和平时期或战时大后方一样，闻不到一丝战争的气息。路易科至萨佛纳（Savogna）的双向公路上车水马龙，一个由驮马牵引的重炮连从这里向南行进。村子北面传来清脆响亮的战斗声，这很可能是第 12 师正在采取攻击行动。〔这是埃希霍尔兹战斗群，有 3 个营的兵力，正在抵御意大利军大部队的反击。意军计划通过伊德斯克（Iderslo）攻打卡夫里特（Karfreit），进而攻打已经向马塔尤尔以北山谷前进的第 12 师侧翼和后卫部队。〕

在路易科的另一侧，曲折的马塔尤尔公路贯穿了植被茂密的莫兹里东面山坡和克拉格恩扎（Cragonza），这段公路十分清静，几乎看不到人员和车辆往来。位于阿夫萨（Avsa）和佩奈（Perai）的意军炮兵，则正向格洛毕附近的第 12 师倾泻炮弹。

我带领着部队全速前进，希望能够延续在拉夫纳的攻击势头。现在没有时间仔细思考了，我必须迅速采取行动。于是，我快速地判断了形势，并拟定出三个攻击方案。

第一个方案：抢攻库克山的南坡，俘虏此处的守军。但是，由于意军的大部队正在东面和符腾堡山地营的其他部队，以及在北面与第 12 师交战，所以这里的留守部队对我们来说根本形成不了威胁，因此我决定把他们留给后续的山地营部队或近卫步兵来收拾。在我看来，他们已经成为瓮中之鳖了！

第二个方案：攻击路易科附近的敌军，为第 12 师打开缺口。对我们来说，这无疑是块可口的大蛋糕。我们完全有能力潜入到敌军附近，然后发起突然袭击，此外，部署在俯视地形上的两个机枪连也可以为我们提供良好的火力支援，但是我们无法保证全歼或俘虏路易科附近的敌军，因为莫兹里峰东坡上植被茂密，能够为敌军撤离提供天然的掩护，所以我很快否决了这个方案。

第三个方案：封锁路易科—萨佛纳的山谷，以及在克拉格恩扎山（海拔 1096 米）的马塔尤尔公路。路易科—萨佛纳山谷两侧的山坡上遍布植被，在路易科附近的敌军发现我们之前，我们便可以由此抵达波洛瓦（Polova）附近的山谷。因此，这里的地形对我们的行动十分有利，而且如果我们封锁了山谷和公路，只要阿尔卑斯军能抵达路易科,便可以合围此处的敌军。

持续的急行军让我部的队形变得非常分散。有些部队沿着库克南面山坡上的隐蔽公路前进,还有一些远远落在我的身后,超出我的目力所及范围。拉长的队形十分不利于部队的进攻,但我已经不能再等了,每浪费一分钟,就可能让我们付出高昂的代价。

我们从拉夫纳转向西南,先头部队的目标是波洛瓦附近的路易科—萨佛纳山谷(1077高地植被茂密的西坡)。然后,我又派遣传令兵带着命令返回拉夫纳,命令那里的所有部队火速向波洛瓦方向机动。

我们以两路纵队前进,一边向目的地急行军,一边随手从俘获的意军驮马补给队的篮子里抓鸡蛋和葡萄往身上塞。我们对于左上方976高地的情况一无所知,因此不能排除它已经被敌军占领的可能性,必须小心翼翼地绕开它。我可不想在半路上耗费太多的时间,所以我采用了数小时前在克罗法特山脊道路上使用过的战术,选择那些被灌木丛和树林隐蔽起来的路径作为行军路线,这让我们很好地避开了路易科和976高地上可能的敌军哨所。我们迈着轻快的步伐,越过松软的草地向山谷急进。那个从路易科逃走的重炮连仍然让我念念不忘,真希望能从萨佛纳方向截住它。

我们的先头部队于12时30分抵达了路易科西南2公里处的山谷。正在这时,有人发现前面有一队意军向我们走来,于是,我、格劳少尉、史特莱舍少尉、凡伦伯格少尉和先头部队的士兵们藏身于东侧100米的灌木丛里,等到他们走近才突然起身。这个举动让或徒步或乘车的意军士兵呆若木鸡,他们简直毫无警戒可言,对于与敌人在格洛毕战线后方3公里处遭遇的可能性根本没有心理准备。有一些意军当即向我们投降,而另一些则以最快的速度跑进公路另一侧的灌木丛里，唯恐我们会向他们开枪射击。当然，在这种情况下，开枪可是我们最不想做的事情了。

当我们抵达公路后，我选择了一段连续两个急转弯处作为阵地，并命令士兵开始挖掘工事。山谷两侧的山坡上布满了树林和灌木，真是天然的隐蔽所，于是我将第4连和第3机枪连部署在那里，他们的火力可以覆盖到山谷的南北两侧。

我们刚刚稳住阵脚，烦恼又随之而来。在我们经过拉夫纳抵达1077高地西面山坡时，与后续部队失去了联系，这对我来说无异于一个沉重的打击。要想封锁马塔尤尔公路，同时向克拉格恩扎山推进，我至少还需要2—3个连的兵力。于是我指派瓦尔兹少尉沿原路返回，设法与后续部队取得联系，并报告营长我们的战果以及下一步的进攻计划。

突然，路易科—萨佛纳的公路上开始出现零散的意军士兵及车辆，这让我们感到有些吃惊。好在他们只是一些落单的散兵游勇，毫无戒心地向我们走来，几名山地兵在公路拐弯处很有礼貌地将他们拦截下来。这真是一个有趣的场面，不费一枪一弹，他们就成为了我们的俘虏。没过多久，我们就虏获了超过100名战俘和50辆卡车，生意可真红火啊！

我们的行动十分谨慎，尽量避免意军车辆在拐弯处突然减速，因为这会引起后面敌军的警觉。几名山地兵带走了驾驶员和押车人员，其他人则协力抓住马匹或骡子，把车队赶到预先指定的收容点。越来越多的俘虏让我们渐渐感到吃力，为了腾出更多的地方，我们被迫把卡车和驮马队分开，将卡车紧紧排在一起，驮马和骡子被立即带到路障后的小山沟里。让人意想不到的是，缴获的卡车里竟然有大量的美食，巧克力、鸡蛋、罐头、水果、葡萄酒和白面包应有尽有，肚子早就饿得咕咕叫的山地营士兵赶紧趁机饱餐了一顿。酒足饭饱让大家暂时忘记了行军作战的艰苦，我们就这样在敌后3公里处腹地，享受了一份难得的宁谧时光。

但前方哨兵发出的战斗警报很快驱散了这份宁谧，一辆意军汽车从南面向我们高速驶来。我们连忙推来一辆卡车，将它横在公路中央，作为临时路障，但灌木丛里的一个机枪手误认为意军正在逃跑，于是从50米的距离向他们开火。只见意军汽车突然来了个紧急刹车，扬起一阵烟尘，紧接着司机和3名军官从车上跳下来向我们投降，车上的所有意军也都成为了我们的俘虏，只有1名军官通过下面的灌木丛成功逃脱。我看到这辆汽车完好无损，便命令原来的司机将它开到指定的停车点。经过简单的询问，原来这些意军是萨佛纳指挥部的高级参谋军官，他们因电话断线失去了与此地的联络，于是亲自过来察看山脊上的情况。

到目前为止，我们封锁公路已经超过了一个小时，却还是见不到后续部队的踪影。路易科和库克的方向都没有响起战斗声，所以他们一定没有受到敌军的阻击。真希望我们身后的敌军战线还没有封闭，否则我们就只有冲出封锁线，才能返回我方的防线了。

这时，山谷东侧的哨兵让我们的注意力转移到北面，一队长长的意军步兵正从路易科方向向我们靠近。他们大概还以为自己正在大后方行军，竟然没有派出任何警戒，于是他们的前卫部队就好像逛大街一般向我们越走越近。

我发出了战斗警报，在接下来的几分钟内很可能爆发激烈的战斗，届时150名山地兵将不得不面对数量远远占优势的敌军。好在我们的阵地十分坚固，两侧高点的机枪火力也覆盖了相当长的一段山谷。我希望敌军尽可能地接近我们，这样他们的部队就无法充分展开，因此我命令全体官兵，只有听到我的哨音才可以射击。

此时意军的前卫部队距离我们设置的路障只有不到 300 米了，为了避免不必要的流血，我派遣许达尔少尉戴着一个白色的臂章，作为谈判使者向敌人走去。他的任务是向敌军说明我们已经占领了山谷两侧的山坡，并命令敌军放下武器，避免无谓的牺牲。当许达尔迎着敌军的队伍快步向前时，我和格劳少尉、瓦伦伯格少尉、史特莱舍少尉一起走上公路的关节部，用力挥舞手帕，想让敌军明白我们派去的使者所言不虚。

也许是许达尔走得有些匆忙，竟然忘了卸下手枪和望远镜，所以当他走近时，意军军官们突然一拥而上，缴了他的这些装备，许达尔都来不及说话，就成了敌军的俘虏。随后，意军军官又命令先头部队向我们开火，看来我们挥动的手帕根本没起到作用。我们迅速跳下公路寻找隐蔽，同时吹响了哨子，两侧山坡上的机枪同时开火，一道道火舌向敌军喷射，仅仅用了几分钟，公路上就已经躺满了敌人的尸体。幸存的意军急忙寻找掩护，场面一片混乱，许达尔趁机逃回了我方阵地。

为了节约弹药，在开火一分钟后，我就下令停止射击。我们再次挥舞手帕，要求他们投降，可就在我们停火的空当，意军冲出灌木丛，编组好了攻击队形，好几挺机枪从道路西侧的山坡上向我们开火。

没用多长时间，山地营的士兵就让他们知道，所有抵抗都是自找苦吃。我们的火力部署在俯视地形上，位置隐秘，给满谷静止不动的意军造成了沉重打击。在第二次交火 5 分钟后，我第三次要求敌军投降，只可惜他们还是不领情！敌军前卫部队利用停火空当再次向我们发起冲锋，这时他们距离我军阵地只有80米了。

又经过10分钟激烈的枪战，敌人终于认清了事实，最终向我们发出投降的信号，我们也随即停火。就这样，意军第4博萨格列日旅的50名军官和2000名士兵在山谷公路上放下武器，向我们投降。我命令许达尔将俘虏集中起来，沿拉格拉瓦（La Glava）和1077高地押解回拉夫纳，而我能够给予他的押送士兵只有几人。

就在我们和博萨格列日旅战斗的最后阶段，第3连及时赶来增援我们，他们从山谷东面的山坡上加入了战斗。此时，从路易科方向不断传来激烈的射击声。为了弄清情况，我在刚刚缴获的汽车上架起一挺重机枪，然后便向路易科方向开去。在1公里长的道路上尽是意军丢弃的武器装备，绕过它们花费了我们好长一段时间。在路易科以南，我们碰到了先前在拉夫纳附近追赶的重炮连，他们显然受到了伏击，驮马横七竖八地倒在公路上。

15点30分我抵达路易科，与此同时，营长也率领符腾堡山地营的后续部队和近卫步兵团第2营进入路易科附近山谷的南面。我在村子的南口与营长相遇，第2营则沿着马塔尤尔公路继续向阿夫萨方向追赶敌军。

我向营长汇报了自己的作战计划，即由我指挥手头的山地营部队，从波洛瓦沿最短路径向克拉格恩扎山推进，抢占克拉格恩扎山的主峰。一旦我们占领了那里，莫兹里峰上的敌人便不得不寻找另外一条向南的退路，而我们可以趁机与在克拉格恩扎山北面和西北面作战的第12师以及阿尔卑斯军合围他们。此外，占领克拉格恩扎山还可以切断通向马塔尤尔的唯一一条山脊公路，这样敌军部署在公路附近以及在公路上行军的炮兵部队，将成为我们的囊中之物。

当然我们也可以沿着马塔尤尔公路，经阿夫萨和佩奈向克拉格恩扎山推进，但对我来说，这只是退而求其次的选择。因为敌军一旦放弃路易科隘口，便会沿着马塔尤尔公路向莫兹里—克拉格恩扎山东面山坡撤退，若如此，他们一定会占领那里作为后方阵地。只要在马塔尤尔公路上布置一支小部队，就足以挡住我军的追击，为后方的意军主力赢得足够的重整时间，从而占领阵地、构筑工事。同时，我还必须时刻提防马塔尤尔公路两侧的敌军伏兵，他们会严重阻滞我们的行军速度。因此，我强烈建议营长，即刻采取最短的路径向克拉格恩扎山行进。

营长同意了我的作战计划，将所有在路易科及其以南地区的山地营部队交由我指挥，它们包括第2、3、4步兵连，第1、2、3机枪连以及通信连。同时，戈瑟勒的特遣队（下辖第1、5、6步兵连，以及第204、205山地机枪组）也奉命朝路易科前进。就这样，营长乘着我们在波洛瓦缴获的意军汽车前往旅部，去汇报我们的最新战果，并确保我们能够在未来的战斗中获得足够的炮兵火力支援。

## 战场观察

意军在库克防线的指挥官，为了阻止我军突破克罗法特阵地，不惜动员大批预备队去防御库克东面的几条防线，这真是个不智之举，因为这给了我们急需的时间去巩固阵地、重整军队和补给物资。如果意军指挥官用这些预备队反攻1192高地，其效果将远远优于防御。敌军位于库克山北面山坡的阵地，原本可以为多条战线提供必要的火力掩护，如果他们能够坚决从东面向我部发起进攻，那很可能将会是另一种结果。

更何况库克东面光秃的石质地形也不适宜设置阵地，因此，尽管他们构筑工事的时间长达数小时，我们也没有实施扰乱性射击，但其取得的成果却微乎其微。而1192高地的西面山坡远离我军炮兵和机枪兵的射击范围，如果意军能够将阵地设在那里，或许对他们来说更为有利。

敌军的另一个致命失误就是反应过慢，没能及时封锁库克南面山坡的山脊公路，即使他们在公路两侧的山坡上设置几个机枪阵地，都将使我军陷入极大的被动之中。

在我部对库克山展开攻势的初期，面对的是2—3个营的意军部队，他们有多个坚固的机枪阵地提供掩护，而我们的先头部队仅有两个突击组（每组16人），最初的火力掩护也仅有一个机枪连，但我们还是义无反顾地实施了突袭！6挺轻机枪和2个炮兵连随后跟进，最后再用主力合围残余的守军。仅仅几个小时，这些守军就统统成了我营和巴伐利亚近卫步兵一个连的俘虏。

机枪和重炮的火力打击十分重要，尤其是对隐蔽性较差的防御工事而言，那里的士兵几乎要崩溃了。大量的炮弹和机枪子弹让敌军根本抬不起头，因此在攻坚战中，坚固的战壕和掩体工事无疑是弥足珍贵的战略要点。

在进攻时，由于我们部署在1192高地上的机枪火力吸引了敌军的全部注意力，突击小组和我带领的主力部队的突袭才成为可能。我们沿着隐蔽良好的道路一路上行，并且安全抵达库克东面的山坡。

在稍后的急行军中，我部之所以会在拉夫纳和后续部队失去联系，就是因为一个机枪连连长擅自搜刮缴获的驴子，其结果就是在我抵达波洛瓦附近时，手头的可用兵力只有原来的1/3。这些兵力勉强能够封锁住路易科—萨佛纳的山谷，而我对克拉格恩扎山地区马塔尤尔公路的封锁计划则不得不推迟。虽然那些在拉夫纳拖拖拉拉的部队后来都参与了对路易科的攻击，但我们如果能在10月25日就拿下克拉格恩扎山，就可以获得更大的战果。

行军纪律明确规定："一旦成功突破敌军防御阵地，预备队就必须迅速跟上，而不是去掠夺战利品。"只有行军纪律得到保障，先头部队的战果才可以得到巩固和强化。

行军纪律同样涣散的意军第4博萨格列日旅则是另一种反面教材，他们完全没有预料到会在大后方狭隘的山谷中遭遇伏击，并一头扎进我们设置的伏击圈。当他们的前卫部队被我军火力死死压制住后，后续部队原本应当主动向道路两侧的山坡实施迂回，但在这个战例中，我完全看不到这种清晰、灵活的战场应变指挥。

截至1917年10月25日下午，战场态势如下：

克劳斯战斗群：第1帝国步兵团从萨加向斯托雷发起攻击，第2营占领了胡姆山，第1营攻占了普伏利姆（Pvrihum），第43旅正沿1450高地向上攀登，第3山地团突袭并攻占卡尔（Caal）山，其所属的第13连则正在攻击塔纳米亚（Tanamea）隘道。

施泰因战斗群：第12师第63步兵团沿纳蒂索内山谷推进至

罗比克以南3公里的边境地区，并成功击退了所有意军的增援部队，但马塔尤尔北面山坡上的意军阵地则没有受到攻击。在格洛毕以北1公里处，艾希霍尔兹战斗群与意军进行了激烈的交火，进展缓慢，他们在17点夺取格洛毕，并于18点抵达路易科，但此时村子里已经挤满了巴伐利亚近卫步兵和符腾堡山地营的后续部队。

在阿尔卑斯军方面，符腾堡山地营某部和巴伐利亚近卫步兵的一个连，在14点占领了库克阵地。与此同时，符腾堡山地营的第6连消灭了1110高地到1114高地之间的克罗法特山脊阵地。在包围库克并切断路易科—萨佛纳山谷之后，我部在波洛瓦附近的战斗中俘虏意军第4博萨格列日旅的主力部队。符腾堡山地营的主力和近卫步兵团第2营则从波洛瓦出发，攻占了路易科。第1、10山岳山地营与意军在1114高地的南面山坡上展开激战，并于下午攻占1044高地和毗邻的1114高地。在第200师方面，第3山地团与敌军在克雷附近的1114高地以南地区展开激战，第4山地团在18点夺取1114高地以南800米的拉西姆。

斯科蒂战斗群：第8步兵团从普斯诺出发，途经古卢德里欧（Judrio），向胡姆山展开攻击。此外，第2山地旅占领席雀（Cicer）峰，第22山地旅占领圣保罗（St. Paul）。

战场综述：截至10月25日，意军在伊松佐以南克罗法特山脊上坚固的第三道防线已被我军彻底粉碎。其中符腾堡山地营的战果尤丰，攻占了东起1114高地、西迄路易科隘道的广大阵地，而在诸多战果之中，本营的贡献最大。也正是得益于此，部署在路易科以北的阿尔卑斯军和第12师才能够继续向前推进。

# 第十二章
# 托勒敏攻击的第三天

## 第一节　对克拉格恩扎山的攻击

我带领着营长交予我的山地营部队，以最快速度赶回波拉夫以北的公路阵地，然后将缴获的驮马分配给属下的 7 个连队。时间不等人，我们越早发起攻击，敌军的防备就越不充分。因此，我们来不及休整，便向杰夫西克（Jevscek）和克拉格恩扎前进。

尽管过去几天的消耗战，已经让士兵的体力严重透支，后勤也难以为继，但我们仍然凭借难以想象的毅力，沿着人迹罕至的陡峭山坡向上攀爬。正所谓兵贵神速，对我们来说每一秒钟都弥足珍贵。所以，山地营的士兵们咬紧牙关，在难行的草地、长满刺的树丛和岩质山沟间急进。

随着高度的升高，攀爬变得越来越困难，深深的山谷和布满荆棘的山坡迫使我们多次绕道行进，这无疑大大消耗了我们有限的体力。在连续攀登了几个小时之后，夜幕降临，四周一片黑暗，士兵们更是精疲力竭。我是否应该考虑改变目标呢？当然不！我们必须赶到杰夫西克，我相信山地营的士兵们有这个能力，一旦到达杰夫西克，我们便可以夺取克拉格恩扎山。

月亮高悬在陡峭的山坡上，为灌木丛和草地铺上了一层银纱，树林向后投射出巨大的黑色阴影。前锋部队缓慢而小心地向上攀登，并时不时停下来，察看树林中的动静。最终，前锋部队寻找到一条小径，主力部队则在他们身后50米处跟进。

夜色在长满植被的深谷中呈现出不同的黑影，小径便从中间贯穿而过。突然，在狭窄的小径旁出现了一块阴影，迫使我们再一次停下脚步。从山沟远方传来了清晰的谈话声，我们竖直耳朵仔细聆听，那是口令以及部队行进的声音。敌军并没有向我们靠近，而是向着山沟的另一侧平行前进。这对我们来说并不是什么好消息，因为如果他们在那里设置阵地，我们接近他们的通道就只剩下这条狭窄的小径了。更何况，这股敌军还挡住了我们向右侧进军杰夫西克和克拉格恩扎的道路。

在这种情况下，我认为避开小径绕向右方是个明智的选择，于是，士兵们不得不再次回到难行的坡地，在成排的灌木丛阴影中穿行。没过多久，我们的下方突然出现了一大片在月光下泛着银光的草地，高高的树木围绕在它的周围，这难道是个敌军阵地？为了获得更加准确的情报，我们小心翼翼地悄悄向前接近，现在可以很清楚地看到那是一个照明良好的敌军阵地，前方的树林里也不时传来意军士兵谈话的声音，但我们不能确定阵地里敌军的数量。

为了解决这个疑惑，我派出几名军官带队实施侦察，同时尽可能收拢部队，让他们抓紧时间休整。侦察小组很快传来消息：

"敌军正在进驻阵地，而且阵地的防御工事十分坚固。"

即使对精力充沛的部队来说，通过光线良好的上坡向敌军坚固阵地展开攻击都是个十分艰巨的任务，对于体力早已消耗殆尽的山地兵而言，要在几个小时内发起像样的攻势难免强人所难。此外，突袭深山中的敌军阵地意义何在，以及后续如何扩大战果也有待考量。经过综合考虑，我决定放弃攻击计划，命令部队先休息几个小时，再对前方地形和敌军部署进行一次彻底的侦察。

在距离敌军阵地约 250 米处有一个宽大的山沟，我带领士兵进入其间休息，以避免来自上方敌军可能发起的攻击。第 2 和第 4 连担任宿营警戒，成半圆形编组哨兵。由于担心驮马的嘶叫声引起敌人的注意，我们不得不拉下缰绳迫使它们蹲下。就在部队进行休整的时候，波洛瓦山谷方向突然爆发了激烈的战斗，这表明敌军仍然坚守着这片山谷。

我又让几名军官各率领一个侦察组，前去侦察敌军阵地周围较为有利的接近路线，并设法探明敌军阵地工事的强度、纵深、可能的武器类型、守军部队的数量以及杰夫西克村的确切位置。我告诉这些军官，午夜前必须赶回来向我汇报侦察结果。

我躺在一张缴获的意大利睡袋上，想睡个觉休息一下。这张睡袋是细心的赖赫在波拉夫附近从一头骡子背上扯下来的。可是尽管已经十分疲惫，但紧绷的神经却让我久久不能入睡。

大约在 22 点 30 分，阿汀格少尉带回来很有价值的侦察报告，他说道："杰夫西克位于我军宿营地西北方 800 米处，意军在村子里构筑了坚固的防御阵地，并用铁丝网加固，但敌军似乎还没有入驻这些阵地。敌军正在从杰夫西克西面的山坡以及村子南部，向东南方的山上运动。"

　　得到情报后，我决定立即向杰夫西克进发。如果足够迅速的话，或许我们可以赶在意军抵达之前占领它。仅仅用了几分钟时间，山地营就完成了拔营、召回警戒部队、整装出发等行动。夜色中月光昏暗，只有满天的星斗为我们送来一丝微弱的亮光。

　　我向先头部队的指挥官做了简单的布置，他们就沿着阿汀格少尉侦察出的路线，悄无声息地向杰夫西克前进。先头部队由第4步兵连和第3机枪连组成，其余的5个连队则紧跟其后，队形十分紧凑。我们先穿过一片树林，然后是草地和险峰，接着是一人多高的障碍物。据阿汀格少尉介绍，此地距离杰夫西克只有300米，于是我决定让部队休息一会儿，同时在树林间仔细侦察。附近并没有任何可疑的声音，但在100米外的山坡上，却传来了意军步兵行进的脚步声。

　　阿汀格少尉带着侦察小组从铁丝网之间的缺口溜进敌军阵地，发现里面空空如也，随后我指挥整个先头部队进入阵地，并将他们成半圆形部署在阵地上。侦察班则被派出察看附近的地形，并向山坡上以及杰夫西克的敌军方向搜索前进。

　　与此同时，本队的后续梯队（包括第2、3步兵连，第1、2机枪连）也穿越铁丝网进入阵地，而通信连和驮马则留在了铁丝网外侧的山坡上。

　　我带着一个侦察班前往山坡进行侦察，希望能够找机会接近敌军。此时的能见度只有几米，稍远一点儿的山坡看起来一片漆黑。在距离我们不到100米的地方，我们发现了行进中的意军步兵，他们排成长队，由右上方向左朝杰夫西克行进。我们本想靠得更近些，但敌军派出的哨兵让我们打消了这个念头。我认为敌军已经占领了杰夫西克阵地，这支敌军正准备前往他们的后方。

我们蹑手蹑脚地原路返回，然后向左朝杰夫西克前进。当我们接近杰夫西克的第一栋建筑物时，一个侦察班向我报告说："杰夫西克的北方没有发现敌军，但是却有意军步兵出现在村子以南。"我决定突袭杰夫西克，生擒那些村子以南的敌军。

几分钟后，部队向杰夫西克缓慢地前进，当先头部队到达第一栋建筑物附近时，几只农场里的狗开始狂吠起来。这显然引起了意军的注意，没过多久，他们便从100米外山坡右侧的一个阵地开火了。幸运的是，意军的射击目标大部分指向我们左边的树林，由于附近没有掩蔽物，我们只好匍匐在地上。我命令部队打开机枪和步枪的保险，随时准备开火。当然，除非敌人主动向我们攻击，否则我们是不会率先暴露目标的。

就在敌军盲目射击的时候，山地营的一部分士兵从尚未被敌军占领的村子以东阵地潜入了杰夫西克。几分钟后，敌军的火力停止了，我则趁机率领其余部队进入村子。令人欣慰的是，敌军的射击并没有给我们造成任何伤亡。

我们占领了村子的北部，成扇形展开队伍，并尽量避免和杰夫西克西北方山坡上的敌军遭遇。此时早已过了午夜，我们在一栋属于斯诺维尼家族的房子里稍事休息。这一夜真是人不卸甲、马不卸鞍，即使在休息时，士兵们也紧握着自己的武器。我们都知道，大批意军正在与我们近在咫尺的阵地里，如果他们想趁夜色进入村子的话，那么一场惨烈的白刃战将不可避免。

自从敌军向我们开火以后，杰夫西克西北方山坡上的敌军，以及村子以南的敌军都停止了行动。不过，子弹是从西北方的敌军阵地射出的，而村子南部却没有一发子弹射过来。难道敌军阵地之间存在着间隙，而不是先前我们一直认为的连续性阵地，一直延伸至波洛瓦吗？我借火堆发出的闪烁不定的火光，仔细研究着地图。我们所在的杰夫西克村北部大约在波洛瓦以北1公里处，海拔830米；西面500米处是克拉格恩扎山，高度差为266米；东面的阵地已经得到了我军的强化，而意军占领着杰夫西克西北的阵地，远至波洛瓦东南方，这片断断续续的预备阵地，是为了阻止我军经由路易科隘道渗透过来而设置的。之前我们所发现的行进中的敌军部队，很显然正准备入驻这些阵地，但不知因为什么，原本应该部署在杰夫西克的敌军守卫部队未能到达，不过我想他们随时都有可能会出现。

我们还应该继续等待吗？难道幸运女神再一次眷顾了勇敢的山地营，将这个百年难遇的机会赐予我们了吗？我相信只要控制住杰夫西克，并将这些敌军阵地善加运用，就能为阿尔卑斯军打开一条通向克拉格恩扎、莫兹里峰和马塔尤尔的康庄大道。

在反复权衡之后，我命令鲁兹少尉去确认村子西南部是否还有敌军。如果那里被敌军占领，那他必须进一步侦察杰夫西克西北500米处的山脊，以及村子西北意军阵地后方的情况。鲁兹少尉接到命令后，只身前往侦察，预计两个小时后回来。

早已精疲力竭的士兵又得到了额外的休息时间，便在距离敌军几米的房子里生起了火。他们围坐在火堆前，喝着咖啡、吃着干果，这些都是友善的斯诺维尼一家提供的。远处偶尔会响起一声枪响，然后是一阵意军投掷手榴弹的爆炸声，不过敌军显然无意向杰夫西克实施侦察。我们没有开枪，任凭漆黑的夜色横亘在德军与意军之间。

接近凌晨4点30分，鲁兹少尉完成了侦察任务，并带回了一名意军俘虏。他报告说："我在杰夫西克西南方没有发现敌人，在侦察通往村子西北 500 米高地的道路时，俘虏了这名意军士兵，但没有遇到其他敌人。"不得不说，鲁兹少尉的这次侦察任务完成得十分出色。

在听过鲁兹少尉的报告后，我决定立即调动 4 个连的兵力，去占领杰夫西克西北 500 米处的山头，余部则留在杰夫西克担任预备队。我计划在黎明时向杰夫西克西北处的敌军发起攻击。

这并不是个轻松的决定。如果敌人运用他们在克拉格恩扎山上的俯视性阵地、以机枪火力对我们射击的话，我们将陷入腹背受敌的窘境。尽管情况有可能变得很糟糕，但不入虎穴焉得虎子，我决定冒险一试！

清晨 5 点，天色依然一片漆黑，第 2、4 步兵连以及第 1、2 机枪连悄无声息地离开杰夫西克，沿着鲁兹少尉事先侦察好的道路前进，鲁兹少尉则走在队伍的最前面。久经战阵的格劳少尉指挥第 3 步兵连和第 3 机枪连留在杰夫西克，一旦发起攻击，他们将负责用火力压制杰夫西克西北阵地上的敌军，同时保证我们的东面不会受到攻击。

在我下达命令的同时，先头部队已经离开了村子。当我赶上第 2 机枪连时，第一缕曙光已经照到克拉格恩扎山上。在山区，夜晚与白昼的转换往往非常迅速，现在比我预计的时间晚了半个小时，这让我有种不祥的预感。在我前方，部队正以纵队队列从 830 高地下方光秃秃的洼地里，沿着一堆乱石向上攀登。此时，明亮的阳光已经照到克拉格恩扎山最上方的悬崖上，我一边用望远镜仔细观察，一边竭力控制住自己紧张的神经。敌军阵地就位于我部左上方不到 100 米处，意军已经抢先占领了那里，我甚至可以看到守军的钢盔。

　　我们集结的洼地周围没有任何掩蔽物，如果敌军现在开火的话，我们的伤亡必定会十分惨重。一想到这么多人的生死都系在我一个人身上，便顿时感到自己肩头的重担无比沉重，我必须尽最大可能保证下属的生命安全。

　　天色渐亮，为部队找到合适的集结地刻不容缓。我发现在杰夫西克西北方 500 米处，有一片满是低矮灌木丛的高地，那里正好可以让部队暂时栖身。于是我将第 2 机枪连集合起来部署在右侧，并指示他们一旦敌军开始射击，就毫不留情地以火力压制他们。当第 2 机枪连就位后，我又带领通信兵匆匆赶到前方，指挥洼地里的各连队转移至右侧高地。

　　就在最后一批部队准备离开洼地时，克拉格恩扎山上的敌人发现了我们，并立刻向我们扫射。处在高处阵地中的敌军优势明显，而山坡上的我们则几乎没有防护，只有低矮的灌木丛为我们提供了一些在敌军眼皮底下撤退的可能性。在第 2 机枪连的火力掩护下，其他部队有序地撤出洼地，占领了杰夫西克西北 500 米处的高地，并在那里投入到战斗中。

　　目前的形势十分危急，敌军将我们三面包围，子弹从西北、西面和西南方向的高地上不断射来，其火力强度远远超过我军。第 2 和第 4 连的士兵们悄悄向侧面运动，然后实施了一次短距离冲锋，从而分散了敌军的火力。我们的伤亡数字也开始增加，其中第 2 连连长路德维希少尉更是身受重伤。

　　与此同时，杰夫西克附近的战斗也开始趋于白热化。那里应该是格劳少尉所在的阵地，他正率领第 3 步兵连和第 3 机枪连死死牵制住杰夫西克西北方的敌军，最大限度地保障了我们侧翼的安全。

　　我带着几名士兵来到杰夫西克西北方 500 米的山头，找到一个灌木丛隐蔽起来，敌军的机枪子弹不时打在我们的周围。我手中的预备队已经不足一个班，此时所有人都已经投入到战斗，用最大火力向敌还击。我必须马上做出决定，再拖延下去，整个部队恐怕就完蛋了！我从第 2 连和第 4 连集合了 3 个轻机枪班，带领他们到东侧 50 米有草木掩护的山坡上。

　　敌军阵地背对着我们，正面朝向杰夫西克，格劳少尉正指挥着村子里的部队尽所有火力压制他们。

　　我们穿过灌木向山下行进，机枪和步枪的保险全部开着，随时准备射击。位于山下的敌军阵地很快进入我们的视野，从山上向下望去，阵地和战壕尽收眼底。虽然这里有意军重兵把守，战壕里的钢盔更是密集地挤在一起，但如果我们从上方展开攻击的话，敌军的防御工事根本不在话下。位于我们上方的敌军仍在向我们全力射击，大量的子弹从我们头顶呼啸而过，而在我们下方 100 米处靠近杰夫西克的地方，第 3 连和第 3 机枪连正向敌军展开猛攻，这里的敌军完全没有注意到我们的秘密潜入。

　　在部队完成冲锋准备后，我们便大喊着向敌军冲去，同时向他们喊话，要求他们立刻投降。我们的突然出现完全打破了意军的部署，他们的士兵连忙转身，惊恐地看着我们，步枪不由自主地从手中滑落。对于他们来说，战争已经结束了，于是向我们举起了白旗。在这次冲锋中，我们甚至没有射出一枪一弹，驻守在杰夫西克之间的 3 个意军步兵连就这样成为了我们的俘虏。

　　除此之外，这次冲锋还让我们获得了一个意外之喜，那就是远在北面马塔尤尔公路之间战壕里的意军，竟然也放下武器，向我们投降了。原来当他们正专注于杰夫西克西北方 500 米的东北面山坡上的激烈交火时，我们从身后的突然出现让他们大吃一惊，再加上克拉格恩扎山上我部主力与意军的激烈交火，让他们误以为我们准备从克拉格恩扎方向攻击他们，并且已经攻占了其周围的几个高地，因此决定缴枪投降。

就这样，意军的一个整团，包括37名军官和1600名士兵，在杰夫西克以北650米处的洼地里向我们投降了。如此庞大的人数让我十分头疼，因为我已经没有足够的人手可以去解除他们的武装了。而此时，在我们上方100米处的战斗还在激烈地进行着，我们不可能在此耽搁太多时间。

对于杰夫西克一带发生的变化，克拉格恩扎山上的意军部队仍然一无所知，正忙着对我们的正面施加压力，浑然不知我们后方的敌人已经被消灭。

在杰夫西克分进的连队向上运动，很快就对克拉格恩扎山发起了正面攻击。战斗进行得异常艰辛，山岳部队的士兵们冒着枪林弹雨，越过毫无掩护的陡峭山坡艰难地向敌军靠近。意军凭借着高处的阵地严防死守，我们的火力则很难真正威胁到他们。

现在我已经没有闲置的部队可用了，阿汀格少尉接替了身负重伤的路德维希少尉，担任第2连的连长，而我则夹在第2连中间，跟随着他们一同行动。我们前进至马塔尤尔的一处环形公路，在路上遇到了14门被遗弃的榴弹炮和25辆满载弹药的运载车，难道这就是我们在阿夫萨和佩奈发现的那支炮兵部队所扔下的吗？不过我们没有时间在此耽搁了，意军的机枪火力正从北面向我们射来，我们必须保持移动才行。不久，第2连又失去了他们的新连长，阿汀格少尉身中3枪，受了重伤。在马塔尤尔公路上，我也一度成为意军机枪手的目标，这里毫无掩蔽，我只能绕过 60 米外的一个公路弯道，沿着山坡向上狂奔，才勉强避开了敌军的扇形火力网。

失去战友让山地营的士兵们怒火中烧，他们拼命地向前冲锋，夺取了一条又一条战壕、一座又一座机枪堡。

7 点 15 分左右，我们终于完成了这个艰巨的任务，英勇的第 2 连在约格尔中士的带领下，攻占了克拉格恩扎的主峰。现在，莫兹里峰东面和东北面的敌军已经成了瓮中之鳖，他们的溃败只是时间问题了。

大范围的运动使得我们与友军失去了联系，我只能猜测友军的进展。第 12 师和阿尔卑斯军位于我们右侧，他们所在的区域自天明起便枪声不断，而且越来越激烈，所以我认为他们正从东北方和东面进攻莫兹里主峰，并且从阿夫萨沿着马塔尤尔公路向克拉格恩扎攀登。

接下来我该怎么做呢？等待友军前来会合，在克拉格恩扎东面山坡上重整军队，还是让杀红了眼的士兵们休息一下？我当然想让早已疲惫不堪的部队稍事休整，但我们四周仍然危机四伏。在我们右侧就有一股优势的意军预备队，他们很可能会发动一次反击，来夺回克拉格恩扎山的阵地，如果不幸被我言中，我们又该如何应对？

我认为，面对敌军可能发起的反击，最佳的反制措施就是继续攻击，以现有的全数兵力（半个连）对通往莫兹里峰的敌军后方阵地实施突袭。

## 战场观察

意军涣散的纪律害惨了他们自己，在向杰夫西克夜行军时，他们大声地喧闹，制造出来的噪音向我们预报了他们的位置，使得我们可以及时躲避起来，从而避免了一场遭遇战。

在部队已经极端疲惫的情况下，军官们仍然身先士卒，出色地完成了战场侦察任务，并获取了十分有价值的情报。有的军官直到后半夜才返回本部，但他们的牺牲是值得的，正是因为他们的情报，我们才能成功突破杰夫西克西北的防线，并在随后的战斗中成功夺取克拉格恩扎山。

从25日夜至26日清晨，我们与各邻接友军一度失去联系，我不知道他们在哪里、在干什么以及有什么计划。在某段时间内，甚至连我的先头部队也失去了联系。不过有一点我十分肯定，那就是26日的再次攻击势在必行。

虽然在破晓之前我们的状况非常糟糕，士兵们暴露在毫无掩护的山坡上，敌军阵地的火力几乎将我们全部覆盖，但山地营士兵的勇猛扭转了战局，让我们反败为胜。在这次战斗中，山地营展现出了惊人的战斗力，其中第2连在指挥官接连受伤的情况下，依然出色地完成了任务，这与意军部队在克拉格恩扎山阵地上的表现形成了鲜明的对比。

截至1917年10月26日7点15分，即我们夺取克拉格恩扎山时，战场态势如下：

克劳斯战斗群：第1帝国步兵团第2营于10月26日凌晨3点30分攻占斯托雷（海拔1668米），之后在6点抵达波格纳(Bergogna)。8点，第1帝国步兵团第1营和第43步兵旅相继抵达波格纳，与第1帝国步兵团第2营完成会师。

施泰因战斗群：第12师第63团沿纳蒂索内山谷的边境线部署。第62步兵团第2营，以及毗邻近卫步兵团第2营的第23步兵团，在阿夫萨附近的前沿阵地完成集结。

阿尔卑斯军方面：符腾堡山地营在杰夫西克附近突破了莫兹里峰—杰夫西克—波洛瓦一线的敌军阵地，向西北方打开了一个长达1公里的缺口，并于7点15分占领克拉格恩扎山。同时，山地营一部从路易科出发，沿阿夫萨向克拉格恩扎山进军，近卫步兵团第2、3营随后跟进，他们稍后加入山地营第1、3连向克拉格恩扎山进军。近卫步兵团第1营留在波洛瓦担任警戒。第2山地团（缺第10营）从拉夫纳向路易科进军，第1山地营在宿营休整后，正准备从1114高地出发。第200师、第3山地团沿德伦奇亚进军，并于8点抵达吐鲁斯纳（Trusgne），第4、5山地团在1114高地宿营，凌晨4点30分向拉夫纳运动，到达拉夫纳后休整，直至8点。

斯科蒂战斗群：第8步兵团第1营于凌晨5点占领拉格拉瓦，随后该步兵团所属的3个营则对胡姆山发起全面攻击。

战场综述：在26日凌晨时分，意军在马塔尤尔北面山坡—莫兹里峰—杰夫西克—波洛瓦—圣马蒂诺一线建立的阵地，如同之前在克罗法特山脊的阵地一样，被符腾堡山地营的先头部队在杰夫西克附近突破。山地营随后占领了莫兹里峰和马塔尤尔山脊，在意军防线上打开了一个巨大的缺口。

## 第二节　夺取1192高地及莫兹里峰，突击马塔尤尔山

在夺取了克拉格恩扎山后，山地营的士兵们早已精疲力竭，可尽管如此，我仍然无法让他们稍微喘口气。为了抢占有利时机，夺取更多的阵地，我们等不及援军到来。我找到向来以体力见长的约格尔中士，命令他带领本部军队，沿着1192高地和莫兹里峰的山脊向敌军发动攻击，这项任务几乎达到了他们体能的极限。

我又让传令兵向其他的连队传达了我的命令，要求他们迅速越过克拉格恩扎山，向莫兹里峰方向的马塔尤尔西侧公路急行军，与第2连会合。

我率领部队继续前进，可才走了差不多100米，便在一片植被茂密的山坡上发现了意军的战壕。这时，位于我们右侧的东面山坡也传来了激烈的战斗声。从位置判断，这次遭受攻击的不是从杰夫西克向克拉格恩扎山攀登的我部后续部队，就是沿着马塔尤尔公路从路易科向克拉格恩扎山攀登的阿尔卑斯军。

约格尔中士不愧为战场老手，面对兵力与装备都占优的意军部队，无论是敌军的正面攻击，还是从侧翼或后方发动的奇袭，都被他在几分钟内化解掉了。意军在几次进攻无果后，便从北面向路易科的下坡方向撤退。

由于我们一直处于运动战中，所以与后方的联系一直处于时断时续的状态。就我掌握的情报来看，我部的其他部队受阻于克拉格恩扎山西北方意军的猛烈火力，落后我们大约有1公里。我们是否应该停下脚步等待援军呢？绝对不行，我们应该抓住这次

突袭良机，尽可能向莫兹里峰前进！

8 点 30 分左右，第 2 连占领了阿夫萨以西 2 公里处的 1192 高地，而此时他们仅剩下了 1 个排和 2 挺轻机枪。此时，优势敌军从莫兹里峰（海拔 1356 米）东南 800 米处的阵地上，用重机枪对我们的新阵地进行猛烈射击，使我们无法再继续前进。而在我们的右侧和后方，阿尔卑斯军的所属部队也与意军展开了激烈战斗。

根据莫兹里峰东南面山坡上的敌军火力判断，如果想要攻击他们，我至少需要 2 个步兵连和 1 个机枪连。为了尽快集结到进攻所需的兵力，我命令约格尔坚守刚刚占领的 1192 高地，然后亲自顺着马塔尤尔公路返回后方，沿途搜索失去联系的部队，但却一无所获。当我在 1192 高地以南 600 米处绕了个大圈后，突然遭遇到一个从阿夫萨方向穿越马塔尤尔公路路口的意军小分队。这些博萨格列日人不由分说便举起步枪向我射击，我迅速逃进公路下方的灌木丛里才幸免于难，但仍有几名敌军不肯善罢甘休，他们尾随着我进入灌木丛，但幸运女神再次眷顾了我，他们追击错了方向。我以最快的速度回到 1192 高地，然后派出一个规模较大的侦察班去和其他部队建立联系，并将我的命令转达给各个连长，要求他们尽快向 1192 高地靠拢。（与此同时，位于佩奈—阿夫萨—路易科地区的阿尔卑斯军和第 12 师的一部，已经开始沿马塔尤尔公路向克拉格恩扎山方向推进。第 62 步兵团第 2 营这次充当前锋，在阿夫萨以南不到 1.5 公里的坚固阵地与敌军遭遇，并且发起了进攻。后续各部队，包括符腾堡山地营的参谋人员和戈瑟勒的特遣队、第 23 步兵团，以及近卫步兵团第 2 和第 3 营，顺利沿马塔尤尔公路向克拉格恩扎山前进。近卫步兵团第 1 营则被波洛瓦附近的意军阻击阵地堵住。）

直到 10 点，我才勉强集结起一支相当于 2 个步兵连和 1 个机枪连的兵力的部队，这些士兵来自我指挥下的各个连队。由于多股敌军企图通过克拉格恩扎山和 1192 高地一线向西南撤退，所以山地营不得不频繁地与这些敌军交火，从而严重拖慢了向 1192 高地行军的速度。

我认为现在的兵力已经足够进攻莫兹里峰的敌军了，于是发出了炮兵信号灯，要求后方阵地的炮兵对莫兹里峰东南面山坡的敌军阵地实施炮击。让我喜出望外的是，我军的炮弹很快就让敌军阵地遍地开花。与此同时，我命令 1192 高地上的机枪火力将敌军死死钉在阵地上，然后便率领两个步兵连与山脊公路下方的敌军展开了激战。我的战术十分成功，我的部队先是将敌军诱至西侧，然后掉头向敌军阵地的侧后方机动。当守军发现我们神兵天降般出现在他们的侧后方时，便立即放弃了阵地，向莫兹里峰东面山坡撤退。在这一战中，我们俘获了几十名意军，但我并不打算继续追击那些溃败的敌军，而是下令停止攻击，与机枪连一起向位于莫兹里峰南面山坡上的山脊公路急进。

在刚刚的战斗中，我们发现在莫兹里峰两个最高的山头之间，有一大片开阔的宿营地以及数百名意军士兵。他们失魂落魄、毫无斗志，仿佛石像一般看着我们推进，却没有采取任何应对措施。我们沿着曲折的马塔尤尔公路穿过莫兹里峰南面山坡，从南面推进至距离这股敌军 1500 米的地方，然后转向西方，从他们的营地旁边通过。

莫兹里峰的敌军还在增加，据我们估计，有 2—3 个营的意军聚集在那里。可他们人数虽多，却毫无战意，经过 3 天的苦战，我们已经掌握了对付这些敌人的技巧。我沿公路向他们靠近，同时挥舞着手帕，要求他们投降，我的部队则采取纵深队形沿公路部署。当我进至距离敌军营地不到 1000 米处时，对方仍然没有采取任何行动，难道他们已经失去斗志了吗？

从兵力对比来看，此时意军仍然占有明显的优势。如果他们集中兵力奋力一搏的话，完全可以吞掉我率领的小股部队，重新夺回克拉格恩扎山。即使不能出战，也可以留下几挺机枪断后，掩护部队撤退到马塔尤尔的大山中逃之夭夭。但出乎意料的是，这里的意军没有采取任何行动，而是密密麻麻地站在一起，一动不动，呆若木鸡，甚至对我挥舞的手帕都没有做出回应。

我们继续靠近，进至距离敌军 600 米处一片茂密的树林里。由于敌军位于上方 100 米的山坡上，因此暂时不在我们的视线内，我们对于敌军即将采取的行动无从知晓。公路在这里有一段向东的大拐弯，他们会不会选择此处来给我们致命一击呢？如果他们真的沿着山坡向下发起冲锋，我们便不得不在树林里与他们进行一场惨烈的肉搏战。他们的优势十分明显，人数众多、体力充沛，并且有着居高临下的诸多战术优势。考虑到这些情况，我认为占领敌军营地下方的树林边缘至关重要。只可惜背负重机枪的士兵们早已疲惫不堪，根本无法穿过密集的灌木丛、攀登上陡峭的山坡。

于是，我让大部队沿着山路继续前进，我则带领史特莱舍少尉、兰兹医官和几名山地兵，以前后 100 米的间距，抄近路向山上攀登。在攀登过程中，史特莱舍少尉成功突袭了一个意军机枪组，将他们全部俘获。就这样，我们未受到任何抵抗便来到树林边缘。此时，位于马塔尤尔公路上方的敌军距离我们仅有 300 米，我的大部队则还在沿着公路行进，据我估计他们应该在公路东侧

600米的大转弯处。敌军营地里聚集了一大群人，军官们站在最前面，手里拿着武器，指手画脚、七嘴八舌地争论不休。

我觉得必须在敌军做出决定之前给他们施加点儿压力，于是我走出树林，不缓不急地向他们走去，同时挥舞着手帕，口中大喊大叫，要求他们放下武器投降。意军士兵紧紧盯着我，但没有采取进一步的行动。此时，我距离树林边缘已经有50—100米，一旦意军向我射击，想要退回树林根本不可能。但我绝对不能停下脚步，一旦犹豫不前，我们就完蛋了！

我走到距离敌军150米远的地方，突然间，人群开始躁动起来。士兵们纷纷扔掉武器，挤开军官的封锁，一边欢呼一边向我奔来，我甚至看到一位迟疑不定的意军军官被自己的士兵击毙。不一会儿，我就被数百名意军士兵包围了起来，他们仿佛被从桎梏中解救出来一般，将我举过头顶，抛向空中。投降的人数很快超过了1000名，他们高喊着"德国万岁"，开始狂欢。对于他们来说，战争已经结束了，所以每个人脸上都洋溢着喜悦之情。

这时，其他的山地营士兵也从树林里走了出来，尽管阳光炙热，装备沉重，但他们的步伐依然像平常一样稳健。通过一名会说德语的意大利士兵，我得知他们是意军萨然诺旅第1团的部队，共计1500名士兵。我命令他们在马塔尤尔公路下方面向东方列队，让戈平格下士和3名山地营士兵负责押送他们沿着克拉格恩扎山前往路易科，其中2人负责押送整支意大利部队，另外2人负责隔离押送43名意军军官。当意军军官看到我的部队只有这些人后，情绪变得非常激动，他们企图重新控制部队，只可惜一切都为时已晚，戈平格下士出色地完成了指派给他的任务。

当被解除武装的意军向山谷下方行进时，我部也没有停下脚

步，而是穿过意军营地西侧继续前进。一些意军俘虏向我透露，
驻守在马塔尤尔山坡上的是萨然诺旅第2团，这个团以作战英勇
而闻名，曾经多次获得卡多尼亚将军的褒扬。他们很肯定地告诉
我，这支部队一定不会轻易投降，他们会毫不犹豫地向我们开火，
要我们千万小心。

　　他们说的一点儿都没错，当我部的先头部队进入莫兹里峰西
面山坡时，位于1467和1424高地上的机枪便立刻向我们开火了。
敌军的机枪火力覆盖了整条公路，迫使我们不得不逃进公路下方
浓密的灌木丛中来躲避敌军的射击。这个突然袭击并没有让部队
惊慌失措，久经战阵的山地营士兵很快便集结起来。我命令他们
继续前进，但不是沿着马塔尤尔公路向1467高地行军，而是拐了
个大弯转向西南，我希望能尽快通过1223高地，向1424高地以
南的马塔尤尔公路的关节处推进。一旦我们抵达那里，萨然诺旅
第2团就会成为瓮中之鳖，其下场与半小时前的萨然诺旅第1团
一般无二。唯一不同的是，在莫兹里峰的第1团完全有机会逃进
树林，而第2团若试图穿越空旷的马塔尤尔山坡向南撤退，将会
面临我们火力的无情绞杀。

　　我命令几挺机枪从莫兹里峰西面山坡向敌军射击，从而达到
迷惑敌军的目的，然后带着其余的部队抵达位于1424高地以南
600米处的公路拐点。由于浓密的灌木丛遮挡住了敌军视线，所以
我们没有受到敌军的射击。我准备从这里对1424高地的守军进行
一次奇袭，目前这些守军的注意力仍然集中在我们的后续部队和
留在莫兹里峰的机枪阵地上。之前对于莫兹里峰的成功突袭极大
提高了我军的士气，在极度亢奋的情绪中，就连身体的疲惫、双
腿的酸楚以及被重物压得生疼的肩膀也仿佛变得轻松了不少，所

有的迹象都预示着本次战斗将十分顺利。

可是，就在我为攻击做最后的准备（如部署机枪阵地、编组突击部队）时，后方却传来了一条令人沮丧的命令："符腾堡山地营全部撤退。"

根据营里的撤退要求，我除了可以保留100名士兵和6挺机枪外，其余各连都要返回克拉格恩扎山。现在问题出现了，我是否应该放弃进攻计划返回克拉格恩扎山呢？

当然不！"将在外军令有所不受"，营部根本就不清楚我们现在的情况，所以他们的命令也就显得十分不合时宜。我并不指望会得到后方的增援，但是目前的地形对进攻非常有利，更何况每一名山地兵抵得上20名意大利士兵，因此尽管我们人数不占优势，可胜算却依然很大。

我们的机枪阵地藏在茂密的灌木丛里，隐蔽良好，敌军很难判断出它们的位置，而我们机枪的火力也完全压制了敌军，子弹打在石头上产生的弹跳大大增加了射击效果，迫使藏在岩石间的守军抱头鼠窜。与我们的机枪火力相比，意军的反击显得非常虚弱，几乎没有起到任何威慑作用。

我用望远镜欣赏着我方火力产生的绝妙效果。当第一批意军试图向1424高地北面山坡撤退时，我命令士兵开始跨越马塔尤尔公路和1424高地西坡。随着敌军完全撤出1424高地东面山坡上的阵地，他们的火力也停止了。

我将重机枪重新编入攻击梯队，当发现有一个营的敌军试图从1467高地经由史奎洛（Fta. Scrilo）转向西南时，我们先头部队的一挺重机枪从50米外向他们射击，迫使他们放弃了这项撤退计划。几分钟后，我安排了两挺重机枪作为掩护，然后挥舞着手帕前进至 1467 高地以南 500 米处的石质山头。此刻的战场气氛相当诡异，我们不时看到有意军士兵从石壁间摔落。

公路从这些石壁之间穿过，使我们的视野只能看到几米外的地方，当我们转过一个大拐弯后，左边的视野一下子变得开阔起来。萨然诺旅第 2 团就在我们前方 300 米处，他们有序地放下武器，正在集结。他们的团长坐在路边，被军官们围拢着，他显得非常激动，对这个光荣团队的士兵拒绝服从命令而感到愤怒和羞耻。我立刻展开行动，在敌军认清我们的真实兵力之前，将 35 名军官从 1200 名士兵中隔离出来，然后将他们沿着马塔尤尔公路押送至路易科。当被俘的团长看到我们只不过区区几个人的时候，他更是青筋毕露、暴跳如雷。

我们没有多作停留，而是继续向马塔尤尔主峰前进。我们与马塔尤尔主峰的直线距离只有 200 米，但实际距离却有 1500 米。通过望远镜，我可以清晰地看到岩壁上的敌军。很显然，他们并不准备向我们投降，而是选择了撤退。我最初的计划是让鲁兹少尉带着几挺机枪为我们提供火力掩护，其余部队从南面沿最短路径展开进攻。但是此处的敌军很顽强，攻击路线也十分暴露。我希望避开敌军的观测点，转移至东侧的拱形山坡，然后从 1467 高地对山头发起攻击。这个计划十分成功，我们的转移并没有遭到任何阻击。

这些意军面向北坡，正与第 12 师从德拉科隆纳（Della Colonna）山朝着马塔尤尔攀登的一个侦察部队进行激烈的交火，完全没有注意到自己的后方。所以，当我们最终出现在东侧 500 米处的陡峭山脊上时，他们顿时目瞪口呆了，不得不乖乖地放下武器向我们投降。

当鲁兹少尉率领的机枪手从东南方对山头进行射击时，我和我的小部队正从西面沿着山脊向主峰攀登。我将山头东侧400米处的一个岩石山头作为重机枪阵地，为南面山坡上的突击组提供火力支援。但是，就在我们开火之前，山头上的守军发出了投降信号，在马塔尤尔主峰（海拔1641米）上一幢残破不堪的建筑物（边境检查站）里，120名守军正式向我们投降。没过多久，第23步兵团的一支侦察队，包括1名士官和6名士兵，也从北面山坡登顶，与我们会师。

1917年10月26日11点40分，我们发出3颗绿色信号弹和1颗白色信号弹，宣布占领了马塔尤尔山。我命令部队在主峰上休整1个小时，这是他们理应得到的奖赏。

站在马塔尤尔主峰向四周眺望，起伏的山峦在阳光下闪闪动人。此处视野开阔，在西北方9公里处，是弗里兹战斗群正在全力攻击斯托雷；在西面，是海拔1228米的米亚（Mia）山，虽然看不到纳蒂索内山谷，但它就在我们下方1400米处，距离我们只有3公里远；在西南方，是乌迪内（Udine）广袤而肥沃的土地，意军最高将领卡多尼亚将军的司令部就在那里；在南面，我们可以看到波光粼粼的亚得里亚（Adria）海；在东南方和东方，是那些我们再熟悉不过的山峰：克拉格恩扎山、圣马蒂诺山、胡姆山、库克山以及1114高地。

我们将俘虏围在中间，周边区域的战火依然没有停止，微弱的炮声从远处传来，一架意军飞机拖着火焰坠入山谷。虽然我们无法亲眼看到友军的战况，但从声音也能辨认出一些。此外，我还按照营长的要求，抽出时间向史特莱舍少尉口述了战场简报。

### 战场观察

从托勒敏攻势的发起直到攻占马塔尤尔山，总共花费了52个小时。这期间，我指挥的山地营士兵们一直是阿尔卑斯军的攻击矛头，所向披靡。他们在下坡800米、上坡2400米的山峦间负重冲锋，穿梭于敌军的各个阵地之间，行军仅直线距离就达18公里之遥。

在我们发起攻击的28个小时里，先后有5个装备精良、建制齐全的团级部队向我们投降，而我们的兵力则薄弱得令人咋舌。英勇的山地营所取得的战果大致如下：虏获150名军官、9000名士兵、81门火炮，这还不包括那些被我们切断后路，困在库克山、路易科、莫兹里峰和马塔尤尔山附近的敌军，这些人在随后的战事里全都放下武器，成为其他德军部队的俘虏，被押送回大后方。

在所有战俘中，最令我不解的就是部署在莫兹里峰的萨然诺旅第1团。困境不仅仅会打击军队的士气，更会严重削弱军官的威信，其结果就是只需一名军官前来招降，便足以击溃这个团级部队。试想一下，如果这个团的军官们率领1500名士兵拼死对抗我的小股部队，那么在10月26日这一天，马塔尤尔山一定不可能掌握在我们手中。

在1917年10月24日—26日的战斗中，许多意军团级部队误判了战场局势，认为战争已经失败，因此，一旦他们的后方或侧翼遭受攻击，便立刻丧失了斗志，就地投降。意军指挥官既缺乏战局谋略，也不习惯我们多变的战术，其手上更是鲜有英勇善战的士兵。此外，对德国作战也并不是出于意军士兵的意愿，他们之中的许多人战前都在德国工作和生活，对于他们来说，德国几乎就是第二个故乡，这从莫兹里峰的意军口中喊出的"德国万岁"便可见一斑。

几周之后，山地营的部队在格拉帕（Grappa）地区再次遭遇意军，这一次，敌军的表现和在这里的大相径庭。他们在每一环节的表现都完美无缺，使我们无法再复制另一个托勒敏攻势。

符腾堡山地营在这场伟大战役第一天中取得的战果的意义，可以从阿尔卑斯军的图锡克将军那里略知一二，他在11月3日的作战日志中这样写道："符腾堡山地营在营长史普约瑟少校和他属下军官的领导下，获得了丰硕的战果，正是他们为我军夺取克罗法特山岭造成敌军防线整体溃败打下了坚实的基础。不论是夺取库克山、路易科还是马塔尤尔，都离不开隆美尔及其部队所发起的大规模且锐不可当的攻击。"

在这三天的进攻中，我部的伤亡情况并不严重，总共只有6人死亡（包括1名军官）、30人负伤（包括1名军官）。

截至1917年10月26日正午，弗里兹至托勒敏一线的战场态势如下：

在克劳斯战斗群方面，其前卫部队在波格纳进行休整，并成功击退敌军对塔纳米亚隘口的攻击。

在施泰因战斗群方面，第12师所在的战斗区域里，第62、63步兵团正准备从纳蒂索内山谷附近的边境，穿越斯图匹兹（Stupizze）向鲁克（Loch）发起攻击，他们于14点抵达鲁克。而在北面，我们已经没有部队可以用来对马塔尤尔—莫兹里一线的意军阵地实施攻击。第 23 步兵团于正午抵达克拉格恩扎山，准备向马塔尤尔挺进。

在阿尔卑斯军方面，符腾堡山地营的隆美尔部，攻占了莫兹里峰和马塔尤尔地区。营长则指挥山地营主力从克拉格恩扎山向马瑟里斯（Masseris）进军。近卫步兵团第 2、3 营跟随在山地营主力后方行动。近卫步兵团第 1 营和后备第 10 山地营，于 10 点向波洛瓦行军，而在波洛瓦附近的敌军则于前不久撤离阵地。第 200 师第 4 山地团于 9 点 30 分攻占圣马蒂诺山，随后向阿契达（Azzida）方向进军。

在斯科蒂战斗群方面，第 8 步兵团于上午占领了胡姆山，第 1 帝国皇家师继续沿卡姆布瑞斯克（Cambresko）向圣雅各布（St. Jakob）进军。

战场综述：得益于符腾堡山地营的先头部队击溃了位于克拉格恩扎山、莫兹里峰和马塔尤尔的意军萨然诺旅防御阵地，部署于路易科附近的第 12 师和阿尔卑斯军所属部队，才能够继续向西南方挺进，准备对纳蒂索内山谷展开攻击的第 12 师，也才能安全通过马塔尤尔山。

# 第十三章
## 越过塔利亚门托河和皮亚韦河的追击，
## 1917年10月26日—1918年1月1日

### 第一节　马瑟里斯—卡姆帕格里欧—托雷河—塔利亚门托
### 河—克劳塔纳隧道

当我们的部队还在马塔尤尔休整时，奥腾里希少尉带来了营部的命令，要求我们向山下 800 米处的马瑟里斯运动。下山的道路十分艰难，原本就已疲惫不堪的士兵们几乎虚脱。被俘虏的萨然诺旅第 2 团的军官们与我们同行，他们显然无法接受这样的结局，因此我并不放心让小股士兵押送他们穿过这片满是弃置武器的山坡。

我们沿着一条狭窄的小路下行，并于下午抵达了马瑟里斯村，一路上并没有遇到任何敌人。马瑟里斯村风景秀丽，但我们没有心情欣赏风景，几个连队迅速分散部署到附近的几个农场里。我下令采取最高规格的警戒措施，并尝试各种方法，希望能够与其他部队重新取得联系，他们已经先于我们向佩基尼尔（Pechinie）出发了。在一切事情都安顿完毕后，疲惫不堪的士兵们终于可以休息了。

我邀请被俘的意军军官们共进晚餐，席间并没有什么措辞激烈的言谈。他们一直以来引以为豪的部队竟然倒戈投降，这对他们的打击似乎很大，所以几乎没有动过我们提供的简单晚餐。我很理解他们的处境，因此并没有责怪他们。

部队在破晓之前再次踏上征程，向纳蒂索内的山谷方向行进。此时，营里的其他部队已经向奇维达莱行进，我们落下了好长一段距离。纳蒂索内以西高地上的战斗如火如荼，但那并不是我们的目标，我必须率领部队马不停蹄地向奇维达莱前进，甚至连饭都来不及吃。

我带领部队一路急行军，于中午抵达圣夸佐（San Quarzo）附近，并在那里找到了营部和戈瑟勒指挥的部队，他们正在此地与坚守普戈尔西孟（Purgessimo）阵地的敌军对峙。我和史特莱舍少尉策马穿过战场，时不时就会有意军的机枪向我们一阵扫射，迫使我们加快速度。在圣夸佐以东的某个地方，我们找到了营长。

普戈尔西孟的战斗于 14 点之前结束，我部没有参加战斗，而是在奇维达莱北部边界附近休整了几个小时，然后在午夜时分进入卡姆帕格里欧（Campeglio）。山地营的其他部队正从该地出发，向费迪斯（Fädis）和龙基斯（Ronchis）方向进行侦察。

10 月 28 日凌晨，我们继续向西推进，倾盆大雨让所有人浑身湿透。有那么一段时间，士兵们不知从哪里找来了雨伞遮雨，但上级很快就严令禁止了这种有损军容的举动。于是，我们再次暴露在倾盆大雨之中，好在并没有遭遇任何敌军。

我军于下午抵达普里姆拉科（Primulacco）附近，意军的后卫部队阻断了从这里通往托雷（Torrente Torre）河对面的公路。持续不断的大雨让这条小溪变成了 500 米宽的急流，而守在对岸的敌军只要一看到东岸有人影出现，便会毫不犹豫地开枪射击。

我们向南进占普里姆拉科，在那里的一个意军后勤补给点我们换上了干衣服，然后倒头便睡。前几天的运动战，已经让我们的体力严重透支。半夜 11 点左右，传令兵带来了营长的命令："隆美尔部配备 1 个战炮队，必须在破晓以前渡过托雷河。"接到命令后，我马上下令紧急集合。在夜色的陪伴下，士兵们开始忙碌起来。战炮队向西岸的守军断断续续地发射着炮弹，步兵则尽可能搜集材料，在托雷河的各个支流上搭建仅可供人行走的便桥。敌军并没有干扰我们的作业，很显然，他们在阵地受到炮击之后就匆匆撤退了。当曙光初现时，我们的便桥只剩下 100 米便可抵达对岸了，而此时敌军早已溜之大吉。

格劳少尉一马当先跨过激流，由于缺乏建筑材料，便桥无法连接到西岸，因此我们在最后一段水面上架起缆绳。由于连续的暴雨，托雷河水流湍急，足以将没有支撑的人冲走。在过河的时候，一位扛着一大箱医疗用品的意军战俘不幸被冲走，随着水流起起伏伏，向下游漂去。此人显然不会游泳，沉重的背包更是不断将他往水下拖拽，我不禁为这个可怜的倒霉蛋感到难过，于是策马追赶过去。好在惊吓过度的战俘还没有丧失心志，死命地抓住伸出的马镫，就这样，健壮的战马将我们安全地拽到岸上。

我部在 15 分钟之内悉数过河，然后继续前进至日左罗（Rizzollo），并在那里受到了民众热烈的欢迎。在短暂的休整后，我们又经由塔法格纳科（Tavagnaco）抵达费莱托（Feletto），与山地营的其他部队完成会合，这些部队是在早些时候从索尔特（Salt）附近渡河的。全营向西面的塔利亚门托河前进，一路上都没有遭遇到敌军的阻击，并于当日傍晚抵达法加尼亚（Fagagna）。我的部下找到了一所挺不错的房子，这里的主人早就搬走了，于是我们就在这里用餐，并好好地睡了一觉。

10 月 30 日，全营再次开拔，在穿过契斯特纳（Cisterna）之后，抵达了迪尼亚诺（Dignano）附近的塔利亚门托河，只可惜渡河的桥梁早已被摧毁，火力强大的意军把守着河的西岸，我们几次尝试强渡这条汹涌宽阔的河流都以失败告终。

于是我们转向北面寻找渡口，发现连接圣丹尼尔与皮埃特罗（Pietro）的桥梁仍然完好，但是道路上挤满了各式各样的意军车辆，卡车、驮马、火炮、难民车辆……它们纠缠在一起，谁也动弹不了，堵塞了长达几公里的双向车道。但在路上却看不到意军士兵的影子，他们肯定早就弃车逃离了，而那些被遗弃的驮马和骡子一定被困了好几天，当我们赶到时，它们已经饿得饥不择食，连毯子、帆布和皮革都咀嚼着下肚了。

我准备率领部队于夜间通过皮埃特罗的桥梁，向前线战场推进，可惜这个计划遭到上级的否决，我们只好转向迪尼亚诺，并在那里宿营。真可惜我们无法参加这场围剿意军的盛会了。

第二天，我们收到一则消息说，第 12 师的一支部队已经占领了马塔尤尔山脊，但这个错误情报马上被上级司令部更正了。

在接下来的几天里，我们多次尝试渡过塔利亚门托河，但均以失败告终，直到 1917 年 11 月 2 日晚至 3 日凌晨，波斯尼亚的第 4 步兵团瑞德尔营才成功在可尔尼诺（Cornino）附近的河西岸占领了一块桥头堡。11 月 3 日，符腾堡山地营脱离阿尔卑斯军的序列，配属给第 22 帝国皇家步兵师担任前卫部队，奉命经由梅杜诺（Meduno）、克劳特（Klaut）等地，突破卡尼克阿尔卑斯（Karnic Alps）山防线，并尽快抵达隆加罗内（Longarone）附近的皮亚韦（Piave）山谷，切断多洛米蒂（Dolomites）山前线意军的退路，并阻止他们向南撤退。

本营是首批渡过塔利亚门托河到达可尔尼诺的部队之一，大股的巡逻队骑着从意军那里缴获的折叠式脚踏车，朝梅杜诺方向执行侦察任务。在通过梅杜诺之后，山地营的前卫部队在瑞多尼亚（Redona）附近俘虏了 20 名军官和 300 名士兵。我们沿着克劳坦纳阿尔卑斯（Klantana Alps）山冰川裂口中一条狭窄的小径，追击不远处一股意军的后卫部队，逼迫他们向克劳坦纳（Klautana）隘口撤退。我部与山地营的主力部队一起行军，戈瑟勒部担任前卫，于 11 月 6 日晚抵达匹克拉特（Pecolat）。

11 月 7 日清晨，山地营以行军队列向克劳坦纳隘口攀登，在接近海拔 1439 米的隘口时，前卫部队遭到来自隘口附近高地上敌军的射击，主力部队则在匹克拉特与隘口之间、落差达 900 米的小径上，饱受敌军机枪与炮火的袭扰。敌军的阵地设置在拉吉亚利纳（La Gialina）山（海拔 1634 米）和德罗希兰（Rosselan）山（海拔 2067 米）东北侧的山脊上，那里的岩壁几乎是垂直的，两座阵地相距 2 公里，分别俯视着隘口的两侧，阵地看起来坚不可摧。意军的炮火很快就迫使我们趴在地上，或是到山路两侧寻找掩蔽。

营长命令我部（下辖第 1、2、3 步兵连和第 1 机枪连）随山地营主力，沿德罗希兰山向南机动，包抄隘口上方的敌军。但我们的意图马上被敌军发现，并在攀登西里西亚（Silisia）山时，遭受到敌军的猛烈射击。我们被迫依托巨大的岩石作为掩体，采取逐次跃进的方式向前推进，最后终于抵达了一个通向942高地的横向山谷。山谷中茂密的植被让我们暂时躲开了敌军的射击，但德罗希兰山几百米高的绝壁横亘在我们面前，挡住了去路。事实证明，从南面包抄敌军的方案是不可行的，目前唯一的希望就是从正面抢占隘口。

我们花了几个小时向上攀登，陡峭的山势即使不负重攀登都十分吃力，更不用说山地营士兵身上还背负着沉重的武器了。直到夜幕降临，疲惫的部队才抵达隘口东南方600米处的一座山头，这里云雾缭绕，植被茂密，为我们提供了良好的掩护。随后，我们和位于隘口公路以北100米处的戈瑟勒部取得了联系。敌军半圆形的阵地就位于我们正前方隘口公路的南侧。

我命令精疲力竭的部队就地休整，然后和史特莱舍少尉以及几名士兵一起去隘口进行侦察。此时天色已经全黑，但空中的云雾和地上的白雪却反射出淡淡微光。不过，松软的雪地一被我们踩到，便会发出吱吱嘎嘎的响声，引来守军的一阵扫射，但他们的射击也向我们暴露了其阵地上的火力分布点。

在距离隘口100米处的高点上，我勉强找到几个可以用来部署机枪阵地的位置，我们就在这里精心准备了攻击时的火力支援措施，这花费了我们几个小时。对于这次攻击，我准备投入整个机枪连来提供火力支援，掩护第1、3步兵连从距离敌军阵地300米远的地方发起攻击。

我的计划是：机枪连于子夜0点向敌军阵地开火，以火力压制守军2分钟，随后再将火力转移到隘口两侧的敌军处。而一旦机枪开始射击，第1、3连就必须马上发起冲锋，并用手榴弹和刺刀攻占隘口。

只可惜我在部署火力支援的环节上花费了太多时间，以至于当机枪火力开始射击后，我还在距离担任突击任务的两个连队100米外的岩石坡上。我一边往那里赶，一边默默希望他们能够按预定的攻击时间发起冲锋。但出人意料的是，这两个连竟然没有按照计划采取行动，而是待在攻击发起线后面傻傻地等待。难道是军官们没有按命令行事吗，还是部队出了什么问题？机枪连的2分钟火力压制很快就结束了，攻击部队没能和机枪连协调一致，因此当阵地中的敌人终于缓过气来的时候，便毫不犹豫地对我们的攻击部队实施了反击。在一阵手榴弹战过后，我们的攻击部队被迫退回到攻击发起线的位置，这次正面攻击也随之宣告失败。

我对这次攻击行动的失败感到异常震怒，因为自从战争开打以来，我的作战计划一直都是屡试不爽，这次失败可真是破天荒的头一遭！仅仅因为两个连队没能按照计划的时间进行攻击，几个小时的努力就这样付诸东流。面对已经提高警惕的守军，想要在夜间再次发起攻击显然不是明智的选择，更何况我手下的士兵们早已经是身心俱疲、无法再战了。我现在必须保证士兵们得到充分的休息以及足够的食物，只有这样他们才能尽快恢复体力，并重新投入战斗。可是在海拔1400米满是积雪的山上，除了对面与我们做伴的敌军阵地，我们什么也没有。此外，还有一点也让我十分担心，那就是一旦到了白天，好几个连队的士兵拥挤在狭窄的隘口附近，很可能成为高地上守军的射击目标。因此，我决定率队与敌军脱离战斗。我命令如同来时一样，我带着4个连返回匹克拉特附近的山谷，第5连担任后卫，掩护主力撤退。营长的指挥所就设在半山腰的岩缝中，我在那里向他汇报了夜间攻击失败的情况。

部队在拂晓前抵达了匹克拉特，但此时那里仅有的几栋小房子已经挤满了士兵，我们只好在开阔地上过夜。我们到达后不久，后勤部队便跟了上来，炊事班煮了大量的咖啡给士兵们暖身子。两个小时后天空慢慢泛白，第一缕晨曦照进了山谷，我被叫到电话机旁接受营部下达的命令："敌军已从克劳坦纳隘口撤离，隆美尔部必须立即前进与戈瑟勒部会师，山地营主力将在你们身后穿越克劳特。"

破晓后不久，第 5 连派出的侦察班带回最新的战场情报："敌军已经全部撤出隘口。"对于敌军主动放弃这个坚固的阵地，我感到十分意外，同时也在心底窃喜，因为敌军的撤退客观上显然让我们保存了战斗力。

我部很快便从匹克拉特开拔，沿着公路行军，并在数小时后抵达了隘口。我在这里仔细察看了敌军阵地，第 1 机枪连的火力显然给敌军造成了极大的伤害，在隘口西北一段 100 米的公路两侧，散落了许多沾满血迹的绷带，由此可见，我们的火力压制一定使敌军伤亡惨重。


## 战场观察


我部在克劳坦纳隘口的夜间攻击之所以会以失败收场，就是因为部队间的协同作战出了问题。机枪连与步兵连无法保持密切的配合，是这次行动失败的最主要原因。

## 第二节　在奇莫拉伊斯的追击

山地营的负重行军能力真是让我惊叹不已，在缺乏足够休息的情况下，他们竟然保持行军或作战状态长达 28 个小时之久。在这段时间里，他们先后两次攀登克劳坦纳隘道，高低落差达到了1800 米。但我没有时间让部队进行休整，因为在 11 月 8 日担任前卫的戈瑟勒部已经把我们远远甩在身后，所以我必须让部队加快脚步，以便尽快追上他们。

正午时分，我们终于在克劳特村赶上了戈瑟勒部，在简单休整后便继续前进。戈瑟勒的前卫部队在伊尔波托（Il Porto）附近遭遇了敌军，并且立即向他们发起攻击。战斗并不激烈，敌军在短暂接触后便向北撤退了。当戈瑟勒指挥的部队（下辖第 5 连和第 3机枪连）向伊尔波托前进的同时，我部（下辖第 1、2、3 连和第1 机枪连）改任山地营的前卫部队，经由圣格塔多（St. Gottardo）向奇莫拉伊斯（Cimolais）前进。另外，作为支援部队，第 26 帝国皇家步兵团第 1 营也加入到我们的行军队伍之中。

我命令部队采取追击队形，沿着山谷西侧向奇莫拉伊斯追击撤退的意军。山谷两侧是高达 2000 米的石壁，越接近奇莫拉伊斯村，山谷就变得越窄。山谷两侧茂密的植被挡住了敌军的视线，为我们提供了良好的隐蔽。雪弗尔少尉率领几名骑着脚踏车的士兵以及能找到其他交通工具的参谋人员，走在连队的最前面负责警戒。

直到天黑之后，我们才抵达了奇莫拉伊斯以东的塞莱纳

(Celina) 河岸边，砾质的河床大约有 100 米宽，但河水差不多已经干涸。显然敌军并没有占领奇莫拉伊斯，而是继续向隆加罗内方向撤退。我命令骑着脚踏车的士兵分散执行侦察任务，然后率领其余部队穿过河床，一路上都很平静，甚至没有听到一声枪响。我和史特莱舍少尉骑马进入奇莫拉伊斯村，当地居民的代表非常有礼貌地向我们致意，并告诉我们城内已经准备好迎接德军，并试图把市政厅的钥匙塞到我手里。我这是在做梦吗，还是敌军另有诡计？也许他们正在某处准备伏击我们呢！

我命令侦察班骑着脚踏车沿西面的公路向隆加罗内进行侦察，以确认状况是否真如当地代表所言，随后率领疲惫的部队进入城镇。为了谨慎起见，我让部队在城镇的南面宿营，因为那里可以监控到通往隆加罗内和福尔纳切（Fornace）体育馆的公路。宿营区的情况还不错，在经过 32 小时不间断的行军与战斗之后，部队确实需要几个小时的睡眠来恢复体力。我们此行的目的地皮亚韦山谷就在前方 10 公里远的地方，但没有人知道那里的情况如何。

没过多久，营部、通信连和席莱恩所指挥的部队（下辖第 4、6 连和第 2 机枪连），以及中途加入我们的第 26 帝国皇家步兵团第 1 营进入奇莫拉伊斯北部，由第 1 营担任警戒任务。入夜后，雪弗尔少尉率领的脚踏车侦察组前来汇报："敌军正在罗蒂纳（Lodina）山（海拔 1996 米）和科尔内托（Cornetto）山的山坡上挖壕据守。"我立刻将这个情报上传给营部。

接近午夜的时候，营部下达了新的命令："第 3 连应于 11 月 9 日清晨，向奇莫拉伊斯以西的敌军发起攻击。隆美尔部（下辖第 1、2 连和第 1 机枪连）通过罗蒂纳山（须在破晓前完成攀登），迂回包抄奇莫拉伊斯以西的敌军。席莱恩部（下辖第 4、6 连和第 2

机枪连）沿科尔内托山（海拔 1793 米）、舍腾（Certen）山（海拔
1882 米）和埃尔托（Erto）一线对奇莫拉伊斯以西的敌军实施包
围。戈瑟勒部（下辖第 5 连和第 3 机枪连）沿 995 高地、1483 高
地、埃尔托一线对奇莫拉伊斯以西的敌军实施包围。"

我十分怀疑营部指派给我的任务能否完成，我的部队早已精
疲力竭，要想在这种情况下于夜间穿越海拔 2000 米（高度差达
1400 米）、崎岖难行的山路简直就是白日做梦。午夜后不久，我找
到营长，向他汇报了我们的情况，并建议他修改作战命令，即让
我部倾全力对奇莫拉伊斯以西的敌军实施正面攻击。营长很不情
愿地修改了先前的作战命令，我只需派遣 1 个连通过罗蒂纳山去
执行包围任务即可，其余的部队将在我的指挥下实施正面攻击。

## 第三节　攻击奇莫拉伊斯以西的意军阵地

拂晓前 3 小时，培尔指挥的第 2 连在一位当地向导的引领下，
出发前往罗蒂纳山包围北面的敌军阵地。凌晨 5 点，雪弗尔少尉
发现奇莫拉伊斯以西的敌军阵地一片寂静，根据前一天的经验判
断，敌军很可能已经放弃阵地了。

但我仍然细致地做着战前准备，命令骑兵和各连连长到奇莫
拉伊斯以南集结，然后骑马与骑脚踏车的士兵们前去侦察敌军情
况，看看他们是否真的放弃了阵地，以及敌军阵地前方隘口公路
两侧的地形。此时正值旭日东升，我们沿着奇莫拉伊斯南侧的道
路前进，向着山区的方向一路上坡，骑着脚踏车的士兵走在最前
面，我和其他军官则在他们身后 50—100 米处紧紧跟随。

当我们抵达奇莫拉伊斯以西150米处的拉克罗瑟特（La Crosett）教堂时，前方的山坡突然发出一阵闪光，紧接着步枪、机枪的子弹便从我们身边呼啸而过，并在公路上留下斑斑点点的痕迹。我们急忙跳下自行车和马匹，来到拉克罗瑟特教堂内寻求掩蔽，而受惊的马匹则向着奇莫拉伊斯狂奔而去，所幸并没有人在伏击中受伤。教堂的墙壁为我们暂时挡住了敌军的子弹，但教堂屋顶的石板瓦却在机枪扫射中开始瓦解破碎，碎片纷纷从我们头顶砸落下来。我从教堂里侦察敌军阵地，他们的视野非常好，距离我们最近的敌军仅有200米，并且之间没有任何障碍。在这样的距离里，只要一颗炮弹就足以送我们归西。因此，如果我们还想保住小命的话，就不能继续窝在这里了！

趁着敌军火力的间隙，我命令侦察小组采取相互掩护的方法，分批从教堂向奇莫拉伊斯撤退，布鲁克纳下士带领几个人先行，我和其他人紧随其后。在敌军的猛烈射击下，我们不断变换奔跑的方向，利用路旁的一切障碍物寻求掩蔽，最后居然毫发无损地返回了奇莫拉伊斯，只有几匹马受了轻伤。我事后想来真的有些后怕，如果敌军等我们再靠近100米才开火的话，我们这一行人恐怕都要变成他们枪下的亡魂了。

在脱离敌人机枪纠缠的过程中，多贝曼中士领着观测小组，用高倍望远镜（在塔利亚门托河缴获的40倍望远镜）确定了奇莫拉伊斯以西的敌军阵地部署情况。多贝曼把我带到奇莫拉伊斯的一个教堂顶楼，然后将他观测到的情况一一指给我看。他告诉我，敌军在射击时发出的闪光，为他们的观测提供了不少便利。

敌军大约有一个营的兵力，沿着奇莫拉伊斯西北方800米处高耸的罗蒂纳山体，部署在奇莫拉伊斯至埃尔托公路两侧完整而坚固的阵地上。敌军阵地沿石质的山坡展开，其主阵地从奇莫拉伊斯以西 500 米处的主要公路，一直到公路以南 150 米处。此处到科尔内托山东北坡之间大约部署了一个连的兵力，并配备了几挺机枪，最左侧的敌军步兵位于谷底以上 500 米处。敌军面向奇莫拉伊斯的阵地经过了良好的伪装，但石质的山体让他们无法进一步强化工事，大多数情况下，他们只能垒起石块作为掩护。罗蒂纳山坡及公路两侧的敌军阵地还没来得及设置铁丝网防护，而在科尔内托山坡上的阵地则完全用不着铁丝网，其陡峭的岩壁让人根本无法接近。

昨天晚上我向营长表达了正面攻击敌军阵地的决心，但在侦察过敌军阵地后，我不禁怀疑起自己是否能够兑现这一承诺。之前我还认为这只是一项简单的任务，不过现在看来，我们所面对的困难可真不少啊。

对于罗蒂纳山坡上那些设置了铁丝网的阵地，我们可以从公路对面沿宽广的正面阵地实施攻击，但这样的话，必将受到来自科尔内托山侧翼火力的打击。我在奇莫拉伊斯以北 700 米处的罗蒂纳山，发现了一座尚未被敌军占领的山头，如果在其制高点上部署几挺机枪，也许可以在某种程度上压制住敌军的侧翼火力，但即使这样，也不太可能为本次攻击提供足够的火力支援。与罗蒂纳山相比，向科尔内托山进行攻击的计划更是毫无希望可言，那里的守军甚至不需要依赖侧翼的火力支援，便可以利用炸起滚落的山石将我们击退。由于白天光线充足、视野良好，我们根本不可能从罗蒂纳山迂回包抄敌军。而从科尔内托山包抄敌军更是难上加难，因为其东面山坡的垂直岩壁恐怕连猿猴都无法攀登。

第 2 连已经于昨夜向罗蒂纳山攀爬，但我却无法观察到他们的情况。据我猜想，他们应该会向北上行，或许要到入夜才能做好攻击前的准备。而席莱恩和戈瑟勒的部队也同样不太可能在天黑以前发起攻击。

从目前的情况来看，唯一能够压制奇莫拉伊斯以西敌军阵地的位置，就是在奇莫拉伊斯以北 700 米处的那座小山头。这座位于罗蒂纳山山脚的山头海拔有 937 米，山顶遍布着低矮的灌木，可以用作掩护。我从奇莫拉伊斯的教堂顶楼仔细观察了地形之后，制订出了一个看似可行的攻击计划："在奇莫拉伊斯以北 700 米处的山头上部署几挺机枪，以火力压制科尔内托山上的守军，然后从山谷跨越公路发起攻击。"

在接下来的几个小时里，我将第 1 连的轻机枪组调整到奇莫拉伊斯以北 700 米处山头上的灌木丛里，并尽量避开敌军阵地的观察。我向他们的组长特里比克少尉详细说明了我的行动方案，因为在本次行动中，轻机枪组将起到至关重要的作用。与此同时，其余的部队〔包括第 1 连（缺少机枪组）、第 2 连、第 1 机枪连〕在奇莫拉伊斯以北的隐蔽山坡上集结待命，我已经事先将各部队的任务下达给了各连连长。我的指挥所设置在第 1 机枪连附近，通信班则完成了与轻机枪组、第 1 连、第 3 连的电话连接。

就在我们进行准备工作的同时，我军的 4 门山地榴弹炮以及第 26 帝国皇家步兵团第 1 营的几挺机枪，已经从奇莫拉伊斯教堂附近向隘口的意军阵地开火了。他们先前并没有与我部取得任何联系，也没有参与制订协同作战计划，这种贸然攻击将极大地干扰到我的计划，因此我连忙赶到位于奇莫拉伊斯的营指挥所，阻止了他们的鲁莽行为。

9 点，我命令第 1 连的轻机枪组开始射击，其中两挺机枪负责压制科尔内托山的守军，另外 4 挺轻机枪则对科尔内托山坡最左侧的敌军阵地进行扫射。超过 1400 米的射击距离已经超出了轻机枪的射程范围，因此即使东南侧的敌军阵地完全暴露在我们的视野之内，我们的机枪火力也无法造成有效的杀伤。但我们从不同的阵地上用望远镜进行观察，却发现我方机枪的射击效果出乎意料地好。在火力压制开始之后，敌军便很快放弃了他们的散兵坑，撤退到左侧尚未受到攻击的阵地上，而我们的轻机枪则如影随形，很快又让左侧阵地里的意军转移至隘口公路以南的预备阵地，那里已经远远超出了我们机枪火力的覆盖范围。

　　意军士兵频繁变换阵地很快带来了负面效果，刚开始只是个体行为，但很快就演变成整个排的大规模撤退，这正是我所期待的结果。我命令第 1 机枪连从奇莫拉伊斯以西的山头投入战斗，这个山头暴露在科尔内托山敌军阵地的火力范围内，所以在此之前我们一直没有进占这个制高点。但科尔内托山守军的撤退为我们创造了条件，在他们撤离阵地以后，第 1 机枪连的重机枪随即开火，使得 600 米远的科尔内托山上至少一个连的守军，向位于隘口公路以南、悬崖南端 150 米处的预备阵地狂奔过去。惊慌失措的守军让我们机枪扫射的效果大幅提升，我们的重机枪一挺接一挺地投入战斗，而部署在制高点上的 6 挺轻机枪也适时加入。对面的敌军士兵抱头鼠窜，狭窄的壕沟里很快就人满为患。我军机枪能够取得这样好的效果，着实出乎我的意料。

　　此时，科尔内托山上的敌军已经不再是威胁，机枪连的火力已经把他们死死压制住，第 3 连趁机穿过公路向敌军阵地发起了攻击。看到我军的行动后，罗蒂纳山坡上的敌军开始向第 3 连射击，而我们部署在第一线以及制高点的机枪火力，足以覆盖公路以南的所有敌军阵地，他们的火力压制很好地分散了敌军的射击点。在这种情况下，敌军开始分批次放弃公路以南的阵地，逐渐向后方撤退了。由于进攻发起后，我一直与机枪连待在一起，并且和部署在左后侧高地上的轻机枪组保持着畅通的电话联系，因此可以对我方的射击点做出及时的调整。看到敌军撤退后，我命令距离敌军 500 米处的机枪阵地尾随射击，几分钟之内，溃逃的大部分敌军都变成了一具具尸体。

在轻、重机枪的火力配合下，第 3 连的士兵们杀出一条血路，冲破敌军的铁丝网防护，进而成功占领了隘口处的敌军阵地！

我命令机枪手持续寻找目标进行射击，然后指挥着剩下的所有部队，前进至已经被第 3 连占领的隘口阵地。罗蒂纳山坡上的敌军仍然在做最后的努力，但他们显然已经撑不了多久了。我向营部汇报了最新战果，同时要求脚踏车侦察兵、骑兵和传达官向前部署。很快，罗蒂纳山上的守军，包括两名军官和 200 名士兵，便放弃抵抗、缴械投降了。让我备感欣慰的是，此役我军的伤亡非常小，只有一些士兵受了轻伤。能够以如此小的代价夺取意军坚固阵地，这真让我喜出望外！

此时，敌军余部已向西逃窜，我的下一个任务就是乘胜追击，追赶并歼灭他们，然后顺势攻占皮亚韦山谷。

## 战场观察

11月8日夜至9日清晨，我们前往位于奇莫拉伊斯以西的敌军阵地实施战斗侦察时，遭遇敌军预置的机枪火力射击，并侥幸逃过一劫。但这些攻击暴露了敌军火力的部署情况，由多贝曼中士领导的观测组人员据此精确定位了他们的位置，这应该算是因祸得福了吧！

从理论上讲，对奇莫拉伊斯以西阵地的攻击是个让人头疼的问题，但我最终还是找到了合适的解决方案。我命令轻机枪实施远程射击，并且取得了极佳的效果，其对敌军造成的心理震慑，远远大于实际上的杀伤效果。极个别退却的守军很快动摇了其他人的斗志，最终演变成整批部队的溃败。

在针对奇莫拉伊斯以西敌军阵地的攻击行动中，各兵种的协调配合非常密切。在第3连发起冲锋之前，猛烈的机枪火力完全压制住了主力阵地上的敌军，而良好的通信网络也确保了我能够及时更改战术。

## 第四节　穿越埃尔托和瓦伊昂山谷的追击

我们没有时间让部队进行整顿，因为任何拖延都可能使正在溃逃的敌军指挥官有机会重整部队，因此我命令现有部队全力展开战场追击，后续部队和机枪部队则以最快速度沿公路赶上来。

可就在此时，我军刚刚占领的罗蒂纳山以西300米处的阵地却突然遭到了机枪射击，从而延缓了我们的追击行动。后来发现，这些火力竟然来自第2连所属的部队，由于他们所在的位置难以区分敌我，所以误把我们当成了意军。大概有几分钟的时间，我们完全暴露在他们的火力下，这段时间可真是难熬啊！还好他们很快就发觉到自己的错误，并立即转移了火力。这次意外事件让敌军摆脱了与我军的接触，因此我们不得不加快脚步，以期尽可能弥补先前耽误的时间。大概在10点10分，我和史特莱舍少尉带领第3连的先头部队抵达了圣马蒂诺，与此同时，从奇莫拉伊斯出发的脚踏车侦察兵、骑兵、通信兵和参谋官也都到达这里，与我们会合。

公路拐了一个大弯转向北方，朝圣马蒂诺以西800米处的埃尔托—耶—卡索（Erto-e-Casso）而去，两侧的山群逐渐消失，因此视野良好，一股意军正在我们前方500米处沿着公路狂奔。我立刻部署了一挺轻机枪作为掩护，告诉他们只有在得到我的命令后才可以射击，然后便带着其余部队沿着公路继续追击。很快，我们的骑兵和自行车兵便赶上了落队的敌军士兵，在不费一枪一弹的情况下，解除了他们的武装，并给他们指定了战俘集结点。随后，我们骑马向埃尔托方向急进，沿途尽是落单的意军士兵和四处闲逛的驮马。这些士兵只要被我们追上，便毫不抵抗地缴械投降了。

这次追击就好像是一场马匹与脚踏车的赛跑，机动部队遥遥领先，步兵们则扛着轻、重机枪喘着大气随后跟上，整个部队前后绵延长达数公里。每名士兵都意识到速度与时间的重要性，这正是我们赶上敌军、夺取胜利的关键。

我们越接近埃尔托，山谷就变得越狭窄。此时我们距离目的地皮亚韦山谷仅剩4公里，而眼前的瓦伊昂（Vajont）山谷正是必经之地。瓦伊昂山谷长达3.5公里，既窄且深，地形十分险恶。山谷起始端的公路高高悬挂于山谷北侧的垂直石壁上，距离谷底约200—300米。在一条小溪上方有座40米长的桥梁，公路从这里穿过，沿着山谷南侧的山壁蜿蜒而行。除此之外，沿途还有多个横向的山谷和横跨其上的桥梁，以及好几段长距离的隧道。意军如果在这些地方进行一次爆破行动，就足以封锁这条通往隆加罗内的公路达数天之久。即使不采取爆破，只要在隧道入口部署一挺机枪，也足以严重阻滞我们的攻击。只要看一看地图，就足以得出上述结论，可惜当时我正忙于追赶敌军，根本没有时间去仔细研究地图。

通过埃尔托后的下坡公路使得脚踏车兵在速度上明显超过了骑兵，在一个公路拐弯处，他们甚至几乎摸到了敌军的屁股，但随后又让敌军从我们的视野中消失。没过多久，我们便听到了枪声，我向远处望去，只见一辆意军汽车正向西方驶去。在下坡公路上，我们得快马加鞭才能追上自行车兵。当我们骑进了一个漆黑的隧道时，前方不到 100 米处传来了巨大的爆炸声，几乎将我们震下马来。我们向着隧道出口摸索前进，后来才知道当时的隧道里满是意军士兵。我们离开隧道又向前走了 50 米，终于看到了意军的杰作：一条深坑横在我们眼前，敌军在这里成功炸断了一座通往瓦伊昂山谷的桥梁。

问题是我们的自行车兵跑到哪里去了？远处传来的激烈枪响解开了我们的疑惑。我翻身下马，让传令兵沃恩通知后续部队立即跟进，而我们则沿着山沟右侧下到谷底，越过桥梁的残骸后爬上公路的另一侧，然后朝着枪响的地方快速前进。

我们很快到达了一座横跨瓦伊昂山谷的拱桥，并在其北端的一栋房子后面找到了脚踏车兵，他们正朝着一辆刚刚驶进另一端隧道的意军卡车不断射击。种种迹象表明，卡车上的车组成员是被意军留下来断后的爆破小组，如果不及时阻止，他们很可能还会爆破更多的桥梁和隧道。脚踏车兵告诉我，他们在爆破前几秒钟才惊险地通过了那座大桥，费雪下士在试图拔除导火索时不幸牺牲。

我们继续向前追击，很快便到了另一座桥前，据说这是意大利境内最高的桥梁，长约40米、高度为150米，桥身底下是奔涌而过的溪流。意军在桥面中间挖凿的方形炸药孔清晰可见，从我们的位置上，甚至可以看到填充在里面的炸药。桥另一端的敌人已经停火，隧道入口处也看不到他们的影子，难道他们已经撤退了？桥梁上的导火索是否已被点燃？如果我们面前的桥梁被敌军成功炸断，那么在未来的几天之内，我们都不可能赶到皮亚韦山谷。所以，我必须立刻采取行动！

第2连的布鲁克纳下士向来以英勇著称，于是我选择他去完成这项十分危险的任务。我命令道："拿一把斧头，跑过桥去，砍断所有通向桥面的导线。当这个任务完成后，其他人将紧跟着你拔掉桥面上的所有导火索。"

几条悬在低空的缆线挂在大桥上，那很可能就是意军引爆器的导线。正如我所希望的那样，布鲁克纳出色地完成了任务，当最后一根缆线被砍断后，我和其他人立即上前，清除了桥面上所有的导火索。就这样，我们成功保住了这座桥。

随后，我命令布鲁克纳下士和几名脚踏车兵担任先头部队，继续向皮亚韦山谷进发，我和其他部队则随后跟上。同时，我再次派出传令兵，命令后续部队用最快的速度跟上。在通过了几个隧道后，公路开始向山谷出口处下行，这段路几乎是在垂直的岩壁上开凿出来的，旁边的岩壁高达450米。走在前面的布鲁克纳小队并没有传出任何射击声，我猜他们很可能已经抵达了山谷出口。

11点，我带领参谋人员、脚踏车兵和第3连的部分步兵抵达了山谷出口，我们的装备加在一起，也只有10把步枪。此地风景秀丽，距离隆加罗内东侧还有不到 1 公里的距离，而皮亚韦山谷就在我们前面，我们甚至可以看到意军爆破小组的汽车正穿越皮亚韦桥。在我们下方 150 米处是一条宽大的河床，突出的岩石将溪水分割成几条支流，并被潺潺流水不断冲刷着。远处狭长的村落就是隆加罗内，高达 2000 米的悬崖绝壁耸立在村子背后。皮亚韦山谷的西边是一条绵长的意军纵队，各个兵种混合在一起，行进在山谷的主干道上。这些部队很可能来自北面的多洛米蒂山，正向南撤退至隆加罗内。在隆加罗内及其车站附近的景况与里瓦尔塔（Rivalta）差不多，塞满了各式各样的意军部队和车辆。

## 第五节　在隆加罗内的战斗

仅有少数参加第一次世界大战的士兵能够看到这样的奇观：成千上万的军队在左右两侧高达 2000 米的狭窄山谷中井然有序地撤退，却完全忽略自己过分暴露的侧翼。

这幅场景几乎让我们乐翻了，这可真是吃掉敌军的大好时机！我迅速将手上仅有的 10 把步枪部署在公路以南 100 米处茂密的灌木丛里，命令他们集中火力，向 1200 米以外里瓦尔塔至皮拉戈（Pirago）公路上的敌军纵队开火。这是一段毫无隐蔽物的暴露地段，左侧是皮亚韦河、右侧是岩壁，意军夹在中间任人宰割。就在这时，第 3 连的先头部队上气不接下气地赶到了，使得我们的攻击火力进一步增强。

我们仅用了几分钟，就将敌人的纵队分成两段，北边的意军开始往隆加罗内撤退，而南边的意军则加快步伐继续前进。数分钟后，敌军调动了大批机枪火力向我们还击，但由于我们占领的阵地隐蔽良好，意军只是向公路以及上方的瓦伊昂山谷胡乱射击，所以并没有对我们产生任何威胁，不过敌军的射击还是延缓了我军后续部队的速度。

　　就在我们对着敌人猛烈射击时，我的一名通信兵突然发现约有一个连的意军步兵，正试图从我们后方 854 高地方向的岩壁向下攀爬，我立即命令几名步枪手和一名轻机枪手去解除这个新的威胁。当敌军距离我们不到 300 米时，我派出的小分队果断射击。射击效果非常不错，每一名意军被击中后，都会顺带扯落几名同伴，看来我们已经是胜券在握了。不过我可不想进行一场大屠杀，于是向敌军喊话，要求他们投降，眼看大势已去的敌军就这样缴械了。如果那名通信兵没能发现这股敌军，让他们沿着岩壁爬下来的话，很可能会对我军造成严重威胁。

　　为了阻挡我们的追击，皮亚韦山谷里的敌军炸毁了隆加罗内以东的一座桥梁，然后准备向木杜（Mudu）方向撤退，但被我军的火力所阻，在木杜和贝卢诺（Belluno）的公路上，只有少数意军侥幸逃脱。几个意军的炮兵连在隆加罗内以南的山头上加入战斗，却仍然无法挽回颓势，因为他们根本没有发现我们在瓦伊昂山谷以南的阵地，数十发炮弹就这样浪费在瓦伊昂山谷及其两旁的公路与悬崖上了。尽管意军的机枪和炮兵火力引起了不少落石，延缓了我军后续部队的速度，但第 1、3 连余部以及第 1 机枪连的一个排，还是在 11 点 45 分抵达了瓦伊昂山谷入口公路以南 100 米的阵地。

　　为了彻底切断皮亚韦河西岸通往贝卢诺的公路和铁路，围歼所有向北退却的敌军，我给第 1 连加强了一个重机枪排，命令他们经由多尼亚（Dogna）前往皮拉戈附近的皮亚韦河西岸。在他们转移的过程中，第3连负责提供火力支援，并尽最大可能防止敌军有组织的脱逃。

第1连接到命令后，立即以密集队形向多尼亚急行军，在经过一个暴露且坡度很大的草坡时，遭到了意军机枪和炮兵的猛击。不过第1连并没有遭受任何损失，他们成功进入多尼亚的建筑物中，避开了敌军的火力射击。与此同时，意军仍在孜孜不倦地向我方阵地开火，但是收效甚微，其中大部分炮弹和子弹都落入到瓦伊昂山谷中。

推进到多尼亚后不久，第1连横渡了皮亚韦河。河床十分开阔，使得他们完全暴露在敌军的视野之下，位于隆加罗内附近的敌军很快就向第1连发起攻击，迫使他们撤回到多尼亚以避免遭受更为严重的损失。我命令第3连继续坚守阵地，然后便带着参谋们赶往多尼亚，一路上伴随着敌军猛烈的炮火和机枪火力，每个人都成了标靶，让我们不敢稍作停留。

在多尼亚，我与刚刚从皮亚韦河撤回的第1连会合，他们的失败并没有让我感到沮丧，因为一次小小的失利，并不代表敌军的防线就多么坚不可摧，也许结合地形，在皮亚韦河南侧采取多路并进的方式，可以更容易渡河。

我将重机枪排部署在一栋建筑物的顶楼上，这样就将皮拉戈的铁路和公路桥全部纳入了我方的火力范围。他们的任务是阻止敌军大部队从公路上撤退，但每挺机枪只能分配到1000发子弹，所以必须节约弹药才行。

我挑选出几名干练的军官担任组长，让他们每人带领一个侦察组，自行选择最合适的方式横渡皮亚韦河。一旦到达河西岸，便向皮拉戈方向移动，俘虏所有正在向南撤退的小股敌军。等到俘虏积攒到一定数量，就必须将他们送往皮亚韦河的东岸。这是一项艰巨的任务，要求每个组长及其组员都要具备超凡的作战技能和应变能力。

在我方的火力掩护下，5个侦察组出发了。他们的进展十分缓慢，这不禁让我产生了怀疑，不知道他们能否渡过皮亚韦河。

就在侦察组出发后不久，营长率领通信连和第26帝国皇家步兵团第1营抵达了第3连的阵地。在我们的请求下，通信连接替了第3连的位置，让他们得以赶到多尼亚与我军会合。

河床上没有任何侦察组的影子，敌军的机枪向800米宽、毫无掩体的砾质河床拼命射击。接近14点，我命令第1、3连从多尼亚出发，从宽广的正面战线向皮拉戈方向发起攻击，以期能够让部分部队渡过皮亚韦河，从而切断西岸的公路。但我们才走了几百米，就被敌军猛烈的炮火和机枪火力所阻，不得不挖掘掩体，暂时躲避敌军的火力威胁。我们在这里取得的唯一进展，就是用500米宽的阵地堵住了敌军后撤的路线，并分散了敌军对南面侦察组的火力威胁。

时间一分一秒地过去，5个侦察组毫无消息，于是我又命令史特莱舍和特里比克少尉各带领一个侦察组尝试渡河，结果这两组都出师不利。第一组在敌军炮击皮亚韦河主流时就丧失了战斗能力，另一组则遭到敌军机枪火力的重挫。情况非常糟糕，皮亚韦河的屏障看起来坚不可摧，意军炮兵从隆加罗内以南和德允恩（Dregnon）山西南向我们所在的位置猛烈射击，而且他们的炮弹似乎十分充足。

我将指挥所设在皮亚韦河床上的一个小石壁后面，这里正是敌军炮火最集中的地方，猛烈的炮火将岩石炸得坑坑洼洼，但这正好可以作为我们的散兵坑。

多贝曼中士利用他的高倍望远镜，仔细观察了隆加罗内以南地区的情况，在河西岸，不时有敌军和车辆冲出我们的火力封锁，向南逃离。由于我的副官正在执行外勤，所以我向之前接受过文书训练的布拉特曼下士口述了在奇莫拉伊斯地区的作战报告。一直到现在，敌军的火力强度都没有丝毫减弱，第3连更是他们的主要攻击目标。

接近14点30分，第26帝国皇家步兵团第3连和第1机枪连抵达多尼亚，前来增援我们。军官们来到我的指挥所报到，我不想让更多的部队暴露在敌军的火力之下，因此将这些部队部署在战区以外担任预备队，只命令一个重机枪排前去增强对隆加罗内至贝卢诺公路和铁路的火力封锁。在得到兵力增援后，我希望能在天黑前渡河。

此时距7个侦察组出发横渡皮亚韦河已经有好几个小时了，但却没有一点儿消息传回来，难道他们的渡河尝试都失败了吗？敌军正不断向南逃脱，而我们却只有干着急的份儿。此外，我们的弹药也已经所剩无几，机枪子弹更是稀缺，因此对我们来说，每一发子弹都弥足珍贵。在这种情况下，时间拖得越久，对我们就越不利。

接近15点，多贝曼中士向我报告，说他可能在皮亚韦河对岸的西南方发现了成功渡河的侦察组，因为他看到一名我军士兵在铁路附近的一幢房屋后面，俘虏了一名从法耶（Fae）方向撤退回来的意军士兵。我连忙拿起望远镜察看，还好一切都还在我们的掌握之中！

15 点 30 分，在我们南面 2 公里处宽大的河床上，聚集起了一大群意军俘虏，他们正被驱赶着向东岸渡河，向多尼亚方向前进。见此情景，我试图让部队浑水摸鱼，趁着混乱渡过皮亚韦河，但这个诡计很快便被意军识破了。部署于隆加罗内附近的意军炮兵显然将这些俘虏误认为是德军，于是向正在渡河的他们实施了炮击，我的渡河计划也因之流产。猛烈的炮击迫使俘虏们再次回到法耶附近的西岸，而位于东岸的我们则继续遭受着敌军的火力压制，这样的结果真令我忧心忡忡。

天黑后不久，另一群意军战俘在法耶以北 1 公里的 431 高地附近、皮亚韦河最西面的支流上开始渡河，那是一个旧水坝，我期待了一整天的事情终于发生了，我立即将大部队调往水坝处。敌军依然向我们的旧阵地以及多尼亚附近倾泻着子弹，但现在，这已经不再是我的烦恼了。

在皮亚韦河的支流上，数百名意军战俘的出现迫使敌军停止了炮击，这正是我们渡河的最好时机。据战俘讲，皮亚韦河的一些地段水流湍急，另一些地段水深及胸，若是单兵行动，即便是游泳健将也很难到达对岸，湍急的水流会把人直接冲往下游。因此，渡过皮亚韦河众多支流的最佳方式，就是所有人手牵着手走进河里，面向皮亚韦河上游，根据水流的缓急调整身子前倾的角度。我们参考了意军战俘的建议，模仿他们的姿势并很快到达了河对岸，然后便马不停蹄地向法耶进发。能够在清凉的河水中泡一泡，我们不禁精神百倍，因而脚下的步伐也显得格外轻快了。

我们在法耶碰到了先前派出的侦察组，他们立即向我汇报了这段时间的遭遇。第 1 连的 16 名士兵在副连长胡伯少尉和洪纳克中士的指挥下，冒着隆加罗内敌军的机枪扫射，在皮拉戈以南

1.5 公里处涉水渡过皮亚韦河，并占领了法耶的城堡，二等兵希尔德·布朗德特不幸阵亡。他们在法耶切断了通往贝卢诺的公路和铁路，并成功俘获了一些从隆加罗内撤退、毫无戒心的意军。不久后，雪弗尔少尉也抵达这里与他们会合，仅仅一个下午，第 1 连就在法耶俘获了 50 名军官和 780 名士兵，以及各式各样的车辆。

增援部队的到来让他们十分高兴，毕竟对于几个人来说，要看管这么多的战俘可不是一件轻松的事情，更何况军官还要严加看管。由于战俘众多，不适宜向后方押送，所以我决定先将他们关押在城堡的顶楼里，并派两名士兵负责看管。我还有更重要的事情需要处理，可没时间陪他们瞎搅和。

侦察组切断了隆加罗内和贝卢诺之间所有的电话线，但我相信增援隆加罗内被围敌军的部队已经出发，因为至少在德允恩山的敌军炮兵可以清楚地观察到隆加罗内方向的情况。因此，我必须做好随时战斗的准备。我给第 26 帝国皇家步兵团第 3 连配备了山地营的一个重机枪排，命令他们担任南面的警戒和侦察任务，其他部队则部署在法耶周围。

我可不指望我们能有额外的援军到来，那些执行包围任务的山地营部队（如戈瑟勒部、席莱恩部和第 2 连），即使在未与敌军遭遇的情况下，也不可能在午夜之前赶到隆加罗内以东 1000 米的瓦伊昂山谷出口处。目前，营长正亲自指挥着第 26 帝国皇家步兵团第 1 营、山地营通信连以及 377 战炮队驻守在那里，不过这个战炮队已经没有任何弹药可用了。

此时，皮亚韦河西岸南北向的交通已经被我军切断，我是否应该就此打住呢？当然不！这不是我的战斗风格！为了尽快获取隆加罗内附近的战斗主动权，我决定动用手中现有的兵力（山地营第 1、3 连，第 26 帝国皇家步兵团第 1 机枪连），继续向隆加罗内发起攻击。

夜幕缓缓降临，在我们渡河后不久，敌军就停止了从隆加罗内向法耶的撤退，他们或许已经知道通往贝卢诺的公路已被我们切断。他们一定是凭借着黄昏的微弱光线，看到了我军混在 800 名俘虏中渡河，因此他们的炮兵又开始向我们在皮亚韦河的渡河点进行了炮击。面对现在的形势，敌军会如何应对呢？他们会不会趁着夜色冲出重围？这些都是我需要考虑的问题。

我通过电话联系上了位于多尼亚的重机枪排，告诉他们：当部队沿着公路向隆加罗内推进时必须停止射击，而在这之前，他们要对皮拉戈附近的公路和铁路桥，以及北面 100 米的公路涵洞实施扰乱射击。

在一切相关事宜部署完毕后，部队向北出发了。我率领先头部队走在最前面，后续部队的行军序列如下：机枪连沿路右侧行军，子弹上膛，随时准备射击；步兵连沿路左侧以密集队形行军，与机枪连间隔 10 米。各连本队在他们身后 50 米处跟进，同样采取密集队形；连部走在各连的前面。我们以最快的速度向前赶路，不敢稍事停歇，因为这样安静的夜晚，非常适宜敌军的警戒部队进行侦察。

尽管我们已经足够小心，但是在到达皮拉戈以南 300 米处时，先头部队还是遭到了意军警戒部队的射击，在漆黑的夜色中，敌军射击时发出的火光清晰可见。我们的轻机枪立即予以还击，子弹打在公路及左右两侧的岩壁上，溅起点点火花，我方的机枪火力很快便赶走了敌军。

我们继续向皮拉戈方向进发，并在不久后通过了白天被我们用火力封锁的大桥。位于多尼亚的重机枪排因之前收到了我的指示，此时并没有向桥面进行射击。而在这一路上，我们也没有和敌军再次遭遇。

在我们左上方几百米的悬崖上，意军炮兵仍然在向我们的渡河点猛烈炮击，炮弹在夜空中留下一条条明亮的轨迹，真是一场绚丽夺目的烟火秀啊！

此时，隆加罗内最前方的建筑距离我们只有100米了，我们缓慢地向前推进，借着敌军炮弹发出的微光，看到一堵黑墙横跨在公路上。一开始我们还以为这是公路的转弯处，直到走近至70米时，才确认这是个路障。对于我们的到来，敌军显然已经做好了充足的准备！

我命令机枪连前进部署，其连长（一名中尉）接到命令后，便将几挺重机枪部署在路的两侧，准备对路障射击，其余部队则原地待命。我的计划是，先用机枪火力对路障进行扫射，然后第1、3连冲锋夺取隆加罗内的南入口。

4挺重机枪被部署在距离路障40米处的地方，其他部队也在进行着冲锋前的准备。突然，一阵机枪扫射向我们袭来，而这竟然是我们部署在多尼亚的重机枪排干的，显然他们并没有正确理解停止射击的命令。周围的路上和石壁上瞬时迸满了火花，我们连忙寻找掩护，场面一片混乱。而就在此时，部署在前方路障后面的敌军也开火了，同时有好几挺机枪向我们所在的区域进行了扫射。敌军的机枪距离我们只有70米远，这种近距离射击让我们毫无招架之力。与重机枪排的协调失误让我们完全陷入被动，死亡离我们近在咫尺，这可是我经历过的最要命的时候了，部队就这样卧倒在地、被动挨打长达几分钟之久。由于距离过远，我们无法使用手榴弹向路障后的敌军实施有效攻击；而在敌军机枪的扫射下，在狭窄的公路上向敌军发起冲锋，也无异于一种自杀行为。幸运的是，我们在路边的岩壁旁找到了一处半圆形的洼地，暂时避开了敌军火力。之前向敌军投掷的手榴弹更加激怒了敌军，随之而来的便是更为猛烈的机枪扫射。我们的伤亡急剧增加，第26帝国皇家步兵团机枪连的连长也在左边的路沟里身负重伤，好在夜幕掩盖了我们的行踪，否则伤亡只会更大。

至此，这次行动已经宣告失败了，我们必须尽快与敌人脱离战斗，以避免伤亡数字进一步升高。在敌军猛烈的机枪扫射下，四处活动显然是个不明智的选择，所以我用口耳相传的方式传达了命令，要求部队立即向皮拉戈附近的桥梁撤退。后方的部队很容易便和敌军脱离了接触，但对处于机枪火力下的先头部队来说可就不那么容易了。我们只能趁着敌军射击的间隙向后方猛跑，但这个间隙非常短暂，所以我们每跑几米，便不得不重新卧倒寻找掩蔽。

在反复几次卧倒与狂奔后，我们终于毫发无伤地跑到公路拐弯处的安全地带。虽然暂时摆脱了敌军的火力，但危机还远没有结束，因为留在多尼亚的重机枪排封锁了皮拉戈的公路大桥，给我们造成了巨大的困扰。此时，我军被切割成了三部分，我身边只剩下几名士兵，其余的大部队则已退回至皮拉戈，另有相当多的士兵还被困在路障附近。

但就在这时，敌军竟然奇迹般地停火了，紧接着从路障方向传来了交谈声，并且迅速向我们靠近。从声音来判断，他们肯定不是山地营的部队，但奇怪的是，我居然没看到哪怕一名山地营士兵从那里撤回来。我火速向皮拉戈方向返回，一路上我聚集了几名士兵，其中一个携带着一把信号枪。当我抵达皮拉戈大桥附近时，没有看到任何部队的影子，看来他们并没有接到在此处集结的命令。

然后，我看到一大股意军沿着公路走下来，不知是俘虏还是前来进攻我们的军队。我对先头部队（第3连及第26帝国皇家步兵团机枪连）的情况毫不知晓，因此决定发射几颗照明弹来探明状况。

我向着公路桥右侧一段通向磨坊的矮墙附近发射了几颗照明弹，在照明弹的光亮下，我看到一大群意军挥舞着手帕直奔皮拉戈而来，距离我最近的意军仅有100米了。照明弹暴露了我的位置，让我成了绝佳的枪靶子，但这股意军却没有开枪，而是继续向我们靠近，对于他们的企图我更是一无所知。

与眼前出现的大股意军相比，我身边的四五名士兵简直起不到任何作用。看样子，其他部队早已向法耶方向撤退了，因此我只能沿着公路狂奔，希望能追上我们的部队，并带领他们前来阻止这股意军。

几分钟后，我在皮拉戈以南300—500米处的一排建筑物附近，聚集了大约50名士兵。我很快就用一半士兵封锁了公路，我和多贝曼中士在公路右侧，用建筑物作为掩护，雪弗尔少尉在公路左侧，靠着石壁准备迎敌，而史特莱舍少尉则率领另一半人马驻守在建筑物内。大家全部子弹上膛，随时准备射击，为了确保能够有效杀伤敌军，我命令所有人只准听我的命令才能射击。

我们只有几秒钟来完成战斗准备，因为敌军距离我们越来越近了，他们肯定会沿着公路直行，不可能中途转向左侧。那里是我们假定的皮亚韦河所在的位置，对于那里的情况，我一无所知。

在夜色中，能见度超不过50米，路的两侧更是什么也看不见。当敌人终于出现在我们的视野中时，我大喊着要求他们停止前进，并立即投降，但这群人的反应很含糊，既没有停止前进，也没有开枪射击。于是，我重申了要求，可得到的回应还是一样。等到距离我们仅 10 米时，意军突然开火了，并向我们的两侧发动了偷袭。更加倒霉的是，我们的轻机枪打光了子弹，就在他们重新装填子弹的间隙，我们薄弱的防线被占优势的敌军一下子冲垮了。公路上的士兵差不多全都落入敌军手中，而右侧建筑物顶楼的窗户由于被涂上了黑漆，无法立即参与战斗，使得这股意军部队得以趁机闯过皮亚韦河，顺着公路向南逃脱了。

我在最后一刻跳过矮墙，躲过了被敌军俘虏的命运，随后便在公路上与敌军展开了赛跑，我穿过犁田、小溪、灌木和篱笆，一路上紧追不舍。第 26 帝国皇家步兵团第 3 连和山地营的 1 个重机枪排仍然部署在 1400 米外的法耶，他们面向南方，对这股从北而来的危险毫无察觉。一想到可能失去我所有的部队，我的身体中便仿佛充满了力量，于是朝着法耶飞奔而去。

我幸运地在敌军抵达之前赶到法耶，随即调动所有部队构筑了一条向北的防线，并决心一定要奋战到底。当第 26 帝国皇家步兵团第 3 连刚刚到达位于法耶北部的指定位置时，我们就听到了敌军的叫喊声。敌军逐渐放慢了行进速度，当距离我们 200—300 米时，他们的机枪便毫不留情地开火了，同时高喊着"冲啊！冲啊……"的口号，向公路的左右两侧同时展开攻击。

要想阻止敌军继续向南攻击，我们就必须坚守住这条漫长的战线。这条战线长达 600 米，从法耶城堡以东 350 米处的磨坊开始，经由法耶北端，一直延伸至法耶以西 250 米处的德允恩山崖。第 26 帝国皇家步兵团第 3 连位于战线的中部，并已经在公路两侧投入战斗。在法耶—皮亚韦河—德允恩山之间还存在着巨大的间隙。此外，我的预备队只剩下第1、3连的2—3个班，他们是侥幸逃回的攻击隆加罗内的部队。

为了试探敌军是否有包围的企图以及获得更好的能见度，我以一个班的兵力沿皮亚韦至德允恩一线点起火把。士兵们知道已经到了生死关头，因此迅速而高效地完成了任务，没过多久，皮亚韦河上的磨坊、路右侧50米处的干草堆以及路左侧的几幢建筑物，便燃起了熊熊大火。

我又将第26帝国皇家步兵团第3连从前线撤回来，部署成一条单薄却连续的防线。尽管敌军的火力很猛，但我们还是将防线上的所有间隙都填补起来。有一位叫温格的年轻士兵，是队内知名的游泳好手，自告奋勇到皮亚韦河东岸求援。这时，敌军调集了几十挺机枪开始向城堡的石墙射击，大量步兵集合在我们前面100米的浅沟里准备发起冲锋，一声声"冲啊、冲啊"的叫喊声夹杂在枪声中，充斥在战场上。施蒂里亚的部队和山地营迅速予以还击，挡住了敌军的第一拨攻击。之后敌军开始散开队形，我们的火力点也随之变得分散。

多贝曼中士先前在法耶以北1400米处的夜间战斗中胸部负伤，但却在夜色的掩护下，成功逃过敌军的火力，返回了部队。现在，虽然他身负重伤，但仍然坚持着越过磨坊参加战斗。

我留下几名步兵担任预备队，以随时弥补那些可能被敌军突破的单薄防线，另有两名士兵留在城堡的顶楼看押着先前被俘的50名军官。当这些军官们知道他们的部队已经接近时，情绪变得十分不稳定，但暂时还没有胆子敢去袭击那两名士兵。

敌军的子弹像雨点般洒在城堡北部的城墙上，施蒂里亚正率领大部队在那里顽强阻击着敌军，他们一刻不停地向着越过城墙的敌军射击，很多时候甚至来不及瞄准。意军叫嚣的声音越大，我们的火力也就随之变得越猛。这种激烈的攻防战需要大量的弹药作为补充，这还真多亏了胡伯和洪纳克侦察组在下午缴获的战利品，里面有大量意军的枪械与弹药。若非如此，我们现在早就弹尽粮绝了。在战斗过程中，预备队士兵还要负责支援第一线部队，为他们替换意军枪械和弹药，但我们配合得完美无缺，唯一美中不足的是，部署在公路两侧的重机枪每挺只能分配到 50 个弹夹。

从形势上看，只有第 26 帝国皇家步兵团第 3 连所负责的地区暂时可保无虞，其他的部队则难逃被敌军俘虏的命运，这让我好怀念史特莱舍少尉。

激烈的战斗持续了几个小时，并且丝毫没有减缓的迹象。皮亚韦与德允恩山之间的区域内满是敌军，他们想故技重施，凭借巨大的兵力优势一举冲垮我们的防线，但是我们猛烈的射击浇灭了他们的气焰。由于兵力严重短缺，我在指挥时已是捉襟见肘，只能命令第 26 帝国皇家步兵团第 3 连的 6 名士兵担任南面的警戒任务。接近午夜的时候，先前燃起的火堆纷纷熄灭，我们只好点了新的火堆，期盼着增援部队早点儿到来。我们和营指挥所的电话无法接通，但我相信第 22 帝国皇家步兵师的部队正在皮亚韦河东岸集结，而营里的其他部队也应该在那儿。

午夜后，敌军的火力开始转弱，我们也终于可以喘口气了。截止到目前，我们的作战损失尚可接受，这要归功于那些仅有的地形掩护。就在我们抓紧时间强化阵地工事的时候，哨所回报敌军正在撤退，但我不敢贸然出击，一直等到敌军火力完全停止后，才命令第 26 帝国皇家步兵团第 3 连，向与敌军接触的主要地点派出巡逻队。其中一组巡逻队遭遇到了意军，队长在近战中英勇牺牲；另外一组巡逻队则在凌晨1点返回，并带回了600名俘虏，据他们讲，这些敌军在我们的阵地附近向巡逻队投降，而大部队敌军则向隆加罗内方向撤退。

凌晨2点，培尔少尉指挥的第2连终于前来支援我们了，他们绕着罗蒂纳山走了一大圈。第3连和第1连的一部在经历了皮拉戈以南的夜间战斗后，撤退到皮亚韦河东岸。克里姆林上尉的第1机枪连余部以及第26帝国皇家步兵团第1、2连也在随后抵达，其中第1机枪连带来了充足的弹药，这可让我们高兴坏了。

在兵力得到加强后，我重新编组了防御。城堡本身便是一个坚固的据点，更何况现在我们已经弹药充足。第26帝国皇家步兵团的一个连负责向南执行警戒和侦察任务，那50名见证了法耶防御战的意军军官则被送往皮亚韦河东岸，押送士兵强硬地驱赶着他们渡过了冰冷刺骨的皮亚韦河。

凌晨3点，敌军在近距离的火力掩护下，再一次向我们发起猛攻。但对于这种模式的攻击，我们早已习以为常了，因此不慌不忙地组织起反击。几十枚炮弹落在我们的阵地上，炸垮的城墙和瓦砾崩塌下来，敌军随即对多个阵地展开冲锋。可即便如此，我们仍然用灵活迅速的人员调度，使得前沿阵地始终坚不可摧。事实上，在这次防御中，我们的预备队甚至鲜有大展拳脚之机，敌军的攻击持续了不到15分钟就草草收场了，看样子敌军很难再组织起有效的攻击了。对敌军的指挥官而言，这一次的攻击失败已经证明他们现在无力回天了，巨大的伤亡数字迫使他们主动与我们脱离战斗，并向隆加罗内撤退。不幸的是，我们的伤亡数字也不小。

接下来的一段时间十分平静。我们穿着湿漉漉的衣服，围坐在一起，等待着黎明的到来。山地营与施蒂里亚的部队挨得很近，几瓶基安蒂红葡萄酒在我们中间传来传去，借以让身子暖和一些。在天亮之前，我命令第1连前进至皮拉戈公路桥梁执行侦察任务，而第2和第3连的侦察组则已经捎回情报："从此地向北直至皮拉戈，都已经没有敌军的踪迹了。侦察组正在返回的途中，他们还带回了一些俘虏。"

清晨6点30分，第26帝国皇家步兵团的另一个营抵达了法耶城堡，他们奉命担任南面的警戒。此时，我部重新整队，向隆加罗内前进，第2、3步兵连和第1机枪连沿着公路行军，第1连沿着铁路上方的山坡行军，我的计划是紧咬住隆加罗内的敌军。

我们在路上遇到了史特莱舍少尉，他在皮拉戈以南的夜间战斗中侥幸逃脱，没有成为敌军的俘虏，但却在横渡皮亚韦河的时候，被湍急的水流冲到下游几公里处不省人事。

当我们接近皮拉戈大桥时，发现它已经被敌军炸毁了。在左侧山坡上第1连的掩护下，我们赶到被炸毁的大桥旁边，并在一片焦黑的残骸中，发现了数名身负重伤的山地营士兵，大桥两侧并没有发现敌军。

我命令重机枪部署在大桥南侧的陡峭山坡上，然后率领部队从铁桥的残骸处过河。当我们接近前一天晚上遇到的路障时，发现雪弗尔少尉骑着骡子从隆加罗内向我们走来，在他身后是几百名挥舞着手帕的敌军士兵。雪弗尔少尉是前一天晚上在皮拉戈以南的战斗中被敌军俘虏的，现在他却带来了一个好消息——隆加罗内附近的敌军集体投降了。敌军指挥官的手书如下：

发文者：隆加罗内堡垒指挥部

致德奥联军指挥官：

我军位于隆加罗内的部队已无力继续战斗，我们将全体听从阁下的指示，并等待您对本部的处置决定。

签署：少校 拉利

在苦战几天后得到这个结局，我们感到十分高兴，更妙的是，在皮拉戈被俘的战友们又重新获得了自由。隆加罗内的守军在公路两边列好队伍，我们就在他们"德国万岁"的欢呼声中进入了隆加罗内。第26帝国皇家步兵团第1机枪连连长在皮拉戈的战斗中身负重伤，与该连的大部队一起被意军俘虏，这时他乘坐一辆救护车向我们驶过来。在拥挤的街道上，部队的行军速度很慢，因此我转而搭乘救护车向前。在隆加罗内的市场里，我找到了我部先前被俘的士兵，他们正守着村子等待我们的到来，敌军在投降时已经归还了他们的武器和装备。

几分钟之后，我的部队进入村子，并在教堂以南的一栋建筑物里宿营，我们是首批进入隆加罗内的德军部队。此时，天又开始下雨，我命令将几千名意军士兵押送回皮亚韦平原地区，而山地营的余部和第22帝国皇家步兵师已离开瓦伊昂山谷。

当我们与敌军在皮亚韦河西岸激烈交战时，营里的其他部队也曾试图增援我们。在越过埃尔托成功夺取奇莫拉伊斯以西的敌军阵地后，营长立即指挥山地营的通信连以及第26帝国皇家步兵团第1营对敌展开追击，但是这项计划却违背了第43步兵旅的命令，由于地形本身与作战形态的限制，要其他部队来增援我们几乎是不可能的。在抵达圣马蒂诺时，营长又一次接到第43步兵旅的命令："符腾堡山地营必须原地待命，并在埃尔托的磨坊宿营，改由第 26 帝国皇家步兵团担任前卫。"而营长回复："获得加强的符腾堡山地营正在隆加罗内与敌军交战，请求步兵部队对隘口公路进行增援，并将第 377 帝国皇家战炮队向前部署。"

营长断然拒绝了第 43 步兵旅的命令，这使得第 26 帝国皇家步兵团第 1 营的营长克里姆林上尉如此评论他："我不知道该佩服你在敌军面前表现出来的勇气，还是欣赏你在上级面前展现出来的魄力！"

大约正午时分，营长抵达了隆加罗内以东 1000 米的瓦伊昂山谷隘口。由于山谷受到敌军的猛烈炮击，通信连和第 26 帝国皇家步兵团第 1 营的部队随后才匆匆赶来会合。通信连在那里接手了第 3 连的防守任务，第 3 连则向隆加罗内进军，从瓦伊昂山谷公路以南的高地上向撤退中的敌军进行射击。

大概在 14 点，第 26 帝国皇家步兵团第 1 营的先头连队消灭了瓦伊昂山谷的敌军，随后他们立即向多尼亚方向急行军，希望尽快增援我部，以至于营长动用了手头所有能够参与战斗的部队。戈瑟勒部（第 5 连和第 3 机枪连）正从伊尔波托跨越克拉法罗纳（Cra Ferrona，海拔 955 米）向佛契拉西蒙（Forcella Simon，海拔 1483 米）攀登。就是在那里，优秀的山地营指挥官戈瑟勒上尉，在率先跨越冰冻的山坡时不幸坠崖身亡。席莱恩部（第 4、6 连和第 2 机枪连）从福尔纳切车站出发，经由加里努特（Gallinut）山（海拔 1303 米）和克拉法罗纳，抵达瓦伊昂山谷。而派尔少尉率领第 2 连，沿着罗蒂纳山向埃尔托方向进军。

我部在皮亚韦河西岸的夜袭失败以后，各种令人难以置信的报告传到了设在山谷出口处的营指挥所，其中有一份报告这样说道："敌军在隆加罗内以南成功突围……隆美尔部遭敌军俘获……"
还好没过多久，法耶附近的枪声和大火便让这些谣言不攻自破了。

在我们的传令兵温格抵达营指挥所后，营长立即命令第26帝
国皇家步兵团的余部，经由多尼亚向法耶方向增援。不久，原本
执行包围罗蒂纳山任务的第2连也到达，第26帝国皇家步兵团第
1营开始在多尼亚以西搭建便桥。

11月10日，营长督促手上可用的部队，准备在里瓦尔塔以东
900米处的高地上奋力一搏。这些兵力包括：席莱恩指挥的第4、
6连和第2机枪连，山地营所属通信连，第26帝国皇家步兵团第
1营的4门步兵炮，以及第377帝国皇家战炮队。此外，格劳指挥
的第5连和第3机枪连也正从埃尔托方向赶过来。

入夜后，营长命令一名意军战俘带着史坦莫医生写的纸条返
回隆加罗内，纸条上用意大利语写着："隆加罗内已经被德奥联军
包围，一切抵抗都将是无效的。"

天亮后，营长发现我部重新向隆加罗内方向进军，而当地守
军正纷纷放下武器。于是，他率领部署在里瓦尔塔以东900米处
的山地营部队向隆加罗内进军，第22帝国皇家步兵师第43旅则
紧随其后。

11月10日上午下着雨，我们花了很长时间才把隆加罗内街上
的敌军消灭，缴获的武器在广场上堆积如山，其中甚至还有许多
大炮。隆加罗内以东的低地上聚集了一大群俘虏，总数超过1万
名，相当于一个整师的兵力。我们的战利品包括：200挺机枪、18
门山地加农炮、2门机炮、超过600匹驮马、250辆满载的军车、
10辆牵引车以及2辆救护车。

我部在奇莫拉伊斯、瓦伊昂山谷、皮拉戈以及法耶的战斗

中，共有 6 人阵亡，另有 2 人重伤、19 人轻伤和 1 人失踪。第 26 帝国皇家步兵团第 1 营的损失不详。

雪弗尔少尉在里瓦尔塔以南阻击敌军的战斗中被俘，起先，他被意大利人殴打，在他发出抗议后，被带到一名连长面前。这位连长根本没有为意军士兵的恶劣行径道歉，而是想从德国军官身上找到一些纪念品。之后，雪弗尔少尉被迫随着长长的敌军队伍一起向法耶行军。当战斗爆发后，他和一名敌军军官趴在公路边上，这名军官阻止了他种种逃跑的企图。当敌军于午夜时分在法耶附近脱离战斗后，他又被带回到隆加罗内。在那里，他遇到了其他被俘的山地营士兵和施蒂里亚的部队。将近凌晨时，在重重戒护下，俘虏们再次向南行军，不过他们很快便停住了，因为意军的突袭再次以失败收场，雪弗尔少尉只好第三次被带回隆加罗内。上午时分，敌军军官对待雪弗尔少尉的态度突然变得友善起来，雪弗尔则趁机大肆吹嘘我们的实力，最后敌军竟然派他带着隆加罗内意军投降的手书返回我方战线。

11 月 10 日正午，数量庞大的德奥联军开进隆加罗内，我部率先完成了对敌军营地的搜索，在确保一切安全后，我们脱掉湿漉漉的军服，在意军舒适的营房里享受起久违了的放松时刻。而在晚上，士兵们则坚持要手持火把，列队向我致敬。

### 战场观察

在我们成功突破位于奇莫拉伊斯以西的敌军阵地后，机动部队（骑兵和脚踏车兵）执行了对溃败之敌的追击任务，除了有一座桥梁被意军爆破外，他们的表现堪称完美，这支机动部队极大地保证了后续部队的行军安全。

其实，只要派几名步兵封堵住瓦伊昂山谷的出口，就足以严重迟滞我们的追击速度，但意军只是盲目相信优势兵力和火力的攻击效果，因而丧失了宝贵的战机。在山谷战中，步兵可以深挖坑固守，优势火力对他们的伤害微不足道。因此，敌军只要派出一部分军队向瓦伊昂山谷西方的前哨阵地进行攻击，整个局面就可能产生翻天覆地的变化。

我部冒着枪林弹雨，穿越多尼亚以西无防卫的皮亚韦山谷实施攻击，其间土工器具发挥了至关重要的作用。与此同时，在皮亚韦河西岸，兵力薄弱的侦察班俘获了大量向南逃窜的意军，他们都是我军的战斗精英。

我们在法耶的夜间战斗中，依靠临时点起的火堆群提供照明，并以缴获的敌军武器与弹药来弥补战斗物资的损耗。这两者都是在敌军猛烈的火力攻击下完成的，足以证明山地营临危不惧、随机应变的能力。

## 第六节　格拉帕山地区的战斗

1917 年 11 月 11 日，奉第 22 帝国皇家步兵师的命令，山地营转移至第二线，并获得了一天的休整时间。在这天里，我们于隆加罗内埋葬了阵亡的战友。

虽然在接下来的几天里，敌军并没有进行激烈的抵抗，但我们的进攻却减弱了下来，追击的速度也随之变慢了。

山地营经由贝卢诺行军至费尔特雷（Feltre），并在那里被配属给山地师。11 月 17 日，在奎罗（Quero）和通巴（Tomba）山地区与敌军展开了激烈的交战，而我们的部队则从费尔特雷沿皮亚韦河下行，但我们很快发现难以通过狭小的皮亚韦山谷，因为里面装满了敌军。他们在山谷的公路两侧部署了强大的火力网，更有炮兵作为掩护，并且我们还得到情报，担任前卫的奥匈帝国部队在通巴山与兵力占优势的敌军遭遇。

当我们到达西拉登（Ciladon）后，师部又命令我们翻越格拉帕山，向巴萨诺（Bassano）附近的敌军阵地实施渗透。

下午，山地营抵达奎罗以北地区，那里是敌军炮击最猛烈的区域之一。他们设置在帕龙勒（Pallone）山和通巴山上的观测所视野良好，因此对我军占领的奎罗及其附近要点进行炮击一点儿也不让人感到意外。

营长命令我率领第 2 连、第 4 连、第 3 机枪连、通信连、两个山地炮兵连和一组无线电班，沿奎罗—坎波（Campo）—乌松（Uson）—史匹努契亚（Spinucia）山—1208 高地—1193 高地一线向 1306 高地运动，山地营大部则沿史基维尼（Schievenin）—罗卡西沙（Rocca Cisa）—1193 高地一线向 1306 高地推进。

夜幕降临后，我们急行军穿过奎罗，那里仍然处在意军炮兵的火力范围内，并且已经遭受了相当程度的毁坏，直径 5—10 米的弹坑散布各地，大批死伤的山地师士兵横躺在路边。无数的意军探照灯将黑夜变成白昼，大量的搜索光束不间断地从史匹努契亚、帕龙勒和通巴方向照射过来。意军炮兵对奎罗、坎波、乌松和阿拉诺（Alano）一带展开了猛烈的炮击，迫使我们每隔几秒钟就要寻找掩蔽躲避意军的炮火。在这段时间里，我们和两个山地炮兵连的电话通信也中断了，我命令温布勒下士前去修复通信线路，并且引导炮兵连前往乌松与我军会合。不久，我军便毫发无损地抵达乌松，那里和奎罗、坎波一样成了一座空城。来自史匹努契亚、帕龙勒山的探照灯不停地在空荡荡的房舍间进行搜索，迫使我们不得不在建筑物和树木的阴影后稍作休整。敌军的炮火离我们越来越近，呼啸的炮弹划破空气，发出刺耳的声音，炮弹溅起的土石不停地砸落在我们身上。此外，敌军的炮击还带给我的士兵们极大的心理压力。

我向四周派出了配有电话的侦察部队，瓦兹少尉带领其中一组向史匹努契亚方向出发。我认为，迅速通过格拉帕山渗透到巴萨诺的计划已经不可能完成了，前方的敌军阵地连续而坚固，兵力源源不断，我们来得实在太晚了！

午夜时分，各侦察组陆续传回报告：我们和阿拉诺附近的友军建立起了联系。瓦兹少尉攀上了史匹努契亚的东侧山脊，并未遭遇任何敌军。温布勒下士也成功将两个炮兵连带领到乌松，他们先是沿着乌松—朋特黛拉图瓦（Pontedella-Tua）山谷一带行军，在发现一个灯火通明的军营后，温布勒让炮兵连停下脚步，自己单枪匹马潜入军营，发现里面有一大群正在睡大觉的意军士兵，勇敢的温布勒下士拔出手枪，打破了意军官兵的美梦，俘获了150名士兵和2挺机枪。

1917年11月17日下半夜，我带领部队沿着史匹努契亚山的东侧山脊向上攀登，先头部队在清晨时遭遇到设有完备工事的敌军阵地，他们抢先占领了史匹努契亚山东面的陡峭山脊。敌军阵地在主峰以东不到700米处，如果没有炮兵和迫击炮的火力支援，很难夺取这个敌军阵地。此外，敌军阵地还配有大量的机枪，在冯塔纳塞卡（Fontana Secca）和帕龙勒山，还有大量的炮兵火力支援。种种迹象表明，我军非但不可能包围他们，自己反倒陷入险境难以脱身。

直到 11 月 23 日，我们仍然试图突破敌军防线，爬上史匹努契亚山，不过由于缺乏炮兵和迫击炮的掩护，所有尝试都宣告失败。11 月 21 日，第 6 连的保罗·马丁下士在进行前线侦察时不幸遭敌炮击，牺牲在我的身边，另一名匈牙利炮兵中尉也同时受了重伤。

21 日，由佛屈纳指挥的部队和奥匈帝国、波斯尼亚的步兵部队联手击退了意军，占领了冯塔纳塞卡和 1222 高地。23 日，我部抵达罗卡西沙与营部会合。

11 月 24 日清晨，山地营全营在我的指挥下，部署在冯塔纳塞卡东北坡的第二线阵地上，我们的任务是担任史普约瑟战斗群的预备队。帝国皇家步兵团第 1 营担任攻击先锋，一旦第 1 营成功夺取索拉罗洛（Solarolo）山，我营便向格拉帕山方向进攻，以期迅速扩大战果。我们冒着敌军的炮火，站在寒冷的冯塔纳塞卡长达数小时，等待着奥军能够传来捷报，但对索拉罗洛山的攻击却一直没有进展。在炮兵的对击中，敌军的炮兵占尽优势，而我们的炮兵支援则过于薄弱。正午时分，从史普约瑟战斗群里传来了报告，第 25 帝国皇家山地旅已经成功从西面攻占了索拉罗洛山。

由于冯塔纳塞卡南面山坡的情况一直没有变化，帝国步兵团也没有取得任何进展，我判断今天不会再有形势的变化了，于是请求将部队调往第 25 山地旅右侧的索拉罗洛山附近，向格拉帕发起攻击。营长批准了我的请求，全营很快出发了。但很快，我们发现根本无法穿越冯塔纳塞卡西面几乎垂直的岩壁，因而找出一个替代方案，那就是向下垂降至史堤索芮（Stizzone）山谷。我们迅速出发，但在戴西尔维斯特里（Dai Silvestri）时天色已暗，疲惫不堪的部队只能就地休息，阿曼少尉则带领第 6 连前去侦察我军在索拉罗洛山的情况。

我原本计划让山地营早点儿出发前往索拉罗洛，因为这样就可以在 11 月 25 日天亮前完成攻击准备。可是计划赶不上变化，当阿曼少尉完成侦察任务返回时，山地营由于私自进入战况顺利的皇家山地旅战斗地境而遭受严厉斥责。营长承受不了上级的责难，不得不向第 22 帝国皇家步兵师提出折中方案，将我部配属给他们指挥，在得到该师的同意后，这一事件才最终得以平息。之后，山地营在费尔特雷以东的营地休整了好几天，并于 12 月 10 日再次沿皮亚韦山谷向下行军，部署在冯塔纳塞卡附近的前线。

12 月 15 日夜至 16 日凌晨，我部在海拔 1300 米的冰天雪地里扎营。16 日，我们分别对菲拉米登（Pyramiden）山、索拉罗洛山（海拔 1672 米）以及史特恩（Stern）山阵地实施了侦察，敌军依然在负隅顽抗，坚守着这些重要的制高地。16 日晚，天降大雪，我们不得不躲进帐篷避雪。次日，本战斗群向敌军阵地发起了攻击，并成功占领了史特恩山头阵地，俘虏了驻守在此地的 120 名德拉凡纳旅士兵，然后又击退了敌军猛烈的反击。然而，我们也为本次攻击付出了惨重的代价，第 2 连的优秀士官奎德特，在一次巡逻任务中失踪，毫无疑问，他因为暴露身份而惨遭杀害了。

我们在严寒的天气条件下，冒着敌军猛烈的炮火，坚守史特恩阵地直到 12 月 18 日晚，之后才沿着山谷向史维宁进发。在那里，我们接到了后方寄来的邮件，其中有两个小包裹，分别是颁发给营长史普约瑟少校和我的功勋勋章。一个营能同时有两人获得如此殊荣，这还是绝无仅有的事情。

我们在费尔特雷东北的小村子里度过了平安夜，次日，在营长的带领下，全营再次沿着狭窄的皮亚韦山谷向前线行军。我部被部署于帕龙勒一带，接替普鲁士步兵的防务，左翼依托通巴山，表面上看我们是在进行阵地防御，可实际上根本没有像样的阵地，这里不仅掩蔽困难，还很难构筑起步枪、机枪的火力据点。放眼四望，除了皑皑白雪空无一物。在这里，山地营的士兵不仅要忍受酷寒，还要受到敌军严密的监视，在白天我们不得不躲在帐篷里，夜晚也不敢生火，以免暴露目标。此外，这里的食物补给也相当困难，只能在入夜后进行，之后还要小心翼翼地清除掉在雪地上留下的脚印。最糟糕的是，敌军炮兵瞄准我方机枪堡的射击，往往都能造成惨重的伤亡，有的连队兵力只剩下 25—35 人。可尽管如此，士兵们依然坚守岗位，执行着这项既困难又危险的任务。

12 月 28 日，山地营再一次击退了意军的正面攻击，隔天我们就遭到猛烈的炮火攻击，其中从 3 公里外射过来的意军重迫击炮尤其令人生厌。同一天，敌军炮兵还炮击了阿拉诺附近的营指挥所后方区域，他们甚至还动用了毒气弹。30 日，敌军以密集炮火向通巴山实施炮击，意军飞机俯冲到距离我们阵地仅几米的地方，用机枪对我们进行扫射。经过几个小时的战斗，法军阿尔卑斯山地部队成功突破了我军防线，位于我们左侧的第 3 帝国皇家山地旅丢掉了他们的阵地。在左翼遭到突破后，我们再坚守阵地已经没有任何意义，敌军势必会从通巴向阿拉诺方向继续推进，从而分割包围我军。因此，我们连夜放弃阵地向后方撤退。天空飘着雪，我们的心里比天气更加寒冷。

12 月 31 日清晨，预备队填补了我们左翼的缺口，但他们同样遭受到来自帕龙勒山意军炮兵的猛烈炮击。有鉴于此，指挥部决定将前沿阵地向北后撤 2 公里，我们在寒冷刺骨的天气里，坚守帕龙勒山和通巴山阵地直至 1918 年 1 月 1 日深夜。两名勇敢的士兵便是在那里壮烈牺牲的，他们是莫洛克下士和二等兵沙伊德尔，当时我们正在抵抗一次由 30 多名敌军发起的冲锋，一挺重机枪突然出现故障。我军被迫与敌军展开肉搏战，一些士兵试图用手枪和手榴弹抵挡数量占优的敌军，他们两人则尽力排除机枪故障。这时，意军的一枚手榴弹在他们中间爆炸，两人不幸当场阵亡，但最终我们还是击退了意军的这次冲锋。

午夜前不久，我部作为营部的后卫部队，带着两名烈士的遗体抵达了阿拉诺，然后沿着皮亚韦河，穿过坎波和奎罗一带尸横遍野的血腥战场。

8 天后，我和营长史普约瑟少校获批休假，经由意大利北部的特兰托（Trento）返回家乡。

让我遗憾的是，从此之后我就再也没能回到山地营部队效力，根据新的人事调遣命令，我被调到符腾堡第 64 军高级司令部担任助理参谋官一职。

在战争的最后一年里，我怀着沉重的心情，关注着符腾堡山地营所经历的各次恶斗：在法国的康德堡（Fort Condé）、沙泽勒（Chazelle）和巴黎的阵地战，夺取贵妇小径，维莱科特雷（Villers-Cotterets）森林战役，横渡马恩（Marne）河，从马恩河撤退以及凡尔登战役。在科什纳山、克罗法特、马塔尤尔、奇莫拉伊斯以及隆加罗内等地立下赫赫战功的山地营，在经历过这些战役的洗礼之后，已经变得伤痕累累、面目全非，能够最终回到祖国怀抱的士兵更是少之又少。

在东线、西线和南线，到处都可以找到这些为德国英勇奋战、尽忠职守直至壮烈成仁的军人的公墓，它们时时刻刻提醒着身处后方的我们以及我们的子孙后代："一旦德国需要我们，就决不能让人民感到失望。"